第**3**次改訂版

自治体職員スタートブック

新規採用研修研究会[編著]

自治体のしくみと
仕事の基本が
わかる!

学陽書房

第3次改訂にあたって

　本書を世に出してから早くも10年近くが過ぎた。この間、有り難いことに各方面から好評をいただき、版を重ねてきたところであるが、このたび第3次改訂版を出すことになった。

　今回の改訂にあたっては、第2次改訂以降の地方自治法等の法改正を反映することはもちろん、地方自治を巡る最近の動向についても可能な限り反映させた。特に、自治体の現場で大きな課題となっているコンプライアンスやハラスメントについては大幅にページを増やし、人口減少社会における自治体運営のあり方についてはAIやRPAの活用なども含めて新たに書き加えたところである。

　いま自治体職員を取り巻く環境は困難を極めている。厳しい財政状況の下、人件費を圧縮するため、職員数の削減や給与の見直しが続くなど労働条件は昔に比べれば決して良好とはいえない。少子高齢化、児童虐待、地方創生、相次ぐ災害、そして新たな感染症の発生・拡大への対応など、新たな行政課題が次々と発生しており、自治体の守備範囲は拡大し続けている。その結果、少ない職員で多くの仕事を効率的に処理しなければならず、「仕事が楽で、給料は安定」といった従来の公務員像とは似ても似つかぬ状況となった。

　しかしながら、近年、自治体の仕事自体は従前に比べてやりがいを増しているのではないだろうか。地方分権改革の進展により、国の指示どおりに進める全国画一的な行政から、地域の実情に合わせて自治体が柔軟な発想と創意工夫により展開する行政への転換が進んでいる。ただし、こうした新たな自治体行政を進めるためには、職員の資質向上が不可欠であることはいうまでもない。

　自治体業務の特徴のひとつは、直接住民に接する機会が多いことであろう。ほんの些細なミスが住民の大きな不利益につながる可能性もある。

そういった事態を招かぬよう、自治体職員には、行政のプロフェッショナルとして最低限必要な知識を習得しておくことが求められる。さらには、単なる事務処理能力にとどまらない、新しい発想を生むための知識の習得、能力の伸長も必要となろう。

　この本は、自治体の第一線で働いた経験を持つ執筆陣が、自らの経験をもとに、新規採用職員に学んでもらいたい内容を自分たちで考え、執筆し、まとめた研修テキストである。自治体職員に必要な知識を厳選した結果、自治体の仕事・役割の概説、地方自治法をはじめとする関係法令の基礎知識を柱とし、最近の自治体の政策動向や、近年話題のコンプライアンスなどにも触れるような構成とした。

　本書の執筆に際しては、初学者向けであることを踏まえ、わかりやすさを第一とした。そのため、厳密さには欠ける部分があるかもしれない。批判は覚悟の上であるが、お気づきの点があれば遠慮なくご指摘いただきたい。なお、自治体の仕事と役割が容易にイメージできるような記述を心がけたことから、自治体職員を志す学生の皆さんが自治体の仕事とはいかなるものかを予め理解するのにも役立つものと自負している。自治体の現場を知る意味も含め、大学等の講義の副読本としてもご活用いただければ幸いである。

　改訂に際しては、引き続き学陽書房編集部の宮川純一氏にお世話になった。氏の的確なご指導・ご助力に心から御礼申し上げる。

　この本で学んだ自治体職員の皆さんが大きく飛躍することがあれば幸いである。読者の皆さんの活躍を期待したい。

　　2020年10月

新規採用研修研究会

代表　大谷基道

目　次

v

第6編　自治体をめぐる最近の動向

【凡例】

- 本文中の法令条文の引用は、（　）内に次のような略記で表記している。

例）地方自治法238条の４第２項第１号→（自治法238の４②(1)）

- 条文を引用した後、後続する文章で同じ法律を引用する場合は、「同」として条文以下のみを記載している。

例）（自治法238の４②）…（同238の４②）

- （　）内に引用略記した主な法令名は次のとおりである。（　）以外の本文で法令名を略記する場合は、法令名の後に記載したとおり。

〈略記〉	〈正式名〉
憲法	日本国憲法（昭和21年）
自治法	地方自治法（昭和22年法律第67号）
自治令	地方自治法施行令（昭和22年政令第16号）
地公法	地方公務員法（昭和25年法律第261号）
地方分権一括法	地方分権の推進を図るための関係法律の整備等に関する法律（平成11年法律第87号）
公選法	公職選挙法（昭和25年法律第100号）
地公労法	地方公営企業等の労働関係に関する法律（昭和27年法律第289号）
地公災法	地方公務員災害補償法（昭和42年法律第121号）
教特法	教育公務員特例法（昭和24年法律第１号）
労基法	労働基準法（昭和22年法律第49号）
労基則	労働基準法施行規則（昭和22年厚生省令第23号）
地方公務員育児休業法	地方公務員の育児休業等に関する法律（平成３年法律第110号）
地財法	地方財政法（昭和23年法律第109号）
地税法	地方税法（昭和25年法律第226号）
交付税法	地方交付税法（昭和25年法律第211号）
財政健全化法	地方公共団体の財政の健全化に関する法律（平成19年法律第94号）
次世代法	次世代育成支援対策推進法（平成15年法律第120号）

第1編

自治体職員の
仕事と役割

第1章

自治体職員のあり方

1　自治体職員の心構え

1　自治体職員とは

　公務員の世界にようこそ。あなたが自治体職員になりたいと思った理由は何だろうか。おそらく、「みんなのために働きたいから」「愛着あるこの地域を良くしたいから」といった回答が多数を占めるのではないだろうか。一昔前なら「民間より楽に見えるから」「安定しているから」といった理由も多かったかもしれない。しかし、公務員がその特権を甘受できたのは過去の話である。近年、公務員を取り巻く環境は大きく変化している。とりわけ、住民に身近な自治体においては、常に住民の厳しい視線に晒されており、このような甘い考えは通用しない。

　地域社会の主役はあくまで住民である。誤解を恐れずにいえば、自治体とは、地域住民が共通経費として納める税金によって運営される、規模の大きな自治会・町内会のようなものである。そして自治体職員とは、地域住民に代わって自治体が行うべき様々な業務を遂行するために雇われた行政のプロであるといえよう。

　行政のプロであるからには、安全で快適な住みよい地域社会をつくるため、常に質の高いサービスを提供することが求められる。そのためには、一流のスポーツ選手が常に最高のパフォーマンスを発揮することができるよう日頃からストイックに鍛練を重ねるように、自治体職員も仕

事に対して常に真摯に取り組み、自分が給料に見合うだけの働きをしているか常に自問自答しながら、自分自身を高める努力を怠らないようにする必要があることを肝に銘じておきたい。

2 全体の奉仕者

　民間企業の社員は、通常、自らが属する企業の利益のために働く。企業の経済活動が間接的に社会に貢献しているとしても、より直接的な理由としては自企業の利益が第一である。

　これに対し、自治体職員は特定の者の利益のためではなく、「全体の奉仕者」（憲法15②、地公法30）として公共の利益のために勤務することを求められている。つまり、業務の遂行に際しては、勤務する地方自治体の住民すべての利益を公平に考えなければならないのである。

　なお、公務員は時に「公僕」（Public Servant）と呼ばれる。公僕とは決して住民のいうことなら何でも聞く奴隷ではない。わかりやすく例えるなら、プロとして雇い主に仕える執事や、顧客にサービスを提供するコンシェルジェのような存在である。驕り高ぶることなく、常に謙虚な姿勢を保ちつつ、住民の皆さんに仕える行政のプロとして、誇り高く職務にあたられたい。

 # 2 新時代の自治体職員に求められるもの

1 住民本位の視点

　自治体職員は全体の奉仕者であるから、すべての住民に対して公平でなければならない。公平性を保つためには、少々堅く融通が利かないように感じられても、法令等に基づく厳格な対応が必要なこともある。しかし、それを理由にフレキシブルな対応の可能性を放棄してしまってはならない。自分で判断しないのでそのほうが断然楽であるが、それでは思考停止に陥ってしまい、無責任な行政になりがちである。この最たるものが、いわゆる前例主義である。

　地域住民の幸せのために働くのが自治体職員であることを考えれば、

法令等を遵守しながらも、住民の視点に立って工夫できることはないか、うまく解釈できる方法はないかなど、常に自問自答を重ねるべきである。さらには、既存の法令等が絶対であるとの思い込みを排除し、「もしかすると法令等のほうが時代に合わなくなっているのではないか」などと、そもそも論に考えを巡らすことも大切である。つまり、これまでの「事実前提」から「価値前提」[1]へと、立ち位置の転換が必要なのである。

２ 情報公開と説明責任

インターネットの発達等によって情報アクセスが容易になり、情報公開も進んだ現代においては、個人情報の保護などの正当な理由がある場合を除き、行政情報を隠し通すことは不可能である。業務を遂行するにあたり、どのような事実を基に、どのような経緯で、どのような結論に至り、最終的にどのように実施されたのか、住民に対して説明責任（アカウンタビリティ）を果たす必要があることを認識しよう。

都合の悪い情報を隠すことは、「バレなければよい」との甘えを生み、いずれ不正の温床となる。いかなる情報であろうとも、住民に対して堂々と説明できるよう、公平・公正を旨とする姿勢を常に心がけたい。

３ 行政運営から行政経営へ

自治体は、その事務の遂行に際して、最少の経費で最大の効果を挙げることが求められている（自治法2⑭）。職務の遂行に際して「公平性」が求められるのは前述のとおりであるが、地方財政が非常に厳しい状況にあるなか、多様化・高度化する住民ニーズに応えるためには、同時に「効率性」も必要である。

効率性の追求には、既存の制度に基づき行政サービスや各種事業を実

---

1 事実前提とは、既存のルールや置かれている状況を前提として物事を考える姿勢のこと。価値前提とは、目指すべき姿＝実現したい価値を前提に、そのために何をすべきか、何が必要かを考える姿勢のこと。

施する管理型の「行政運営」から、「いつまでに、何を、何のために、誰のために、どのように行うのか」を重視する目的・成果志向型の「行政経営」への転換が不可欠である。その実効性を担保するため、職員全員が経営の意識を持って業務にあたることが求められる。

４　プロ意識の向上

　自治体は総合行政の主体である。所管以外の分野には原則として関与しない縦割り組織の中央省庁とはその点で異なる。総合行政の良いところは、分野横断的な問題に対して横の連携が迅速かつ緊密に行えることである。実際にそれを可能とするには、一人ひとりの職員が自治体の担う行政全般について幅広い知識を持っていなければならない。そのため、職員は常に自己研鑽に努め、担当分野はもちろん、それ以外の分野についても幅広い知識・情報等を習得することが求められる。

　また、中央省庁に比べ、自治体はより住民に身近な存在であり、職員が住民に接する機会も多い。こうした「ストリートレベルの公務員」（第一線公務員）は、その場で判断を下さなければならないことも多く、その裁量権は決して小さくないとされる。もし住民に対して間違った対応をしてしまった場合、その職員のみならず、所属自治体に対する信頼の喪失にもつながる。そのような事態を避けるためには、業務に関する正確な知識の習得と、正しくブレない判断基準の礎となる「行政のあるべき姿」に関する深い理解が必要である。

第2章

組織において求められる行動

 1 組織

■ 組織とは

　組織とは、一般に「二人以上の人々の意識的に調整された活動または諸力の体系」と定義付けられる。組織成立の必要十分条件としては、共通の目的、協働意欲、コミュニケーション（伝達）の3要素が挙げられる。

　地方自治体の組織については、長の所轄の下に、それぞれ明確な範囲

図表1－2－1　地方自治体における一般的な組織構造

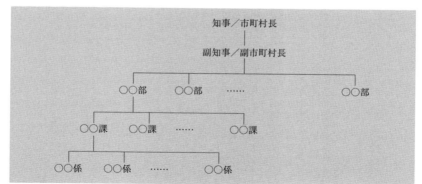

出所：筆者作成

の所掌事務と権限を有する執行機関によって、系統的にこれを構成しなければならないものとされており（自治法138の3①）、具体的には、各自治体の条例・規則により定められる。

　くわしくは第3編で述べるが、業務の内容や性質を勘案の上、基本的には類似する業務の塊（かたまり）ごと、例えば、総務、保健福祉、商工、農林水産、土木などの分野ごとに組織が整備される。これらは、一般に局、部などとして置かれ、さらに垂直方向に課、係などの組織に細分化される。それぞれのセクションには、部長、課長などの役職が置かれ、ピラミッド型のヒエラルキー組織を形づくることが一般的である。

２　組織成立の3要素

（1）　共通の目的

　各個人が協力して活動するためには、共通の目的の存在が不可欠である。この組織としての目的は、各構成員の目的と必ずしも一致するとは限らないが、少なくとも各構成員の合意を得られるものである必要がある。

（2）　協働意欲

　組織の共通目的を達成しようとする意欲を協働意欲という。目的を達成するには、金銭的・物的、あるいは、社会的・心理的なインセンティブを十分に与え、協働意欲を高める必要がある。

（3）　コミュニケーション（伝達）

　組織内の意思・情報の伝達をコミュニケーションという。この伝達が適切に行われなければ、各個人がいくら協働意欲を持っていても、目的達成のための活動に繋がらない。共通目的と協働意欲を結びつけ、組織全体をコントロールするには、適切なコミュニケーションが不可欠である。

2 意思決定プロセス

　自治体における意思決定は、通常、「稟議制」によってなされる。こ
れは、担当者が決裁文書（伺い文）を起案し、下位から上位の上司に順
次回付し、決裁権者[2]まで承認のハンコをもらうことで意思決定を行う
ものである。

　このため、組織が肥大化して階層が増えるにつれ、ハンコをもらう上
司も増えることになり、意思決定には時間がかかるようになる。途中で
修正意見が入れば、そのたびに書類を修正したり、関係者との調整をや
り直したりする手間がかかるため、担当者の負担増やモチベーションの
低下を招くとの指摘もなされている。

　近年、この弊害を解消するため、決裁権限の下位の者への委譲や、組
織階層を少なくするフラット化などを行う自治体も増えている。

3 人間関係と組織文化

■1 職場の人間関係

　組織を構成するのは人である。人が集まれば人間関係が生まれる。各
人の担当業務は、事務分担表のような形で明確化されているが、住民の
ニーズが複雑化している現在、完全に自己完結する仕事はほとんどない
のが現実である。また、担当業務によっては時期によって繁閑の差があ
り、繁忙期には互いにフォローしあうことも想定される。そのため、職
場内の人間関係を良好に保ち、業務上の連携が円滑に図れるようにして
おくことが求められる。

　人間関係を良好に保つには、意思疎通を円滑にすることが大切であ
る。節目ごとに報告・連絡・相談（「ホウレンソウ」）を心がけるなど、

2　決裁権者が誰なのかは、各自治体が決裁規程などの形で事案ごとに基準を設けているの
　で、各自参照されたい。

情報共有や相互理解を図ることで、チームワークが生まれ、協力しあうなどの相乗効果が期待できる。また、上司との情報共有・相互理解を心がければ、意思決定の円滑化・迅速化にも繋がり、結局は自分のためにもなるのである。

　人間関係は微妙なものであり、理屈では割り切れない部分もある。例えば、毎朝明るく挨拶をする人とそうでない人とでは印象は大きく変わってくる。常に相手のことを考え、自分の考えを正確に伝えるよう努めるとともに、社会人として最低限のマナーを守るよう心がけたい。

❷　組織文化

　人が集まって組織として行動しているうちに、構成員が価値観や理念、行動様式などを共有するようになる。このようにして発生したその組織固有の文化を「組織文化」という。

　組織文化は、能率やサービスの質はもちろん、倫理行動にも影響を与える。したがって、組織の戦略や目的と組織文化の整合性がとれていれば、職員に効率的な行動をとらせるツールとなりうるが、逆の場合は組織にとって大きなマイナス要素となる。

　組織文化は、規程等の形で明文化されたものではなく、長い時間をかけて醸成された非公式で暗黙的なものである。そのため、規程改正等を契機に一気に変えるという訳にはいかず、その変革は容易ではない。

　不祥事の中には組織文化が温床となったものもある。組織文化はムラ社会のルールのようなものであるので、新しく組織に入った職員は違和感を覚えることもあると思うが、一般社会の常識や倫理感から明らかにかけ離れていると感じた場合は、朱に交わることなく、慣れきってしまった既存職員に気づきを与え、組織文化を変革するよう努められたい。

第3章

求められるスキル

 接遇

1 自治体職員としての心構え

　自治体職員は、仕事中はもちろん、普段の生活においても地域住民と接する機会が多い。昨今のマスコミ報道とそれに対する反応を見てもわかるとおり、公務員に対する世間の目は非常に厳しいのが現状である。このような状況下においては特に、職員一人ひとりが与えるイメージはそのまま地方公務員全体のイメージになり、その評価につながる。したがって、住民に接する場合には、相手の求めに誠実に対応することはもちろん、自身の言動が意図に反して相手に不快感を与えないよう常にその接し方に気を配る必要がある。

2 接遇の基本

　自治体職員としての接遇の基本は、住民からの信頼を得られるような接し方にある。もっとも信頼は最初から得られるようなものではなく、日頃の人間関係や仕事を通じて培われるものである。したがって、まずは次のようなことに注意しながら、住民から信頼される職員となるよう努力することが求められる。

（1）　身だしなみ

　外見は人の第一印象を大きく左右するため、そこで好感を与えること

は非常に重要である。清潔かつＴＰＯを考慮した服装は当然のこと、髪型、無精ひげ、過度の化粧やアクセサリーなどにも気をつける必要がある。

　また、最近は名札の着用を義務付けている自治体も多い。名札は自己紹介の証であるとともに、対応責任の明確化にもつながり、住民と信頼関係を築く第一歩であるといえよう。

（2）　表情・態度

　表情や態度も第一印象に大きく影響する。常に明るく礼儀正しい対応を心がけたい。ただし、内面の伴わないうわべだけの対応はかえって不快感を与えかねないので、相手の立場に立った親身な対応が大事である。

　また、不健康そうな表情や態度は相手に不快感や不安感を与える。健康の維持は社会人の基本であり、規則正しい食事と睡眠、適度な運動と休息を心がけよう。社会人になると飲酒の機会も増えるが、二日酔いで出勤するといったことのないよう、節制にも十分な配慮が必要である。

（3）　仕事に対する姿勢

　公務員に限ったことではないが、組織の一員として仕事にあたる際には、上司や同僚から任された仕事を期限までに確実にこなすこと、相手の望むことを的確に判断し臨機応変に対応すること、困難な仕事に対しても最後までやり抜く責任感を持つこと、礼儀をわきまえ他者に対する寛容さを持ち協調性を保つなど常に謙虚な姿勢を忘れないことが大切である。

（4）　守秘義務の遵守

　公務員は住民の様々な情報に接する機会が多い。秘密を守ることは、公務員としての信頼性に直結する。地方公務員法第34条第１項には「職員は、職務上知り得た秘密を漏らしてはならない」と定められており、秘密を漏らすことは信頼を失うのみならず違法でもある。職場では周囲の状況をよく確認した上で会話するように努め、また、昼食時や宴席など職場外では職務上の秘密を話題にするべきではないことに留意したい。

　また、故意に秘密を漏らすだけではなく、ｅメールの誤送信、個人情

報の記された書類や USB メモリなどの紛失など、過失による情報流出も住民の信頼を著しく損ねることになるため、その取り扱いには細心の注意が必要である。

③ 接遇のスキル

（1） 話し方

　どれだけ一生懸命話しても、相手に聞いてもらえなかったり、正確に理解してもらえなかったりしては意味がない。また、個人的な解釈を述べたり、誤解を生むような話し方をしてしまったりすると、その言葉が独り歩きをしてしまうことがある。オーバーな表現や、感情的な表現は避け、個人的な意見や感想も極力控えるべきである。まずは話すべきことを自分が正しく理解した上で、相手に正確に理解してもらえる話し方をすること、態度を取ることが大切である。

　（ア）　相手を観察する

　相手に話を聞いてもらい、理解をしてもらうためには、相手によって話し方を変える必要がある。話すときには、次のようなことに配慮して話すよう心がけたい。

- 相手の理解度はどうか。
- 相手との人間関係はどうか（自分は相手にとってどのような存在なのか）。
- 相手の状況や精神状態はどうか。

　（イ）　相手の言うことをよく聞く

　相手の話をよく聞いていることを示すため、うなずきながら聞いたり、相づちを打ったりする。話の腰を折らないように相手の話は最後まで聞き、理解できないところがあったら最後に確認するようにすることも大切である。また、ほかの仕事をしている時に話しかけられた場合には、手を止め、相手のほうに向き直って聞くようにする。

　（ウ）　要点を正しく話す

要点を正しく自分のなかで整理してから話すと、相手にもわかりやすい。要点の整理方法として、Ｙ・Ｔ・Ｔや５Ｗ２Ｈなどがある。

　①時系列に従う（Ｙ・Ｔ・Ｔ）

　　話すときには、時系列に沿って話すと相手にわかりやすい。Yesterday（過去のこと）、Today（現在のこと）、Tomorrow（将来のこと）のように、自分のなかでも整理して話すとよい。

　②要点をまとめる（５Ｗ２Ｈ）

　　When（日時）、Where（場所）、Who（人物、必要人員）、Why（理由）、What（目的）、How（方法、手段）、How much（費用、予算）。特に、予算や必要人員の裏付けの有無には気を配る必要がある。

（エ）　感じよく話す

　感じよく話すことができるかどうかが、相手との関係に大きく影響する。常に相手を尊重した話し方をすることが大切である。相手の反応を見ながら、相手にわかるように話すことが基本となる。

- 難解な言葉、専門用語、外来語などを多用しない。相手にわかる言葉で話す。
- 同音異義語等で誤解が生じる可能性があるときは、他の言葉に言い換える。
- 断定的な言葉、嫌悪感のある言葉を使わない。
- 短文で、歯切れよく、簡潔に話す。
- はっきりと、大きな声、正しい発音で話す。
- 正確な数量を伝えなければならないときは、単位等も明確にする。
- 抽象的表現は避け、具体的な表現を用いて話す。
- 正しい敬語を使う（尊敬語、謙譲語、二重敬語に気をつける）。

（２）　電話応対

　電話は即時性があり仕事において欠くことのできない通信手段であるが、伝えられる情報は音声のみである。聞き取りやすい言葉で、わかり

やすく話すのはもちろんだが、限界もある。複雑な説明、細かな説明が必要な場合は、文書にしてメールや手紙で送付するか、直接会って話すほうが確実である。また、電話はかけた側が通話費用を負担しているため、相手を長く待たせる場合などは、一度切ってこちらからかけ直すなどの配慮が望ましい。

（ア）　電話の受け方

電話のベルがいつ鳴っても対応ができるように、メモなどをすぐに取り出せるようにしておく。

電話のベルが鳴ったら、まずは以下のように対応するとよい。

　①すぐに受話器を取る。ベルが３回以上鳴ってから出るときは、「お待たせしました」とお詫びの言葉を添えて出るとよい。

　②先にこちらから「はい、○○課（所属）の××（氏名）です」と名乗る。

【伝言メモの例】

	月　　　日　　AM／PM　　　　：ーーーーーーーーーーーーーーーーーーーーー様

ーーーーーーーーーーーーーーーーーーー の ーーーーーーーーーー 様より

電話がありました。

□　折り返し電話ください。
　　ＴＥＬ：　　　　（　　　　）

□　また電話します。

【用件等】

ーーーーーーーーーーーーーーーーーーーーーーーーーーーーーーーー
ーーーーーーーーーーーーーーーーーーーーーーーーーーーーーーーー
ーーーーーーーーーーーーーーーーーーーーーーーーーーーーーーーー
ーーーーーーーーーーーーーーーーーーーーーーーーーーーーーーーー

　　　　　　　　　　　　　　　　ーーーーーーーーーーーー受

③相手を確認する。相手が名乗らない場合は、「失礼ですが、どちらさまでしょうか」と相手の名前を確認し、メモしておく。

取り次ぎ

　電話応対では、取り次ぎを求められることも多い。電話を受けてから上司や担当者に取り次ぐ際にも、言葉遣いに注意し、状況に応じてすばやく対処できるように心がけたい。また、上司や担当者が不在の際のメモを定型化し、用意しておくとよい。

　　①上司や担当者と代わるとき

　　　　「○○の件ですね。ただいま○○（上司・担当者）と代わりますので、少々お待ちください」

　　　（上司や担当者に対して）

　　　　「○○（所属）の○○様から○○の件でお電話です」

　　②上司・担当者が休みのとき

　　　　「申し訳ありません。○○ですが、本日は休暇をとっております。明日、こちらからご連絡を差し上げるようにいたしましょうか」

　　③上司・担当者が電話中のとき

　　　　「申し訳ございません。○○はただいま別の電話に出ております。電話が終わり次第、こちらからご連絡をいたしましょうか」

　　④上司・担当者が外出中のとき

　　　　「○○は外出しておりますが、戻りましたら、こちらからご連絡をいたしましょうか」

　　　　「差し支えなければ、私、○○がご伝言を承ります」

　　⑤伝言を確認するとき

　　　　「…ということですね。わかりました。私、○○がお受けしました」

　（イ）　電話のかけ方

　必要な資料、データを用意し、こちらの電話番号、ファックス番号、メールアドレス等を用意しておく。また話をする順番も決めておく。

　　①相手が出たら「△△市役所（役所名）○○課（所属）の××（氏名）です」と名乗る。

②用件を簡潔に、要領よく話す。
③受話器を静かに置く。

2 文書事務

◼️1 文書事務の必要性

　地方自治体の意思決定および諸活動の記録については、正確性の確保、責任の明確化等の観点から文書を作成することを原則としている。そのため、文書の作成にあたっては、わかりやすく、的確かつ簡潔に記載することが必要とされる。

　文書に記載する内容の程度については、事務事業の適正な遂行の観点から適切に判断する必要があるが、以下の各事項については、行政活動の基本的な事項または住民の権利義務に関係するものであることから、所要の文書を正確に作成することが必要であると考えられる。

　　①条例・規則の制定または改廃およびその経緯
　　②政策の決定およびその経緯
　　③行政処分およびその根拠、基準
　　④住民等の権利義務の得喪およびその経緯
　　⑤歳入、歳出および公有財産の取得、処分

　なお、単なる照会・問い合わせに対する応答、自治体内部における日常的業務の連絡・打ち合わせなど、文書を作成しなくとも職務上支障が生じないような軽微な事案については、省力化のため、文書の作成を省略することも可能である。

◼️2 文書作成の心構え

　行政文書を作成する際には、単なる前例踏襲ではなく、住民に対する説明責任や事務事業の効率的・効果的な推進を考慮し、文書の形式はもちろんのこと、「昨年度まではこの通知だったけれども、本当にこのま

まで良いのだろうか、もっとわかりやすくできないだろうか」と改めて検討することが望ましい。

　ただし、前例はそれまでの長い歴史のなかで様々な事情を考慮して落ち着いたものであることが多いため、「前例＝悪」と短絡的に判断することなく、それに至った事情や背景を十分理解した上で、改善策に思いを巡らせることが肝要である。

　また、変更の必要のない文書などは可能な限り定型化して省力化を図るとよい。最近は文書の電子化が進み、過去の様式やデータを活用して新たな文書を作成することも多い。照会文書等については、様式の安易な変更は相手方に無用の手間をかけてしまう可能性もあるため、真に必要な場合を除き、一度様式を定めた後の安易な改正・変更は避けるようにすべきであろう。

❸　文書作成の留意点

（1）　用紙、書式等

　用紙は日本工業規格A列4番（A4判）を用い、横書き、「である」体が原則である。番号、数字、数量等にはアラビア数字を使用するが、概数（数百、数億など）、成語（四季、一言など）には漢数字を使う。

　最近は、ワープロソフトを使って文書作成を行うことが、通常である。誤変換や送りがな誤りなど、ワープロソフトならではの間違いにも注意したい。

【見やすい文書の目安（A4判縦用紙・横書きの場合）】

字体	文字の大きさ	1ページの行数および文字数	余白
明朝体	10ポイント	36行×40文字程度	20mm以上（上下・左右）
	12ポイント	30行×33文字程度	

（2）　文章は要点を短く書く

　迅速で簡潔、正確な伝達を第一にするため、文章は要点を押さえて短くすることが望ましい。主語、述語をはっきりさせると主旨がより鮮明

になる。また、多くの事項を列挙する場合には、箇条書きを用いるとよい。

（3）頭語・結語等

　行政文書には、頭語（拝啓、前略など）、結語（敬具、草々など）や時候のあいさつは不要である。また、「～いたします」は「～します」とするなど、簡潔な表現を心がけるようにしたい。

４　文書の送付と収受

　文書の起案、作成、決裁によって決定された行政機関の意思は、文書として住民等の相手方に送付されて初めて効力が生じる。

　地方自治体とその相手方との意思表示は、その意思表示が到達した時に効力を発生する「到達主義」の原則が取られている。例えば、一般家庭では郵便受けに投入された時が「到達」とされ、効力発生時点になる。地方自治体に対する文書は、郵便物が当該地方自治体（出先機関を含む）に配達された時点で「到達」とされ、効力発生時点となる。

　どの地方自治体においても、原則としてすべての文書に日付の入った収受印を押しているが、それはその効力発生時点を明確にしておく必要があるためである。

５　文書の整理・保存

　地方自治体が作成する文書の量は膨大であるため、事務事業の能率向上には、それらを適切に管理することが必要不可欠である。

　文書の分類には様々な切り口があるが、内容、様式、相手方、時期等に着目して分類するのが一般的である。また、保存期間については、法令上の規定や当該文書の性格・重要性等を考慮の上、１年から30年程度（または永年）の期間を設定して保存するのが一般的である。通常、自治体ごとに「文書管理規程」などと称するルールを定めているので、自分の所属する自治体ではどうなっているか各自確認されたい。

クレームの対応

　地方行政は、住民と接する機会が多い。また職務上、住民に不利益を課したり（例：税金の賦課）、義務の履行を迫ったり（例：税金の督促）、意に沿わない行為を要求したり（例：用地交渉）しなければならないため、クレームとは無縁ではいられない。

　クレームは行政サービスに対して、住民が不平や不満、怒りをもったときに、問題点の指摘や苦情、改善要求の形で現れる。相手が感情的になっていることも多く、誠実、冷静な対応が必要である。また、クレーム解消の際には、相手に誤解や期待を持たせるような言い方を避けることも重要である。

1　謝罪

　クレームに対しては、まずは謝罪が必要である。その際「素直に詫びる」「弁解しない」「感情的にならない」ことがポイントである。そのクレームが相手方の誤解や勘違い、自分のミスではない内容に対して向けられたものであっても、まずは相手の気分を害したことについて謝罪をする必要がある。言葉で直接的に謝罪を言うことが難しい場面であっても、少なくとも「申し訳ありませんでした」という姿勢、態度を示すことが重要である。

　難しいのは、クレームが単に言いがかりであったり、違法な行為を促そうとする場合であったり、あるいは第三者の許可申請がどこまで進んでいるのかなどの情報を引き出すことを目的としている場合である。毅然とした態度で断ることができればいいが、そのような場合であっても「すみませんが、ご希望に添えかねます」と謝罪の形で断った方が無難である。

2　傾聴

　基本的に相手の主張はすべて聞かなければならない。行政機関に訪問

してきたときには、落ち着いて話を聞くことができる会議室や相談室といった環境に誘導することが望ましい。また、可能であれば上司と相談の上、上司も含めた複数人で対応した方がいい。

　話を聞く際には、「でも」「それは」などと話の腰を折ることは避け、相手の話が終わるまでは反論も控えた方がよい。ましてや話の途中で矛盾点を突いて論破してやろうなどとは考えないことである。相手の気持ちが収まって、一通り言い終わったことが確認できるまでは、うなずきや相づちなどで話を引き出すことが大切である。

　ただし、話の途中で明らかに別の部署や別の担当者の案件であることがわかった場合には、相手方の了承を得て、早急に引き継ぐ必要がある。その際の引継ぎは丁寧に行う。

3　記録

　記録は、実際に行ったクレームへの対応を確認するとともに「次にどうするか」を検討する際にも重要である。

　クレームを受けて3日後であれば、いつ、どこでクレームを受けたのか、誰が同席していたのか、相手が何を主張したのか、それに対して誰が何を答えたのかについてまだ覚えているが、1年も経つと詳細は誰も覚えていない。そうなると、クレームは記録上にしか存在しなくなる。

　手間がかかるからと記録の作成を嫌がる人がいるが、その後、問題が発展した場合に、最初の対応はどうだったのかを見直されることは多い。その際に「詳しいことは覚えていません」というのでは、同僚、上司、職務に対して不誠実であるし、解決が困難になる。情報を職員間で共有するためにも、精度の高い記録を残すことが必要になる。

　会議室や相談室といった環境に誘導するのは、落ち着いて話せるということのほかに記録がとりやすいという利点があるためである。複数人で対応した場合には1人を記録に専念させてもよい。

　相手の話をよく聞き、何についてのクレームなのか【用件】、何をしてほしいのか【主張】、どんな対処を望んでいるのか【要望】をメインに記録をとる。

相手が感情的になっている場合や状況を理解できていない場合には、具体的な主張や要望がなかなか見えてこない。そのような場合であっても手は止めず、整理されていない情報であっても、メモ書きとして記録をとり続けた方がよい。

また、話の内容だけではなく、客観的な情報、例えば日時、面談の場所、相手方の情報（氏名、電話番号、性別、だいたいの年齢等）も記録に残しておく必要がある。

4 説明

相手が一通り話し終わったことを確認できたら、穏やかな口調で説明を始める。人は、自身の情報処理のスピードで話すため、頭の回転の早い人ほど早口で話す傾向がある。自覚がある人はゆっくりと話すことを心がけるようにしたい。また、穏やかであっても、内容は明確に話すことが必要である。その際に、客観的な根拠を示すことができれば（法律や条例、逐条解説等）、より説得力が増す。

なお、相手に応じて伝わりやすい言葉を選んで話すことも大切である。結論がはっきりしていない場合には、行政内部で検討をし、後日、連絡することを伝えてもよい。結論を急ぎ、あやふやな知識のまま断定をすると、思わぬトラブルに発展することもあるので、十分に注意をする必要がある。

5 報告・連絡・相談

公務員へのクレームは、公務員個人に対してというよりは、公務に対するクレームであることが多い。クレームの裾野が広い場合、一つの問題を解決したつもりが、他方で新たな問題を生じさせる可能性もある。クレーム対応をした場合、そして特に結論を相手に伝えた場合には、素早く要点をまとめて、上司、同僚に報告・連絡・相談する必要がある。

COLUMN　クレーム対応への心構え

　クレーム対応については、多くの本が書かれており、技術的・学問的な解決方法については、そのような本から得ることも多い。先輩や同僚からの助言や忠告も素直に聞いた方がいい。しかしながら、あらゆるクレームに通用する解決方法というものは存在しない。当たり前の話だが、ある人には成功したことが、ほかの人で成功するとは限らない。

　また、怒りに満ちた住民がもたらす圧倒的な緊張感のなかで、本で読んだ知識や、先輩から教わった経験則を実践できるかどうかは、実際に自分がその状況に置かれてみなければわからない。

　クレーム対応が嫌なのは、わからないことが多いからだという見解もある。脳はどのような状況についても早く判断を下したがる。「わからない」ことは恐怖であり、それを嫌う。しかし、目の前の恐怖から逃げるために結論に飛びつくようなことはしてはならない。

　クレーム対応で呼ばれたときには、物事をすぐに決めつけず、慎重な態度を維持しながら、相手がどういう人だとか、その人が何を望み、何を目標にしているのかをよく観察する。状況を把握できてくると、少しずつ自分自身が落ち着いてくるのがわかるだろう。自分が話すときには、どのように話しているかよりも、自分が話す内容に焦点を向けると緊張を抑えやすい。

　クレームを主張する人を見ていると、その主張の仕方や内容の善し悪しは別として、彼らあるいは彼女らなりに、真剣に訴えたいことがあるということはわかる。まずは先入観を捨てて話をよく聞いてみることが大切だ。その際、相手が暴言を吐くことや、侮辱的なことをいうことがあるが、耐え忍び、問題の本質をつかむことに集中する。

　クレーム対応はある程度学んだら、あとは実践あるのみ。第26代アメリカ合衆国大統領のセオドア・ルーズベルトは「決断するとき、ベストは正しいことをすること、次にいいのは間違ったことをすること、最悪なのは何もしないこと」という言葉を残している。まずは挑戦してみること。勇気をもって、立ち上がること。失敗しても、その姿勢が皆に勇気を与えるし、自分に対してもきっと自信につながる。

第2編

地方自治体とは何か

第1章

地方自治体とは？

1　地方自治体の種類

　地方自治体とは、「国の領土の一定の地域を基礎とし、その地域内における住民を人的構成要素として、その地域内の行政を行うために、国から付与された自治権を行使することを目的とする法人」を指し、法令上は地方公共団体と称される。

　地方公共団体には、一般的・普遍的なものである普通地方公共団体と、施策的な見地から特定目的のために設置される特別地方公共団体があり、普通地方公共団体には都道府県と市町村が、特別地方公共団体には特別区、地方公共団体の組合および財産区が該当する（詳細については、

図表２−１−１　地方公共団体の種類

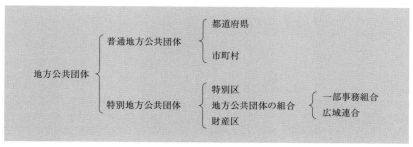

出所：筆者作成

第４編第２章２**5**以下を参照のこと）。

「地方自治体」と「地方公共団体」が指すところは基本的に同じである。その違いは、「地方自治体」には、自治の主体であるとの意味が強く込められているという点にある。本書においては、この趣旨を踏まえ、法令解説などの場合を除き、原則として「地方自治体」の語を用いることとする。

2 市町村等

一般に地方自治体といえば、まず都道府県や市町村を思い浮かべるのではないだろうか。日本の地方自治制度は都道府県と市町村の二層制をとっているが、ここではまず、より住民に近い市町村について解説する。

■1 市町村

市町村は、都道府県が処理することとされているものを除き、地域における事務およびその他の事務で法律またはこれに基づく政令により処理することとされるものを処理する（自治法２②・③・⑤）。住民に最も身近な地方自治体であることから、「基礎自治体」とも呼ばれる。

市になるには、①人口５万人以上[1]であること、②中心的市街地に全戸数の６割以上が存在すること、③商工業その他の都市的業態への従事者等が人口の６割以上であること、④都道府県の条例で定める都市的施設その他の都市としての要件を具備していることが必要とされる（自治法８①）。なお、実際には人口がこれに満たない市も現存するが、これは市になる要件の定めはあっても存続要件の定めがなく、いったん市になってしまうと人口が減少しても市のままでいられるためである。

町になるには、各都道府県が条例で定める要件を具備していることが要件であり（自治法８②）、具体的には一定以上の人口や連たん区域戸数（中心街区にある戸数）を有することなどが挙げられる。なお、村につ

1　地方自治法制定当時は３万人以上。

いては、法令上、特に要件の定めはない。

　地方自治法上、市町村間に性質や権能の差異はない。ただし、市には福祉事務所の必置義務があり生活保護の決定を行うなど、個別法によって町村より大きな権能が与えられることがある。

　交通インフラや情報通信手段の発達等に伴う住民の活動範囲の広域化や、医療対策、環境問題など行政課題の広域化が進むとともに、地方分権の担い手にふさわしい行財政基盤の確立を目的として、1999年以降、全国的に市町村合併が推進され（平成の大合併）、その数は大幅に減少した。特に、小さな町村が合併して市になったパターンが多く、町村が大きく減少した。2020（令和2）年10月1日現在の市町村数は、1,718（市792、町743、村183）となっている（第6編第2章参照）。

2　大都市制度

　大都市行政の特殊性を考慮するとともに、都道府県の権限移譲の推進を図るため、市にはかつて指定都市、中核市、特例市の3つの特例制度があったが、特例市制度は2015年4月1日をもって廃止された。その時点で現に特例市であった市は施行時特例市と呼ばれ、特例市としての事務を引き続き処理するものとされている。2020年4月1日現在、指定都市20、中核市60、施行時特例市25が存在する（図表2－1－2）。

　指定都市は人口50万人以上、中核市は人口20万人以上を要件とする（自治法252の19①・252の22①）。かつて中核市の要件は人口30万人以上であったが、特例市制度（人口20万人以上）の廃止に伴い、20万人以上に変更された。それぞれの規模に応じて都道府県の権限の一部を移譲するものであり、指定都市においては、ごく一部を除き、都道府県とほぼ同じ権限を有する（図表2－1－3）。

3　特別区

　特別区とは、東京都の23区を指す。これは、「都の区は、これを特別区という」（自治法281①）との規定に基づくものである。特別区は、市町村に準ずる基礎自治体であり、市町村に区を加えて「市区町村」と称す

ることもある。

　市町村との相違点としては、上下水道や消防など大都市地域における行政の一体性・統一性を保つ必要のある事務については都が処理していること、市町村税の一部が特別区税ではなく、特例で都税とされていること、都が条例に基づき、都と特別区および特別区相互間の財政調整を行っている点などが挙げられる。このように、人口が高度に集中し、膨大な行政需要を抱える大都市地域の特性を考慮し、多くの特例制度が設けられていることから、その位置付けも普通地方公共団体ではなく、特別地方公共団体とされている。

　なお、2012年8月に「大都市地域における特別区の設置に関する法律」が成立し、道府県の区域内においても、一定の条件を満たし、かつ、一定の手続きを経れば特別区を設置することが可能となった。

3 都道府県

　都道府県とは、「市町村を包括する広域の地方公共団体」（自治法2⑤）である。都道府県と市町村はいずれも自治体であり、両者の間に上下関係はなく、基本的に対等な関係にある。異なるのはその役割であり、市町村が基礎自治体として住民サービスの主たる担い手とされるのに対し、都道府県は市町村を広域的に補完するものとされ、市区町村を「基礎自治体」と称するのに対し、都道府県は「広域自治体」と称される。

　都、道、府、県の名称の相違はその沿革によるもので、制度上の差異はほとんどない。「府県」は、廃藩置県として知られるように、江戸時代の藩に代わるものとして置かれたのがその始まりである。府県間に権能の差異はなく、廃藩置県当時、重要とされた東京、大阪、京都のみ府としたことがその由来である。「都」は、戦時下における首都統制を強化するため、東京府とその東部に置かれていた東京市（現在の東京23区にあたる区域）を1943（昭和18）年に統合して東京都としたことに始まる。「道」は、明治維新直後の北海道開拓使をその源流とし、戦前は内務省[2]直轄の地方行政官庁として北海道庁の名称が使われていた（トッ

図表２－１－２　指定都市等一覧（2020年10月1日現在）

	指定都市	中核市	施行時特例市
北海道	札幌	旭川　函館	
青森		青森　八戸	
岩手		盛岡	
宮城	仙台		
秋田		秋田	
山形		山形	
福島		郡山　いわき　福島	
茨城		水戸	つくば
栃木		宇都宮	
群馬		前橋　高崎	伊勢崎　太田
埼玉	さいたま	川越　越谷　川口	所沢　草加　春日部　熊谷
千葉	千葉	船橋　柏	
東京		八王子	
神奈川	横浜　川崎　相模原	横須賀	小田原　大和　平塚　厚木　茅ヶ崎
新潟	新潟		長岡　上越
富山		富山	
石川		金沢	
福井		福井	
山梨		甲府	
長野		長野	松本
岐阜		岐阜	
静岡	静岡　浜松		沼津　富士
愛知	名古屋	豊田　豊橋　岡崎	春日井　一宮
三重			四日市
滋賀		大津	
京都	京都		
大阪	大阪　堺	高槻　東大阪　豊中　枚方　吹田　八尾　寝屋川	茨木　岸和田
兵庫	神戸	姫路　西宮　尼崎　明石	加古川　宝塚
奈良		奈良	
和歌山		和歌山	
鳥取		鳥取	
島根		松江	
岡山	岡山	倉敷	
広島	広島	福山　呉	
山口		下関	
徳島			
香川		高松	
愛媛		松山	
高知		高知	
福岡	北九州　福岡	久留米	
佐賀			佐賀
長崎		長崎　佐世保	
熊本	熊本		
大分		大分	
宮崎		宮崎	
鹿児島		鹿児島	
沖縄		那覇	
計	20	60	25

出所：総務省ホームページをもとに作成

図表２－１－３　指定都市・中核市・施行時特例市の主な事務

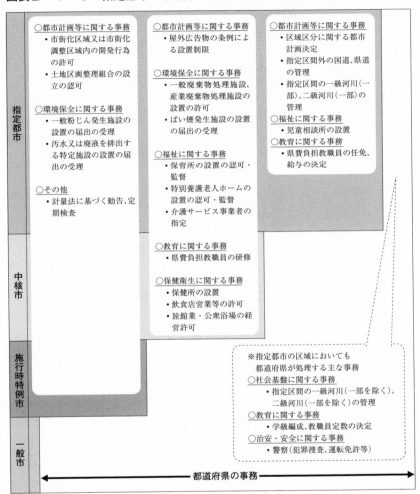

指定都市

○都市計画等に関する事務
- 市街化区域又は市街化調整区域内の開発行為の許可
- 土地区画整理組合の設立の認可

○環境保全に関する事務
- 一般粉じん発生施設の設置の届出の受理
- 汚水又は廃液を排出する特定施設の設置の届出の受理

○その他
- 計量法に基づく勧告、定期検査

中核市

○都市計画等に関する事務
- 屋外広告物の条例による設置制限

○環境保全に関する事務
- 一般廃棄物処理施設、産業廃棄物処理施設の設置の許可
- ばい煙発生施設の設置の届出の受理

○福祉に関する事務
- 保育所の設置の認可・監督
- 特別養護老人ホームの設置の認可・監督
- 介護サービス事業者の指定

○教育に関する事務
- 県費負担教職員の研修

○保健衛生に関する事務
- 保健所の設置
- 飲食店営業等の許可
- 旅館業・公衆浴場の経営許可

○都市計画等に関する事務
- 区域区分に関する都市計画決定
- 指定区間外の国道、県道の管理
- 指定区間の一級河川(一部)、二級河川(一部)の管理
○福祉に関する事務
- 児童相談所の設置
○教育に関する事務
- 県費負担教職員の任免、給与の決定

※指定都市の区域においても都道府県が処理する主な事務
○社会基盤に関する事務
- 指定区間の一級河川(一部を除く)、二級河川(一部を除く)の管理
○教育に関する事務
- 学級編成、教職員定数の決定
○治安・安全に関する事務
- 警察(犯罪捜査、運転免許等)

施行時特例市

一般市

◄──────── 都道府県の事務 ────────►

出所：総務省ホームページ

プも知事ではなく長官）。北海道が地方自治体の名称として使われるようになったのは戦後のことである。

　戦前の府県は、議会が存在するなど一定の自治権が与えられていたが、基本的には国の総合出先機関としての色彩が強く、知事も官選で内務省の役人が任命されていた。戦後、知事が公選に変わるなど、完全自治体化されたものの、本来国が行うべき多くの事務が機関委任事務として残された。その後も国の出先機関的な立場を長らく併せ持つ状態が続いていたが、第一次地方分権改革において機関委任事務が自主性を阻害するものとして2000年に廃止されたため、国の出先機関としての位置付けは解消された。

　近年、市町村合併が進み、その規模が大きくなっている現状を考慮すれば、現在の都道府県の区割りは小さすぎるのではないかとして、都道府県の合併や、道州制の導入も議論されているところである。

2　終戦直後まで存在した中央官庁の一つ。中央省庁再編前の建設省、自治省、厚生省、警察庁が一つになったような巨大官庁であった。

第2章

国と地方自治体との関係

　前章では住民に最も身近な行政機関である市区町村、より広域的な行政機関である都道府県について見てきたが、本章においては、国の行政機関について見ていくこととする。まず、国の行政機関を概観し、次に地方自治制度を所管する総務省を例に中央省庁の組織について、最後に国・地方の行政機関相互の関係について順次説明する。

1　国の行政機関

1　中央省庁等

　国の行政機関という場合、内閣府、総務省、法務省、外務省、財務省、文部科学省、厚生労働省、農林水産省、経済産業省、国土交通省、環境省、防衛省の1府11省とその外局を指すのが一般的である。以前は1府22省庁であったが、2001年1月に再編され、現在の体制となった。なお、2031年3月31日までの時限的なものであるが、これら府省と同列の組織として復興庁が置かれている。

　各府省には、大臣、副大臣、大臣政務官のいわゆる政務三役が置かれる（国家行政組織法5①・16①・17①、内閣府設置法6①・13①・14①）。

　以前は、大臣の下に置かれる政治職は政務次官だけであったが、その形骸化が指摘されるようになり、政治主導の政策決定システムを確立するため、1999年、政務次官を廃し、副大臣および大臣政務官が設置されたものである。

大臣は各府省の長[3]としてその事務を統括する（国家行政組織法10、内閣府設置法7）。副大臣は大臣の命を受け、政策および企画をつかさどり、政務を処理する（国家行政組織法16③、内閣府設置法13②）。大臣政務官は大臣を助け、特定の政策および企画に参画し、政務を処理する（国家行政組織法17③、内閣府設置法14②）。つまり、副大臣がその府省の政策全般について大臣を助けるのに対し、大臣政務官は特定の政策について大臣を助ける点において異なる。

　府省には、その所掌事務を遂行するため、官房および局が置かれる。これを内部部局（内局）という。これに対し、外局とは、各府省の長である大臣の統括下にありながら、その業務の特殊性等から内部部局とは異なる一定の独立性を有する組織をいう。具体的な組織としては、公正取引委員会などの「委員会」と、金融庁などの「庁」の2種類がある。

　委員会は、戦後の連合軍占領下において行政民主化のため導入された合議制機関である。占領終了後、多くの委員会が廃止されたが、政治的中立性の確保や専門技術的判断を必要とするような一部の委員会については存置された。2019年8月現在、内閣府における公正取引委員会、国家公安委員会および個人情報保護委員会、総務省における公害等調整委員会、法務省における公安審査委員会、厚生労働省における中央労働委員会、国土交通省における運輸安全委員会、環境省における原子力規制委員会の計8が置かれている。

　庁は、主として政策の実施に関する機能を担うこととされるが、例外として、各府省の負担軽減等を図るため主に政策の企画立案に関する機能を担うものも存在する。2019年8月現在、内閣府における金融庁および消費者庁、総務省における消防庁、法務省における出入国在留管理庁および公安調査庁、財務省における国税庁、文部科学省におけるスポーツ庁および文化庁、農林水産省における林野庁および水産庁、経済産業

3　内閣府の長は内閣総理大臣である（内閣府設置法6①）。内閣府においては、内閣官房長官が内閣総理大臣を助けて内閣府の事務を整理し、内閣総理大臣の命を受けて内閣府の事務を統括する（内閣府設置法8①）。

図表２－２－１　国の行政組織（2019年８月現在）

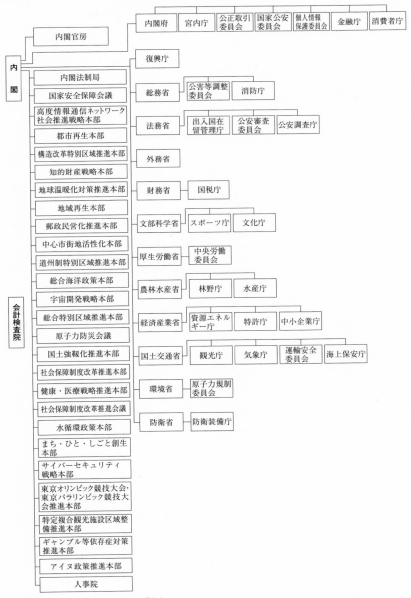

出所：内閣人事局ホームページより

省における資源エネルギー庁、特許庁および中小企業庁、国土交通省における観光庁、気象庁および海上保安庁、防衛省における防衛装備庁の計17が設置されている。

なお、名称に庁がつく機関であっても、宮内庁（内閣府に置かれる機関）、警察庁（国家公安委員会の特別の機関）、検察庁（法務省の特別の機関）は組織上、外局ではないので、注意が必要である。

② 地方支分部局

国の行政機関は、その地方における事務を分掌させるため、地方支分部局を置くことができる（国家行政組織法9、内閣府設置法43②・57）。

地方支分部局は、地域ブロック単位のもののほか、その下部機関として都道府県単位、事業エリア単位のものが置かれており、前者には「局」、後者には「支局」「所」等の語が用いられる傾向がある。例えば、農林水産省においては、地域ブロック単位に8の地方農政局（関東農政局、近畿農政局など）が置かれ、その下に都道府県単位の農政事務所が置かれている。財務省における財務局と財務事務所、国税庁における国税局と税務署も同様である。国土交通省においては、地域ブロック単位に8の地方整備局（関東地方整備局、近畿地方整備局など）が置かれているが、下部組織は都道府県単位ではなく、その必要性に応じて国道事務所、河川事務所等が置かれている。経済産業省においては、地域ブロック単位に経済産業局が置かれているが、その直接的な下部組織はない。

なお、北海道と沖縄については、これとは別のスキームが用いられることがある。例えば、前出の地方農政局、地方整備局、経済産業局等が行う事務は、沖縄においては沖縄総合事務局が総合的に分掌する（内閣府設置法43・44）。北海道については、地方農政局に準じた北海道農政事務所が置かれ、地方整備局の行うべき事務は北海道開発局が分掌するなどの違いがある。

3 独立行政法人等

　国の行政機関ではないが、その機能を補完し、公共的事業を行う法人がある。その一つが独立行政法人であり、「国民生活及び社会経済の安定等の公共上の見地から確実に実施されることが必要な事務及び事業であって、国が自ら主体となって直接に実施する必要のないもののうち、民間の主体に委ねた場合には必ずしも実施されないおそれがあるもの又は一の主体に独占して行わせることが必要であるもの（中略）を効果的かつ効率的に行わせるため、中期目標管理法人、国立研究開発法人又は行政執行法人として、この法律及び個別法の定めるところにより設立される法人」（独立行政法人通則法2①）を指す。

　独立行政法人制度は、1990年代に行政改革の一環として、中央省庁から現業・サービス部門を切り離すため、イギリスのエージェンシーをモデルに導入された。2020年4月1日現在、87の独立行政法人が存在する（図表2-2-2）が、官僚の天下り先としての批判も根強く、見直しが進められている。

　また、同様の機能を有するものとして、国立大学法人、特殊法人、公益法人がある。国立大学法人は、国の機関であった国立大学が2004年から各大学単位で法人化されたものであり、基本的には独立行政法人の一類型と考えられるが、学問の自由を保障するため、独立行政法人とは別のスキームを設けたものである。

　特殊法人は、民間企業が規制や採算などの関係で実施することが不可能または困難な事業を実施することを目的として設立されるもので、独立行政法人のような自立性を持たない代わりに、税の免除などの特典があるが、国の強い指揮監督下に置かれる。かつては公団、事業団など多くの特殊法人が存在したが、透明性や効率性の面で問題があるとされ、また、天下り先としても問題視されるようになったため、2001年に特殊法人等改革基本法（2006年失効）が制定され、統廃合や民営化、独立行政法人への転換などの大幅な見直しが進められた。その結果、以前は100を超えていたものが、2020年4月1日現在で33にまで減少した（図表2-2-3）。

図表２－２－２　独立行政法人一覧（2020年４月１日現在）

内閣府所管 3	地域医療機能推進機構
国立公文書館	年金積立金管理運用独立行政法人
北方領土問題対策協会	国立がん研究センター
日本医療研究開発機構	国立循環器病研究センター

内閣府所管 3
国立公文書館
北方領土問題対策協会
日本医療研究開発機構

消費者庁所管 1
国民生活センター

総務省所管 3
情報通信研究機構
統計センター
郵便貯金簡易生命保険管理・郵便局ネットワーク
支援機構

外務省所管 2
国際協力機構
国際交流基金

財務省所管 3
酒類総合研究所
造幣局
国立印刷局

文部科学省所管 22
国立特別支援教育総合研究所
大学入試センター
国立青少年教育振興機構
国立女性教育会館
国立科学博物館
物質・材料研究機構
防災科学技術研究所
量子科学技術研究開発機構
国立美術館
国立文化財機構
教職員支援機構
科学技術振興機構
日本学術振興会
理化学研究所
宇宙航空研究開発機構
日本スポーツ振興センター
日本芸術文化振興会
日本学生支援機構
海洋研究開発機構
国立高等専門学校機構
大学改革支援・学位授与機構
日本原子力研究開発機構

厚生労働省所管 17
勤労者退職金共済機構
高齢・障害・求職者雇用支援機構
福祉医療機構
国立重度知的障害者総合施設のぞみの園
労働政策研究・研修機構
労働者健康安全機構
国立病院機構
医薬品医療機器総合機構
医薬基盤・健康・栄養研究所

地域医療機能推進機構
年金積立金管理運用独立行政法人
国立がん研究センター
国立循環器病研究センター
国立精神・神経医療研究センター
国立国際医療研究センター
国立成育医療研究センター
国立長寿医療研究センター

農林水産省所管 9
農林水産消費安全技術センター
家畜改良センター
農業・食品産業技術総合研究機構
国際農林水産業研究センター
森林研究・整備機構
水産研究・教育機構
農畜産業振興機構
農業者年金基金
農林漁業信用基金

経済産業省所管 9
経済産業研究所
工業所有権情報・研修館
産業技術総合研究所
製品評価技術基盤機構
新エネルギー・産業技術総合開発機構
日本貿易振興機構
情報処理推進機構
石油天然ガス・金属鉱物資源機構
中小企業基盤整備機構

国土交通省所管 15
土木研究所
建築研究所
海上・港湾・航空技術研究所
海技教育機構
航空大学校
自動車技術総合機構
鉄道建設・運輸施設整備支援機構
国際観光振興機構
水資源機構
自動車事故対策機構
空港周辺整備機構
都市再生機構
奄美群島振興開発基金
日本高速道路保有・債務返済機構
住宅金融支援機構

環境省所管 2
国立環境研究所
環境再生保全機構

防衛省所管 1
駐留軍等労働者労務管理機構

合計　87法人

出所：総務省ホームページより

図表2−2−3　特殊法人一覧（2020年4月1日現在）

内 閣 府（2）	農林水産省（1）
沖縄振興開発金融公庫	日本中央競馬会
沖縄科学技術大学院大学学園	

総 務 省（6）
日本電信電話株式会社
東日本電信電話株式会社
西日本電信電話株式会社
日本放送協会
日本郵政株式会社
日本郵便株式会社

経済産業省（3）
日本アルコール産業株式会社
株式会社商工組合中央金庫
株式会社日本貿易保険

財 務 省（5）
日本たばこ産業株式会社
株式会社日本政策金融公庫
株式会社日本政策投資銀行
輸出入・港湾関連情報処理センター株式会社
株式会社国際協力銀行

国土交通省（12）
新関西国際空港株式会社
北海道旅客鉄道株式会社
四国旅客鉄道株式会社
日本貨物鉄道株式会社
東京地下鉄株式会社
成田国際空港株式会社
東日本高速道路株式会社
中日本高速道路株式会社
西日本高速道路株式会社
首都高速道路株式会社
阪神高速道路株式会社
本州四国連絡高速道路株式会社

文部科学省（2）
日本私立学校振興・共済事業団
放送大学学園

環 境 省（1）
中間貯蔵・環境安全事業株式会社

厚生労働省（1）
日本年金機構

合計33法人

（注）複数府省共管の法人は、主たる所管府省にのみ掲げた。

出所：総務省ホームページより

　公益法人は、社団法人または財団法人のうち公益性の認定を受けた法人を指す。公益法人のなかには、国の主導により設立され、国が行うべき事務を委託等により実施しているものが存在する。こういった法人が官僚の天下り先となっているとの批判も根強く、独立行政法人と同様に見直しが進められている。

2 総務省

1では、国の行政機関の全体像について見てきたが、ここでは、各省がどのような組織構造になっているのか、地方自治制度を所管する総務省を例に説明する。

1 組織の概要

1で述べたとおり、各省には大臣、副大臣、大臣政務官の政務三役が置かれる。大臣は当然1名であるが、副大臣と大臣政務官の人数は府省によって若干異なる。総務省の場合、大臣1名、副大臣2名、大臣政務官3名の構成となっている。

これに対し、事務方のトップは、事務次官と呼ばれる。同期でたった一人、場合によっては前後の年を含めたなかで一人だけがたどり着くことのできる官僚の最高到達地点である。総務省は、2001年の中央省庁再編により、自治省、郵政省、総務庁の3省庁が統合されて誕生したため、出世のライバルが大幅に増加することになり、事務次官レースは以前よりも激しさを増している。

各省には官房と局が置かれ、その下に課が置かれる。また、局と課の間には、必要に応じて部が置かれることもある。官房には官房長、局には局長が置かれ、その分掌事務を整理総括する。

官房はいわば内部管理部門であり、大臣等の秘書業務や、予算、人事、広報、省内の連絡調整などを担当する。総務省の場合、局は9局設置されており、旧自治省系の3局（自治行政局、自治財政局、自治税務局）、旧郵政省系の3局（国際戦略局、情報流通行政局、総合通信基盤局）、旧総務庁系の3局（行政管理局、行政評価局、統計局）が存在する。また、外局として公害等調整委員会と消防庁が置かれている（図表2-2-4）。

❷ 地方自治制度の所管官庁

　地方自治制度の基本的な設計は国によって行われている。地方自治というからには各地方自治体がルールをそれぞれ決めるのが本来の姿であるが、各自治体がまったく異なる制度を定めては混乱を招きかねず、また、それぞれが同じことを別々に決めたのでは効率的でもない。もちろん国が自治体に対して画一的な義務付けを行うことは避けなければならないが、このような事情を踏まえ、自治体の組織・運営や税財政など各自治体に共通の基本的な制度については、国が地方自治法、地方税法、地方財政法、地方公務員法をはじめとする法律等の形により定めている。

　これらの地方自治制度を所管する国の組織が総務省である。総務省は2001年の中央省庁再編により、自治省、郵政省、総務庁の３省庁が統合されてできた省であり、現在は旧自治省の流れを汲む自治行政局、自治財政局、自治税務局の３局が地方自治制度を所管している。

　自治行政局は、地方自治体の円滑な行政運営を支援するため、地方自治制度の企画・立案、地方分権の推進、地方行革体制の整備、基礎自治体の行財政基盤の強化から、活力ある地域づくり、電子自治体の推進、地域レベルの国際化にいたるまで、幅広い分野を所掌している。また、同局内には、公務員部と選挙部の二つの部が設けられ、給与や勤務条件など地方公務員制度の整備・充実や、選挙・政治資金制度の企画・立案等を行っている。

　自治財政局は、地方全体の収支予算の見込みともいうべき「地方財政計画」を作成し、各地方自治体がその運営に必要とする財源を、地方交付税や地方債の形で確保できるよう、財務省と折衝する重要な役割を果たしている。また、自治体財政の健全化を図るための統一的な指標づくりや早期健全化や再生のための仕組みづくり、交通事業や下水道事業をはじめとする地方公営企業制度の企画立案も自治財政局の仕事である。

　自治税務局は、地方税の枠組みを定める地方税法を所管し、地方税制の企画・立案を行っている。特に近年は、自治体の自主財源である地方税の安定確保のため、税源の偏在性が少なく税収が安定的な税体系を構築すべく、地方税制の改正にも力を入れている。

図表２−２−４　総務省組織図（2020年４月１日現在）

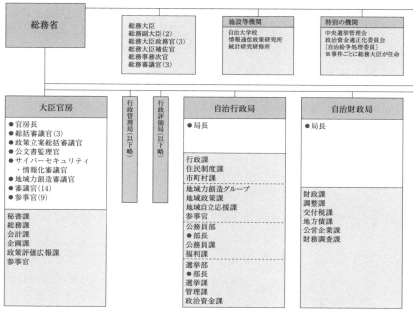

出所：総務省パンフレット『2020年度業務案内』をもとに作成

3　国と地方自治体との関係

■1■　自治体の成り立ち

（1）　市町村

　自然集落としての町（まち）、村（むら）は、明治維新以前から存在していたが、自治体としての町村は、1878（明治11）年の郡区町村編制法により初めて規定された。1888（明治21）年には市制・町村制が制定され、町村のほか、市が設けられるようになった。以後、幾度かの見直しを経て、市町村は自治体としての機能を強化していき、戦後制定された地方自治法により、現在に続く市町村制度が規定された。

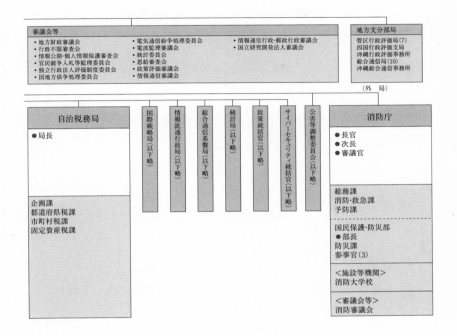

審議会等
- 地方財政審議会
- 行政不服審査会
- 情報公開・個人情報保護審査会
- 官民競争入札等監理委員会
- 独立行政法人評価制度委員会
- 国地方係争処理委員会

- 電気通信紛争処理委員会
- 電波監理審議会
- 統計委員会
- 恩給審査会
- 政策評価審議会
- 情報通信審議会

- 情報通信行政・郵政行政審議会
- 国立研究開発法人審議会

地方支分部局
管区行政評価局(7)
四国行政評価支局
沖縄行政評価事務所
総合通信局(10)
沖縄総合通信事務所

（外　局）

自治税務局
●局長

企画課
都道府県税課
市町村税課
固定資産税課

国際戦略局(以下略)

情報流通行政局(以下略)

総合通信基盤局(以下略)

統計局(以下略)

政策統括官(以下略)

サイバーセキュリティ統括官(以下略)

公害等調整委員会(以下略)

消防庁
●長官
●次長
●審議官

総務課
消防・救急課
予防課

国民保護・防災部
●部長
防災課
参事官(3)

＜施設等機関＞
消防大学校

＜審議会等＞
消防審議会

（2）　都道府県

　府県については、江戸時代の藩に代わるものとして置かれたのがその始まりである。この時点では国の地方出先機関としての位置付けであったが、1890（明治23）年に制定された府県制により、一部ではあるが、自治体としての性格が与えられた。とはいえ、基本的には依然として国の総合出先機関としての色彩が強く残り、自治体としては半人前の状態が続いた。

　また、都については首都、道については開拓地としての特性を考慮し、それぞれ府県とは別に設置されたもので、いずれも限られた自治権しか有していなかった（本編第1章3参照）。

　戦後、新たに制定された地方自治法により、都道府県は完全な地方自治体に転換したものの、それまで国の出先機関として担っていた事務の

多くが機関委任事務という形で残されたため、その後も国の出先機関的な立場を長らく併せ持つ状態が続いた。

　機関委任事務とは、国政選挙、旅券（パスポート）発給、戸籍事務など、国の事務を地方自治体が代行する制度である。その執行に際し、地方自治体は国の指揮監督下に置かれるなど、国の実質的な出先機関として、例えば旅券発給でいえば知事が外務大臣の部下として当該事務を執行しているような状態にあった。当時、都道府県においては、全業務に占める機関委任事務の割合が7〜8割にも達するといわれ、地方自治体の自主性を阻害するものとして問題視されるようになった。そのため、第一次地方分権改革により機関委任事務は2000年に廃止され、現在は国の出先機関的立場は解消されている。

❷　国と地方自治体との関係
（1）　自治体に対する国の関与―第一次地方分権改革以前―

　2000年の第一次地方分権改革以前に存在した自治体に対する国の関与としては、主に機関委任事務制度と通達による指導が挙げられる。

　機関委任事務制度は、前述のとおり、自治体を国の実質的な出先機関として扱い、国の業務を行わせるものである。特に問題とされていたのは、自治体の長に対して国の包括的な指揮監督権が及ぶことであり、これが国と自治体の関係を上下・主従の関係とする元凶とされた。また、自治体の活動の一つであるにもかかわらず、国の機関として国の事務を執行するに過ぎないことから、住民の代表である自治体議会の調査権が及ばないことも問題とされた。

　通達とは、行政上の取扱いの統一性を図るため、上級機関が下級機関に対して発するもので、主に法令の解釈や運用方針等を周知徹底する場合に用いられる。機関委任事務制度においては、地方自治体は国の下級機関であり、通達によって自治体の事務執行を管理していた。さらに、機関委任事務でない事務についても、国から通達が発出され、国の定めた方針に従って執行するよう求められていた。機関委任事務でない事務に係る通達については、法的には自治体はこれに従う義務はなかった

が、歳入の多くを地方交付税交付金や国庫補助金に依存していたため、財布の紐を握る国の指導に従わざるを得ない状況にあった。

（2）　自治体に対する国の関与─第一次地方分権改革以後─

　こうした中央集権型の行政システムは国土の均衡ある発展を目指した高度成長期には有効であった。しかし、社会情勢の変化に伴い、地域によってニーズや課題が大きく異なるようになったため、地方自治体が効率的・効果的な行政運営を行い、地域のニーズや課題に迅速かつ的確に対処していくためには、地方分権の推進が不可欠との声が拡がった。

　1995年には地方分権推進法が施行され、同法に基づき地方分権推進委員会が設置された。2000年には同委員会の勧告に基づき、いわゆる地方分権一括法が施行され、機関委任事務が廃止されるとともに、国の関与は必要最小限にすべきといった関与の基本原則や関与する場合の基本類型や手続規定等が地方自治法に新たに盛り込まれた。

　これにより、国と地方自治体との関係は「上下・主従の関係」から「対等・協力の関係」へと大きく転換した。また、この転換に伴い、自治事務に係る通達による国の関与も見直され、従来のような通達による指導は廃止され、通知による技術的な助言にとどまることとなった。

3　都道府県と市町村との関係

　現在はどちらも地方自治体として対等・協力の関係にあるが、第一次地方分権改革以前は、国と地方との関係と同様、同じ自治体である都道府県と市町村の間にも上下・主従の関係が存在していた。

　例えば、機関委任事務による上下関係は国・自治体間だけのものではなく、都道府県と市町村の間にも見られた。知事は国の下級機関として市町村長に対する包括的な指揮監督権を有していた。また、通達も「国→都道府県→市町村」のルートで「上意下達」され、逆に、国庫補助金の申請等については、「市町村→都道府県→国」のルートで行われるなど、都道府県は国と市町村との間に位置する存在であった。

　この当時の地方自治法は、都道府県の事務について、①広域にわたるもの、②統一的処理を必要とするもの、③市町村に関する連絡調整に関

するもの、④一般の市町村が処理することが不適当であると認められる規模のもの、と規定していた。第一次地方分権改革における地方自治法の改正により②が削除され、現在は、市町村を包括する広域的な地方自治体として、①、③、④の３種類の事務を処理することとされている。

これに対し、市町村は基礎的な地方自治体として、地域における事務を担うものとされる。市町村が担いきれない事務については広域自治体である都道府県が担うこととされているが、両者の関係はあくまで対等であり、その役割が異なっているに過ぎない。

近年は、平成の大合併によって市町村の規模が大きくなり、財政力をはじめ体力面も充実したため、都道府県から市町村への権限移譲が進んでいる。

◢4◣　国と地方公共団体との役割分担

前述のとおり、地域の事務は住民に最も身近な市町村が担い、市町村が担いきれない事務は都道府県が、都道府県が担いきれない事務は国が担うこととされている。これは「補完性の原理[4]」にもとづくものである。

図表２－２－５　国と地方の役割分担の例

分野	社会資本	教育	福祉	その他
国	○高速自動車道 ○国道（指定区間）	○大学	○社会保険	○防衛 ○外交 ○通貨
都道府県	○国道（その他） ○都道府県道	○高等学校 ○小・中学校教員の管理	○保健所	○警察 ○消防（特別区について都が管理） ○旅券
市　町　村	○都市計画等 　（用途地域、都市施設） ○市町村道	○小・中学校 ○幼稚園・保育園	○ゴミ ○し尿処理	○消防 ○戸籍 ○住民登録

出所：総務省資料「日本の地方自治　その現状と課題」を一部修正

4　公的責務の分担に関して、個人、家族、地域で解決できないことはより身近な基礎自治体である市町村が担い、次いで広域自治体である都道府県、さらには国が担うべきという考え方。

国と地方の役割分担において、国は、①外交や防衛など国際社会における国家としての存立にかかわる事務、②通貨や金利など全国的に統一して定めることが望ましい国民の諸活動もしくは地方自治に関する基本的な準則に関する事務、③国家的プロジェクトなど全国的な規模もしくは全国的な視点に立って行わなければならない施策および事業の実施、を担うこととされている。

　国が担う事務のうち、特に地方支分部局が行う事務については、地方自治体との重複が見られるとして二重行政ではないかとの指摘がなされている。二重行政は事務執行の非効率を招くとともに、自治体の総合的・一体的な行政運営を阻害することもある。その解消のため、地方支分部局の業務のうち、地方自治体に移管可能な事務の検討や、地方支分部局自体の廃止についても議論がなされている。

COLUMN 新しい世界には新しいルールがある
～ある自治体職員のつぶやき～

　事務職の自治体職員であれば、就職してからずっと同じ職場ということは考えづらい。自治体の仕事は多岐にわたるので、通常は、いくつもの職場を転々とするはずだ。税務課、農政課、観光課、医務課、財政課、人事課、土木課…。それぞれの課では、当然のことながら仕事の内容も違う。事務の進め方も違うのがむしろ通常だ。

　新しい部署に入ったら、まずそこに順応することを、優先して考えたほうがいい。今までのやり方がこうだったから、こうでなければならない、と頭から決めつけないほうがいい。

　以前、ある団体に出向したことがある。そこには日本各地の自治体から派遣された職員が多くいた。

　私の自治体では、起案文書では、受信者名に「○○様」と書かず、「○○あて」と書くことになっている（もちろん施行文書は、○○様で出す）。日本中の自治体職員がそうしていると思っていたのだが、どうやら私の自治体が特別らしく、他の自治体では「○○様」と書いて起案文書を作成しているらしかった。

　「○○あて、なんて失礼じゃない」

　軽いカルチャーショックだった。その団体にいる間はずっと「○○様」で通した。出向から帰ってきた後、今度はカウンターカルチャーショックがあって、「○○様」で起案をしたら、朱書き訂正をされて決裁が戻ってきた。それからはずっと「○○あて」で起案をしている。

　新しい世界には、新しいルールがある。やり方が違うと腹を立てたり、過去と今の状況をくらべたりしても意味がない。自分のところのやり方が唯一絶対のものだとの思い込みを捨て、与えられた職場でどうしたら適切に事務を進めることができるか、さらにはその職場で適切だとされていることをマスターした上で、改善の余地はないのかを考えることが大切である。

第3編

地方自治体の組織と仕事

第1章

地方自治体の組織

 1　執行機関等

1　執行機関と補助機関

　執行機関とは、文字どおり自治体の事務を執行する機関であり、具体的には、長（知事および市町村長）、委員会（教育委員会、人事委員会、農業委員会など）、委員（監査委員）を指す（自治法138の2〜138の4）。

　補助機関とは、副知事、副市町村長のほか、会計管理者、一般職員なども含め、長の下で長を支える者を指す。

　なお、詳細については、第4編第2章を参照されたい。

2　長を支える幹部と内部組織

（1）　副知事および副市町村長

　知事、市町村長を支えるナンバー2として、副知事、副市町村長を置くことができる（自治法161）。いずれも、長を補佐し、職員の担任する事務を監督するとともに、長が欠けた場合や不在の場合などにその職務代理を遂行することとされている（同167）。なお、一人ではなく複数置くことも可能であり、選任には議会の同意が必要である（同161②・162）。

　以前は、都道府県では「知事−副知事−出納長」、市町村では「市町村長−助役−収入役」を「三役」と呼んでいた。出納長、収入役はいずれも会計事務の適正な執行を確保するために置かれていた職である。し

かし、2007年に地方自治法が改正され、地方自治体のトップマネジメント体制の強化と、出納事務の電算化の進展等を考慮し、出納長・収入役を廃止して一般職の会計管理者を置くとともに、副知事・助役の制度を見直し、「助役」を「副市町村長」と改称した。

（2） 内部組織

知事および市町村長は、その権限に属する事務を分掌させるため、必要な内部組織を設けることができる（自治法158①）。道府県の場合、長の直近下位に部を置き、その下に課を置くのが一般的である[1]。ただし、東京都のように規模が大きい自治体の場合は、部の上に局を置くこともある[2]。市町村の場合も部制を敷くのが一般的であるが、規模が小さい場合には、部を置かずに長の直近下位を課とする場合も多い（図表3－1－1～3－1－3参照）。

３　委員会および委員

長以外の執行機関として、委員会および委員がある。これらは、政治的中立性・公平性を確保するため、長から独立した地位と権限を有する。

教育委員会、選挙管理委員会、人事委員会または公平委員会、監査委員はすべての地方自治体で必置とされ、都道府県では公安委員会、労働委員会など、市町村では農業委員会なども必置とされている（第4編第2章参照）。

各委員会または委員の下には事務局が置かれ、事務局には課が置かれることもある。教育委員会や公安委員会を除き、事務局の職員は首長部局からの出向者であることが一般的である。

1　部と課の間や、部外に局を置く道府県もある。これらは、部にするほどでもないが、部のなかで比較的大きなウエイトを占める分野、あるいは、異質な分野について、局を設け、局長を置くことで、部長の負担を軽減しようとする意図があるとされる。

2　都道府県の組織が非常に似ているのは、2003年までは地方自治法で都は局を、道府県は部を直近下位に置くこととされ、その部局数についても人口等による標準部局数が定められ、それを超えて部局を置こうとする場合には総務大臣への事前届出（1997年までは事前協議）が必要とされていたことによる。なお、1991年までは、部局の名称や分掌事務まで地方自治法に例示されていた（市町村にはこのような制約はなかった）。

図表３－１－１　都道府県組織の例

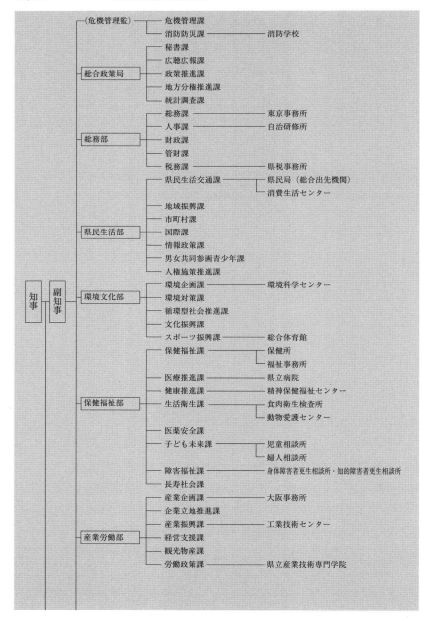

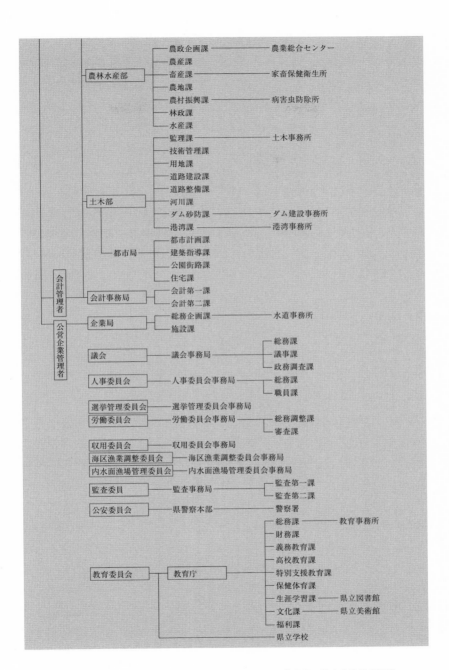

図表３－１－２　比較的大きな市町村組織の例

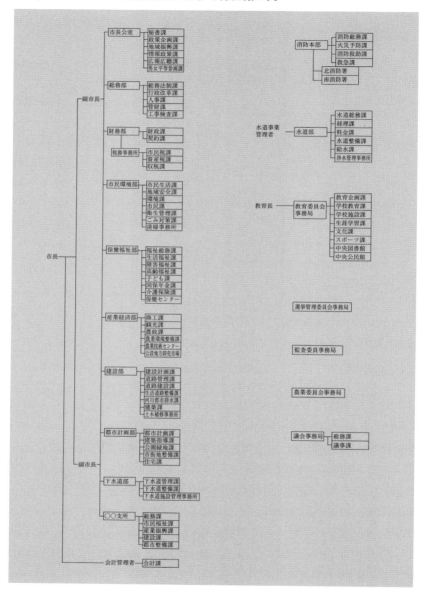

図表3−1−3 比較的小さな市町村組織の例

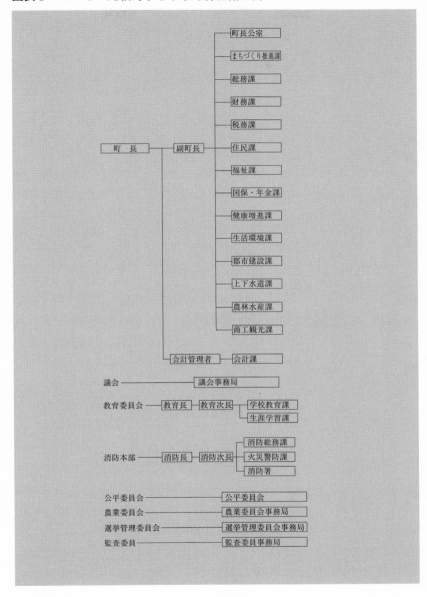

４ 地方公営企業

　地方自治体が経営する企業であり、水道事業、交通事業などを行う場合に設置される経営組織であって、そのトップには長が任命する管理者が置かれる。管理者は長の補助職員であるが、地方公営企業法の規定により、業務の執行について広い権限が与えられており、実質的に独立の執行機関に匹敵するものである。

　通常、管理者の下には課などの内部組織が置かれる。地方公営企業の職員については、その業務の特性から独自に職員を採用することが多いが、事務職を中心に首長部局との人事交流も行われている。

５ 議会

　地方自治体には、議事機関として議会が設置される（憲法93①、自治法89）。議会には事務局が置かれ、小規模の自治体を除き、事務局には複数の課が置かれることが一般的である。事務局の職員は首長部局からの出向者であることが多い。

2 首長部局の組織構造

１ 本庁と出先機関

　都道府県庁や市役所、町村役場の本部に相当するものを一般に「本庁」または「本所」という。これに対し、福祉事務所や土木事務所のように、長の権限に属する事務を地域的、機能的に分担させるため本庁・本所の外に置かれる組織を一般に「出先機関」という。

２ 本庁・本所組織

　本庁・本所組織は、１で見たとおり、「（局）－部－課－係」のラインをとるのが一般的である。近年は、長の権限を部門長に大幅に委譲する事業本部制、意思決定の迅速化を図るためラインの階層を少なくするフラット制、行政需要や時期による繁閑の差に柔軟に対応するグループ制なども採り入れられている。なお、部長、課長などのラインの職に対

し、特命・特定の事項を処理するためにライン外に設置される職をスタッフ職という。自治体によって異なるが、参事、副参事、技監、主幹、主査、○○監などの職名が広く用いられている。

③ 出先機関

　出先機関には、長の権限に属する事務の全般にわたって地域的に分掌する総合出先機関と、福祉、土木など特定の事務のみを分掌する個別出先機関がある。また、出先機関には、これらのように一般関係住民の権利義務に密接な関係のある機能を担当する機関（行政機関）のほか、東京事務所や研究機関、研修所のように一般住民の権利義務とは無関係の機関（分課機関）や、学校、病院、福祉施設など住民の利用に供する機能を有する機関（公の施設）がある（自治法155・156・158・244）。

　出先機関には法律により必置とされるものがある。都道府県か市か町村かによって、あるいは市でも規模によって異なるが、代表的なものとして、社会福祉法に基づく福祉事務所、地域保健法に基づく保健所、児童福祉法に基づく児童相談所、狂犬病予防法に基づく犬の抑留所、植物防疫法に基づく病害虫防除所、消防組織法に基づく消防学校、売春防止法に基づく婦人相談所などがある[3]。

3　福祉事務所は都道府県、市、特別区、保健所は都道府県、指定都市、中核市、特別区、それ以外は都道府県に必置義務がある。

第2章

地方自治体の仕事

　住民ニーズの多様化・複雑化を受け、近年の地方自治体の仕事は非常に多岐にわたる。ここでは、部門別にその一般的な分掌事務を解説する。

 ## 1　総務部門

　民間企業で総務といえば庶務業務を中心とした何でも屋のイメージが強いが、地方自治体の総務部門を一言で表すと「内部管理を担当する部門」といえよう。その業務は、税財政、人事・研修、法令審査、情報公開、広報・広聴、公有財産管理など非常に多岐にわたる。予算と人事を所掌しているため、その権限は非常に強く、筆頭部門として扱われるのが一般的である。

■1　予算の編成と管理
　自治体が様々な活動を行うには、その経費を賄うための予算が必要である。その財源を確保するため、地方債の発行、基金の管理、地方交付税の算定などを行うとともに、限られた予算を効率的に執行するため、各課の要求する予算を数か月もかけて査定し、年間予算案を編成する。
　国でいえば財務省に相当する役割であり、一般的な自治体では「財政課」などと称するセクションが担当している。

② 税の賦課・徴収

　自治体の活動を賄う財源の一つである地方税の賦課・徴収を行う。このほか、課税・納税証明等の発行や、市区町村では原動機付自転車等の登録業務なども行っている。近年では、少しでも多くの財源を確保するため、滞納整理やふるさと納税制度のPRなどにも力を入れている。

　一般的な自治体では「税務課」「課税課」「市民税課」「資産税課」「収税課」などといった名称のセクションが担当している。

③ 公有財産の維持・管理

　自治体が所有する公有財産のうち、公営住宅、文化施設、道路など各事業の担当課が所管するもの以外のもの（庁舎、公用車等）の維持・管理を行っており、庁舎の受付・守衛業務や電話交換業務なども所管する。

　一般的な自治体では「管財課」などと称するセクションが担当しており、近年は歳入確保のため未利用財産の処分にも力を入れている。

④ 人事と組織の管理

　行政ニーズに的確かつ効率的に対応可能な体制を構築するため、自治体の内部組織の構成と各組織に必要な職員数の調整を行うとともに、具体的な人員の配置を行う。一般的な自治体では「人事課」「職員課」「行政管理課」などと称するセクションが担当しており、職員の任免・懲戒・服務、研修等による人材育成、給与・手当制度なども所管している。

⑤ 職員の福利厚生

　地方公共団体の職員に対する福利厚生事業については、地方公務員法によりその実施が義務づけられている。具体的には、人間ドックへの助成などの保健事業、職員球技大会などの元気回復事業などがあり、共済組合や互助会、退職者の会なども所管する。④の人事・組織担当課が所管することもあるが、都道府県や大きな市区町村では「職員厚生課」「福利健康支援課」などと称する別のセクションを置いていることが多い。

6　文書管理・情報公開

　文書の収受・発送、条例や規則の制定に際しての文言や関係法令・例規等との整合性などの審査、訴訟事務、情報公開なども地方公共団体の重要な仕事である。一般的な自治体では「総務課」「文書課」「行政課」などと称するセクションが担当しており、情報公開は「情報公開課」などと称する別のセクションが置かれていることもある。

7　広報・広聴

　自治体の施策や運営状況を主権者たる住民に周知するとともに、それらに対する住民の意見を聴取して新たな施策等に反映することも重要な仕事である。これらを分掌させるため、「広報課」「広報広聴課」などと称するセクションが置かれているのが一般的である。

2　企画部門

　企画部門では、当該自治体の長期的な方向性を示す計画を策定したり、地域振興などの業務を行ったり、政策の調査研究を行ったりする。法令で定められた業務は非常に少なく、政策的な色合いが強いのが企画部門の特徴である。そのため、その業務内容や組織名称は、自治体によって大きく異なっている。

1　長期総合計画の策定

　2011年の地方自治法改正まで、市町村は、総合的かつ計画的な行政運営を図るため、将来を見据えた長期的な方向性を示す基本構想を策定することとされていた。一般には、この基本構想に基づき、より具体的な施策等をまとめた基本計画、実施計画が策定され、これらをまとめて総合計画と総称する。現在は策定義務はなくなったものの、長期的な展望をもって行政を計画的に推進するための指針として不可欠と考えられるため、今後も多くの市町村において引き続き同様の計画が策定されるものと思われる。なお、都道府県には従前から策定義務はなかったが、大

半が策定しているのが現実である。

　一般には、「企画課」「企画調整課」「企画政策課」「総合政策課」など
と称するセクションが担当し、その進行管理も分掌する。

２　地域振興

　過疎化や地域経済の落ち込み、ドーナツ化現象による中心市街地の空
洞化など、地域の活力が失われてきたことを受け、地域の特性を活かし
つつ、住民の生活環境を整備するとともに、地域の魅力を創出・再発見
することにより地域の活性化を図るものである。

　商工業や農業などの振興に直結するような振興策は、商工部門や農業
部門で直接担当するが、それ以外の部分や総合的な地域の振興策につい
ては企画部門が担うのが一般的であり、「地域振興課」「地域づくり推進
課」「まちづくり課」などと呼ばれるセクションが担当している。

３　交通政策

　地域の発展には、人の移動の利便性が不可欠であり、道路や公共交通
機関の整備は重要な課題である。道路整備は土木部門が担うのが一般的
であるが、公共交通機関の整備や地域における総合的な交通政策の企
画・推進については、企画部門が担うのが一般的であり、「交通政策課」
「交通対策課」などと呼ばれるセクションが担当している。

４　情報政策

　情報通信技術（ICT：Information and Communication Technology）
の活用により、LAN の構築など庁内の電子化を推進するとともに、電
子申請の推進など住民の利便性向上にも取り組んでいる。一般に「情報
政策課」「IT 推進課」などと呼ばれるセクションが担当している。

3 生活環境部門

生活環境部門は、住民生活部門と環境部門とに大別される。

住民生活部門は、戸籍や住民票、印鑑登録等の管理、自治会などの住民自治組織との連絡調整、交通安全や文化活動、地域の国際化の推進など、自治体の仕事のうち住民に最も身近な業務を行う部門である。対住民業務ということで、総務部門に掲げた税関係業務をこの部門に置く自治体も少なからず見受けられる。

環境部門は、高度経済成長期における公害問題や、開発に伴う自然環境保護の高まりを受け、自治体でも担当組織が設置されるようになったのが始まりである。現在では、多くの自治体が、公害対策、自然保護のほか、廃棄物対策や地球温暖化対策に関する業務も実施している。なお、市区町村においては、ゴミ収集業務も環境部門の業務の一つとされている。

1 戸籍、住民登録等

婚姻届、出生届、死亡届の受理や戸籍謄本の交付など戸籍の管理、転入・転出・転居届の受理、住民票の交付など住民登録の管理を行う住民に最も身近な業務である。このほか、印鑑登録の管理や、マイナンバーカードの交付なども行う。

これらはいずれも市区町村の事務であり、一般に、「住民課」「戸籍住民課」「市民課」などと称されるセクションが担当している。

2 住民自治組織の支援等

自治体の業務が多様化するなかで、自治体の活動を補完する自治会や町内会などの住民自治組織との連絡調整や、新たな公共の担い手として期待されるNPOの支援も自治体の重要な仕事の一つとなっている。

前者は市区町村の事務であるが、後者は市区町村だけでなく都道府県も行っている。これらは、一般に「住民生活課」「市民活動推進課」な

どと称されるセクションが担当している。

❸ 交通安全、消費生活相談等の推進

　警察と連携した交通安全教室や街頭啓発活動、防犯意識の醸成、近年重要性を増している消費生活に関する相談対応なども、自治体が住民生活を守るために行う活動の一つである。

　一般に、「生活安全課」「地域安全課」「消費生活相談室」「消費生活センター」などと呼ばれるセクションが対応している。

❹ 文化活動の支援、地域の国際化の推進等

　文化活動の支援も自治体の仕事の一つである。市民会館や市民ホール、公民館等を拠点にコンサートや芸術祭を開催するなど、文化振興事業や文化行事の後援などを行い、住民文化活動の振興を図るものである。

　また、姉妹都市交流など文化交流の一環としての国際交流や、外国人住民の生活支援、住民の国際意識の醸成など多文化共生の地域社会づくりも自治体の仕事である。

　これらは、「文化課」「文化交流課」「国際課」などと呼ばれるセクションが担当しているのが一般的である。

❺ 環境保全

　都道府県では、自然環境保護区域や自然公園の指定等により生態系や景勝地の保護を図るほか、鳥獣保護区の設定や地域版レッドデータブックの作成等により鳥獣や野生動植物の保護に努め、また、温室効果ガスの排出量を削減するため様々な取組みを展開するなど地球温暖化対策にも力を入れている。

　市町村では、より住民に近いレベルでの環境保全対策を進めるため、子ども向けの環境教室の開催等をはじめとする自然環境の保全、太陽光発電システムの導入推進等をはじめとする地球温暖化対策などを行っている。

　これらの業務については、一般に「環境課」「環境保全課」などと呼

ばれるセクションが担当している。

6　公害対策

　大気汚染、水質汚濁、騒音、悪臭、振動、地盤沈下、土壌汚染のいわゆる典型7公害について、その発生源対策として工場・事業場の規制や生活排水対策等を行うとともに、主に都道府県においては、国が設定した環境基準をもとにその達成状況の監視も行っている。また、犬のふん公害に関する注意喚起・啓発や、路上喫煙対策の実施なども市町村を中心に行われている。

　これらの業務については、一般に「環境課」「公害課」「環境対策課」などと呼ばれるセクションが担当している。

7　廃棄物対策

　家庭ごみを中心とする一般廃棄物の処理は、法律により市町村の責務とされていることから、市町村における廃棄物対策業務の中心を占める。これに対し、事業活動に伴って発生した産業廃棄物については、産業廃棄物処理事業者に処理を依頼することになるが、産業廃棄物処理業を行う場合の許可は都道府県知事の事務である。

　また、循環型社会の構築に向けたリサイクル事業の推進や不法投棄の監視・指導等についても、都道府県、市町村ともに行っている。

　これらの業務については、一般に「環境課」「ごみリサイクル課」「廃棄物対策課」などと呼ばれるセクションが担当している。

4　保健福祉部門

　保健福祉部門は、都道府県レベルでは、従来、「保健（衛生）」と「福祉」の二つに分かれていたものを統合して一つの部門としたものが多い。これは、高齢者や障害者などへ行政サービスを提供するにあたって、保健、医療、福祉の連携によるスピーディーな企画調整や施策の実施を図ることなどが理由に挙げられる。

その業務は、保健衛生や社会福祉に関する行政全般と多岐にわたるが、最近では、医療・福祉人材の確保・育成や、少子化対策、子ども・子育て支援、食の安全への対応などにも重点を置く自治体も多く見られる。

　これまで全国の地方自治体で行政改革が行われてきたなか、組織のスリム化は不可欠となっているが、保健福祉関係においては、住民からのニーズの高まりや業務の高度化・専門化などにより、自治体のなかでも最も組織体制の充実・強化が求められる部門の一つであるといえよう。

　特に、保健所や福祉事務所、児童相談所が置かれている自治体においては、感染症対策や食品衛生、生活保護、さらには児童虐待への対応など、その行政需要は、質・量ともに大きく変化する傾向が見られる。

1　健康づくりの推進

　がん、心疾患、脳血管疾患、糖尿病など、いわゆる生活習慣病が死亡原因の多くを占めるようになったことや、認知症や寝たきりなどの要介護高齢者の増加などに伴い、総合的な健康づくりへのニーズが高まっている。このため、自治体や関係機関などの連携のもと、生活習慣病をはじめとする疾病の予防の推進などが行われている。

　一般的な自治体では、「保健予防課」「健康増進課」「保健センター」などといったセクションが担当しているが、保健所を設置している自治体では、保健所が中心的な役割を担っていることが多い。

2　社会福祉の推進

　社会福祉は、民生委員・児童委員の支援や福祉関係ボランティアの振興などの地域福祉や、都道府県や市などの福祉事務所を設置する自治体においては、生活保護の実施、その他にも、人権施策の推進、災害援助など、その範囲は多岐にわたる。

　そのため、自治体によって呼称は様々だが、「社会福祉課」「福祉総務課」「福祉指導課」などと称されるセクションが担当している。

3 児童福祉の推進

児童福祉は、地域における子育て支援や、児童虐待対策、要保護児童対策のほか、児童の心身の健やかな発達を目的とする母子保健や、母子家庭等へ支援するための母子福祉などが含まれる。

また、少子化の進むなか、安心して子どもを生み育てることのできる環境づくりに積極的に取り組む自治体も多く見られる。

一般的な自治体では、「児童福祉課」「こども課」「こども家庭課」などと呼ばれることが多い。また、これらの課内に「少子化対策室」などと呼ばれる少子化対策専門の組織を設置している例もある。

4 高齢者福祉の推進

前述の少子化傾向といわば表裏の関係で、高齢社会が本格化するなか、高齢者がいきいきと活躍する社会づくりを推進するため、自治体では、介護予防などの健康づくりや社会参加の促進などの生きがいづくりを推進している。

また、介護保険法上、市町村が保険者に位置づけられていることから、特に市町村の役割は重要なものとなっており、市町村が介護予防のための地域支援事業の実施に関する責任主体に、都道府県は保険者である市町村が安定した事業運営ができるよう必要な助言・指導を行っている。

一般的な自治体では、「高齢福祉課」「長寿福祉課」などと呼ばれることが多い。

5 障害者福祉の推進

障害者福祉は、障害のある人が地域で普通に暮らせる自立と共生の社会づくりのため、利用者への障害福祉サービスの提供のための支援や、障害者の社会参加の促進などを推進している。

障害者への直接的な支援については、自治体によって若干違いが見られるものの、主に、身体障害者手帳・療育手帳などの交付や各種手当てに関すること、日常生活用具の購入に要する費用の助成などが挙げられる。

一般的な自治体では「障害（がい）福祉課」と呼ばれることが多い。

6　国民健康保険・国民年金

　上記のほか、市町村では、国民健康保険、後期高齢者医療制度、国民年金などの業務を担当している。

　国民健康保険では、加入・脱退の手続きのほか、医療費の給付、保険料の賦課・徴収、特定検診・特定保健指導などを行っている。

　後期高齢者医療制度や国民年金などについても加入・脱退の手続き等を実施しており、特に後期高齢者医療制度については、他の市町村と一部事務組合を構成して業務を行う例も見られる。

　一般的な自治体では、「保険年金課」などと呼ばれ、市民生活部などに置かれることが多い。

5　商工部門

　商工部門は、産業への支援を通じて自治体の域内経済を「元気」にすることを主な任務としている。経済の諸活動により生み出される富は、豊かな住民生活の基礎であると同時に、自治体の行政活動を支える租税収入の源泉でもある。また、産業振興、雇用創出は、将来にわたり地域の活力の維持を図る「地方創生」の中心的な課題でもあり、この部門の役割はますます重要度を増しているといえよう。

　所管事項は、経済活動そのものの多様性を反映して、商業・サービス業、製造業、観光業などの各種産業の振興や、これらの産業を支える人材の確保と能力開発、労働者の福祉向上など、多岐にわたっている。

1　各種産業の振興

　産業の発展を担う主要なプレーヤーは、事業活動を行う個々の民間事業者である。自治体は、事業者が志す事業をスムーズに展開できるよう、また、その事業活動が域内に高い収益と魅力的な職をもたらすよう、商工会議所や商工会などの業界団体や地元金融機関、大学といった

産業支援に関わる機関とのパートナーシップのもと、経営支援・金融支援・技術支援など、事業者のニーズに応じた多様な産業支援策を実施している。

　以下、主な産業分野ごとに自治体の仕事を概観する。

（1）　商業・サービス業の振興

　住民が生活に必要な物品やサービスを身近で手に入れられることは、暮らしやすい地域であるための大切な条件の一つであるため、自治体にとっては、品揃えやサービスが充実した魅力ある商店・商店街が地域に備わっているかどうかが大きな関心事となる。商店街はまちの賑わいを創出する重要な「地域資源」といえ、その維持・発展を自らの責務ととらえて商業振興と商店街（中心市街地）の活性化を一体的に進めようとする自治体も多い。

　近年は、人口減少に伴う商店の撤退といった新たな課題に対し、自治体の支援のもと、住民主体の地域運営組織が拠点施設で自ら小売業を営み集落の維持を図るなどの新たな取組も展開されるようになっている。また、まちなかにシェアオフィスやコワーキングスペースを整備して起業家やビジネスパーソンを呼び込み中心市街地の活性化を図る取組も増えてきている。

　一般的な自治体では、「商業振興課」などと称するセクション（比較的小規模の自治体では工業や観光業の振興と併せて「商工観光課」等の形に組織・機能が集約されている例も多い。）が担当している。

（2）　工業の振興

　製造業がわが国の基幹的な産業であることはいうまでもないが、特に地方にとっては、貴重な雇用機会を創出し、地域経済の成長の鍵を握る重要産業分野といえる。また、今後の製造業は、AI、ロボット、IoTといった革新的技術の実用化による更なる成長が有望視されている。

　このため、自治体は、地域の特色を生かした地場産業の振興や、地元に根差す中小製造業の支援（新技術・新商品開発への助成、専門家による助言指導等）、企業誘致など、自治体ならではのきめ細かで機動的な施策展開により、製造業の振興を図っている。

一般的な自治体では、「工業振興課」「産業振興課」「商工観光課」などといった名称のセクションが担当している。

（3） 観光の振興

観光は、宿泊業や運輸業にとどまらず、農業、製造業など、関連する分野が多岐にわたる「裾野の広い」産業であり、観光客の消費・宿泊などの行動がもたらす経済効果は地域に広く波及する。また、成長著しいインバウンド（訪日外国人旅行）は、新型コロナウイルス感染症の影響により短期的には低迷の局面にあるものの、地域の「稼ぐ力」を伸ばす観光産業の一つの柱として、依然として大きな期待を集めている。

このため、集客イベントの開催、地域情報の発信、観光客の受入態勢整備などの観光振興施策に取り組む自治体は多い。近年では、観光地域づくり法人（DMO：Destination Management Organization）を形成して、様々な関係者の参画と協調により、地域の観光振興の戦略を定め、誘客や観光消費の拡大に取り組む自治体も増えてきている。

一般的な自治体では、「観光振興課」「商工観光課」などと称するセクションが担当している。

2 労働・雇用政策の推進

（1） 産業人材の育成・確保

地域の産業を支えるのは「人」であり、産業の存立・発展のためには労働に従事する人々の技術力やサービス力が時代の変化に応じて向上していくことが欠かせない。このため、公共施設における職業訓練や研修の実施、企業の社員教育訓練への支援など、産業人材の育成に取り組む自治体が多い。都道府県に対しては、職業能力開発促進法により「職業能力開発校」の設置義務が課されている（市町村は任意）ことから、「産業技術学院」「高等技術訓練校」など名称は様々ながら、各地に都道府県立の公共職業能力開発施設が置かれている。

近年、若年世代の域外流出による人材不足に悩む地方の自治体は、就活情報の提供や就職相談窓口の開設など、大都市圏で就学した若者などのUIターン就職の促進に取り組んでいる。また、性別・年齢・障害の

有無などに関わらず、希望する誰もが職を持って活躍できるよう、就職相談の体制整備などにより支援に当たる自治体も多い。

　一般に、労働者の能力開発は「職業能力開発課」「産業人材育成課」といったセクションが、就職支援は「労働政策課」「労働雇用課」「雇用対策課」などのセクションが担当している。

（2）　労働者の福祉向上

　労働者が適職につき、安心して勤務に従事し、安定した生活を営めるよう支援することは、国のみならず、生活者に最も身近な行政体である自治体の重要な役割でもある。また、近年では、「仕事」と、育児・介護・地域活動などの「仕事以外」の時間の調和がとれた生活を営めるような社会づくりに向け、自治体も国とともに旗振り役となることが求められている。

　このため、多くの自治体が、雇用の創出・安定を図るための企業への助成、ワーク・ライフ・バランスの実現や働き方改革に取り組む企業に向けた支援などに取り組んでいる。

　所管するセクションは、「労働政策課」「労働雇用課」「雇用対策課」などである。

6　農林水産部門

　農林水産部門は、自治体ごとの地理的条件、主要産業の状況により、組織の構成や名称に特徴が現れ、例えば青森県では「りんご果樹課」、静岡県では「お茶振興課」など、それぞれの特産品を組織名に冠する例も多く見られる。

　都道府県レベルでは、農林水産部門を独立させ「農林水産部」とするものもあるが、多くの市町村などでは、商工業部門と併せて「経済産業部」などとすることが多い。

　その業務は、農業、林業、水産業など広い分野にわたり、各分野においても、農道・林道の整備、水田の基盤整備、漁礁（ぎょしょう）の設置などのハード面の整備のほか、産品の販売促進や産業の担い手育成などのソフト面

においても役割が期待される。

　人口減少に伴う国内市場の縮小や、グローバル化の急速な進展などを受け、最近では、特に都道府県において農林水産物のブランド化や6次産業化、輸出促進、生産基盤の強化などに力を入れている自治体も増えてきている。

1　農業の振興

　各地域において生産可能な品目について、産地の育成や販売力強化を図るため、自治体では、水田の基盤整備や畑地灌漑施設等の整備、経営・技術指導による担い手の確保・育成などに取り組んでいる。

　地域間競争が激しさを増すなか、各自治体でも農商工連携による新商品開発の支援や市場と連携した新品目の導入、商談会やキャンペーンの開催などにも力を入れている。

　一般的な自治体では、「農業振興課」「農政課」などといったセクションが担当しているが、上述のように当該自治体の特産となる品目を独立させ、特に振興を図ろうとする例も見られる。

2　林業の振興

　林業については、その性質上、特に山間地域に所在する自治体における産業であり、組織としての必要性も当然、自治体によって異なる。

　林業の振興に関する業務は、林業の活性化とともに、森林が持つ多様な機能を保全することが主な目的である。

　具体的には、森林の間伐や、その間伐を効率的に実施するための林道の整備、新規就業者の確保、育成などが挙げられる。

　地球温暖化対策が注目されるなか、学校教育などでも環境学習が多く行われるようになってきており、市民参加の森づくりなどの取組なども見られるようになってきている。

　林業担当部署を設置する自治体では、「林業課」「林政課」「森林土木課」などと称されるセクションが担当している。

3　水産業の振興

　水産業も林業と同様、地勢的な要件が必須となる産業であり、自治体においても、水産業の特徴に応じて業務の内容等に違いが見られる。

　自治体が行う水産業振興に関する業務は、漁場・漁港の整備や栽培漁業の推進、漁業経営の合理化や販売力の強化等への支援、担い手の確保育成などが挙げられる。

　水産業担当部署を設置する自治体では、「漁業課」や「漁政課」「水産振興課」などと称されるセクションが担当している。

4　農山漁村の振興

　農村地域の住みよい環境を整備するため、集落道路や農業集落排水施設などの整備のほか、コミュニティセンター等を建設し、地域のコミュニティ活動を促進している。

　また、最近では、特に地方において、都市部との交流促進や地域の活性化を図るため、グリーンツーリズム、ブルーツーリズムなどにより、農林水産業を実践する機会を設けたり、休日などを地方で過ごしてもらおうとする二地域居住を推進したりと、各自治体で工夫ある取組も生まれている。

　これらの業務は、農林水産業を所管する部署では、「農村環境課」などのセクションが行うほか、地域振興を所管する部署においても実施する例が見られる。

 7　土木・建設部門

　土木・建設部門は、道路、橋梁、港湾など地域インフラの整備、下水道、公園、住宅などの住環境の整備を行うとともに、災害対策の観点から、河川改修、ダム整備、地滑り防止なども担当している。

　また、地域の健全な発展と秩序ある整備を促すため、都市計画を策定するとともに、開発行為の許可や建築確認なども行っている。

1　道路・橋梁の整備

　道路や橋梁の整備・維持補修に加え、電線の地中化、側溝等の整備などの道路環境整備、歩道整備や交通の流れをスムーズにするための交差点改良などの交通安全施設整備に関する業務も行う。

　一般に、「道路建設課」「道路整備課」「道路維持課」「道路管理課」などのセクションが担当している。

2　河川・ダムの整備

　主に災害防止の観点から、河川や海岸の整備、ダムや砂防設備の整備、地滑り防止施設や急傾斜地崩壊防止施設の整備などを行う。

　広域的な業務であるため、市区町村より都道府県が担うことが多く、一般に、「河川課」「ダム砂防課」などのセクションが担当している。

3　都市計画の策定

　土地利用や道路、公園等の整備などについての計画である都市計画を策定するとともに、それに基づき、都市計画道路を整備したり、土地区画整理事業、市街地再開発事業等を推進したりしている。

　一般に、「都市計画課」「都市整備課」「市街地整備課」「区画整理課」などのセクションが担当している。

4　下水道、公園、住宅の整備

　安全で快適な住環境を整備するため、下水道、公園、住宅を整備することも自治体の仕事である。

　公共下水道は原則として市町村が整備・運営することになっているが[4]、2市町村以上の区域で整備するほうが効率が良い場合は、都道府県が流域下水道として整備・運営する。一般に、「下水道課」「下水道整備課」「下水道管理課」などのセクションが担当している。

　都市部における緑地確保や景観形成、防災、住民の憩い・交流の場の

4　特別区の下水道事業は東京都が行うことになっている。

創出などを目的に、都市公園の整備も進められている。その規模は、児童公園のようなものから複数市町村にまたがる広域公園まで大小様々である。一般に、「公園緑地課」などのセクションが担当している。

　また、低所得者向けに公営住宅の整備・管理を行う自治体も多い。ただし、近年は、住宅建設は民間に委ね、自治体は入居者への経済的支援を行えば足りるとする考え方が強くなり、多くの自治体が整備を抑制している。一般に、「住宅課」などと呼ばれるセクションが担当している。

５　建築確認、開発許可等

　建築確認とは、建築基準法に基づき、建築物などの建築計画が関係法令等に適合しているかどうかを審査するものである。都道府県のほか、人口25万人以上の市、人口25万人未満の市および町村のうち希望する市町村が、建築確認業務を行う。1999年の建築基準法改正により、建築確認は民間でも行えるようになった。

　開発許可とは、無秩序な市街化を避けるため、都市計画法に基づき、都市計画区域内の開発行為を許可制とするものである。同法上、開発許可は、都道府県、指定都市、中核市および施行時特例市が行うこととされているが、近年、地方自治法第252条の17の2[5]の規定により、都道府県が市町村に開発許可権限を移譲する例が増えている。

　これらは、一般に、「建築指導課」などのセクションが行っている。

8　教育部門

　教育部門は、教育委員会という首長から独立した合議制の委員会制度により運営されている。これは、教育長と原則4人の教育委員が当該自治体の教育行政の重要事項や基本方針を合議制の下決定し、その方針等に基づいて教育長が教育委員会事務局（自治体によっては、「教育庁」

5　地方自治法第252条の17の2　「都道府県は、都道府県知事の権限に属する事務の一部を、条例の定めるところにより、市町村が処理することとすることができる。」

という組織名称を用いているところもある）の事務を統括し、所属の職員を指揮監督することにより、事務を執行するという仕組みである。

　教育委員会制度の意義として、政治的中立性の確保、継続性・安定性の確保、地域住民の意向の反映が挙げられる。すなわち、教育は、その内容が中立公正であることが極めて重要であり、また、子どもの健全な成長発達のため学習期間を通じて一貫した方針の下、安定的に行われることが必要である。さらに、教育は専門家のみが担うのではなく、地域住民の多様な意向を反映させながら教育行政が行われることが求められているといえる。

　また、首長と教育委員会との連携を強化するため、地方教育行政の組織及び運営に関する法律の改正（2015年4月施行）により、首長による教育に関する大綱の策定や総合教育会議の設置が義務づけられている。

　教育委員会事務局の組織は、大まかにいえば、公立小・中・高等学校などを所管する学校教育部門、公民館の設置などの社会教育や家庭教育と住民の生涯学習支援を守備範囲とする生涯学習部門、美術館・博物館の設置管理や文化財の保存等を担当する文化部門と、それらを後方支援する総務部門などから構成される。

■1　学校教育の推進

　学校教育は、教育委員会のいわば看板のようなものといえよう。幼稚園、小学校、中学校、高等学校、特別支援学校等を設置・管理し、未来を担う子どもたちを育成する重要な業務を行っている。

　幼稚園、小学校、中学校は主に市町村が、高等学校、特別支援学校は主に都道府県が担当している。また、中学校と高等学校の6年間を接続した中等教育学校などの中高一貫教育校も近年では全国的に設置されている。さらに、学校教育法の改正（2016年4月施行）により、小中一貫教育を実施する義務教育学校（修業年限は9年）の設置が制度化され、この義務教育学校もここ数年で設置が進んできている。

　主な業務としては、子どもたちの学力の向上、豊かな心の育成、健やかな体づくりのための施策を展開している。また、都道府県や指定都市

では、教員の採用も担当している。

　一般的な自治体では、「学校教育課」などと称するセクションが担当しているケースが多いが、都道府県では市町村と比べ所管する学校数も多く、「義務教育課」「高校教育課」「特別支援教育課」と学校種により担当課を分けるケースや、「指導課」「教職員課」といったように業務内容により担当課を分けるケースも見られる。

2　生涯学習の振興

　生涯学習部門では、公民館、図書館などの社会教育施設の設置・管理をはじめ、青少年教育、家庭教育、住民の生涯学習の支援などを行っている。

　一般的な自治体では、「生涯学習課」「社会教育課」などと称するセクションが担当している。

3　保健体育、スポーツ振興

　保健体育、スポーツ振興部門は、学校における保健体育の充実、生涯スポーツや競技スポーツの振興を担当している組織である。

　具体的には、学校給食センターの設置や学校体育に関しての指導、住民の生涯スポーツの推進や、国体などで活躍できる選手の育成など狭義のスポーツ振興を行っている。

　一般的な自治体では、「保健体育課」「スポーツ振興課」などと称するセクションが担当している。

4　文化振興

　文化部門では、美術館・博物館の設置・管理、文化財の指定や埋蔵文化財の発掘保存、児童・生徒の文化振興などを行っている。

　一般的な自治体では、「文化課」「文化財課」などと称するセクションが担当している。

5　学校施設の整備

　学校の校舎や体育館など学校施設の建設、補修などを行う部署である。2011年3月には、東日本大震災により東北や関東を中心に、学校の校舎や体育館などへの甚大な被害が報告されたところであるが、学校施設は、近隣住民の避難施設になっている場合も多いことから、建物の耐震化の早期充実が期待されている。

　一般的な自治体では、「財務課」「施設課」と称するセクションが担当している。

6　私学振興

　幼稚園、小・中・高等学校、専修学校などの私立学校の設置・廃止等の認可や助成等を行う。これらは教育委員会ではなく首長部局の事務に属するが、自治体によっては補助執行の形で教育委員会に担当させている例もある。

　首長部局が担当する場合、総務部に「学事課」「私学振興課（室）」などと称するセクションを置くことが一般的である。

9　その他の部門

　このほか、自治体の主な部門としては、公営企業部門、各種行政委員会等がある。

　地方公営企業は、水道事業、交通事業、病院事業、下水道事業など地域住民の生活や地域の発展に不可欠なサービスを提供している。これらは、本来、民間企業でも提供可能なサービスであるが、採算性等の問題から民間参入の見込みがないため、自治体が自らサービスを提供しているものである。

　8で触れた教育委員会をはじめ、人事委員会、選挙管理委員会、農業委員会、監査委員などの行政委員会等は、首長への権限の集中を防ぎ、行政運営の中立性・公平性を担保するため、首長から独立して仕事を行うものである。行政委員会等は、監査委員を除いて合議制であり、その

選任は首長の任命による。

1 地方公営企業

　自治体が経営する企業であり、水道事業、交通事業、電気事業、ガス事業、病院事業などを行う。ユニークなところでは、温泉事業、自動車教習所の経営、ケーブルテレビ事業、ぶどう果樹事業なども存在する。

　一般に「企業管理者」「水道事業管理者」「病院事業管理者」などと呼ばれる公営企業管理者を筆頭にしたセクション（一般に「企業局」「水道局」「病院局」など）がその運営にあたる。

2 行政委員会等（主なもの）

（1）　人事委員会／公平委員会（自治法180の5①・202の2①②、地公法 7・8）

　人事委員会は、専門的な人事行政機関であり、職員の給与に関する報告・勧告等を行うとともに、職員の採用試験や昇任試験も実施する。また、労働基準監督機関として定期監督等を実施したり、不利益処分を受けた職員からの審査請求に対する裁決等も行う。

　人事委員会が必置とされているのは、都道府県および指定都市である。人口15万人以上の市および特別区も人事委員会を置くことができるが、実際に置いているところは非常にわずかであり、人事委員会を置かない場合には公平委員会を置くこととされている。また、人口15万人未満の市町村については、公平委員会が必置とされている。

　公平委員会は、職員の給与に関する報告・勧告等を行う権限を有しないなど、その権限はかなり限定されており、不利益処分についての審査請求に対する裁決や勤務条件に関する措置要求の審査等がその業務の中心となっている。

（2）　労働委員会（自治法180の5②・202の2③、労働組合法19の12①）

　都道府県に必置とされ、労使関係の安定・正常化を図るため、労働組合と使用者間の労働条件や組合活動に関する争いを解決し、使用者による不当労働行為があった場合に労働者を救済する。

（3）　選挙管理委員会（自治法180の5①・181①）

　すべての都道府県、市町村に設置が義務づけられており、各種選挙の管理執行、選挙争訟に関する事務、選挙の広報啓発活動、政治資金規正法に基づく事務等を行う。

（4）　農業委員会（自治法180の5③・202の2④、農業委員会等に関する法律3①、農業委員会等に関する法律施行令4）

　農地の無秩序な開発を抑制するため、農地売買や農地転用についての許可等を行う。

　市町村に設置が義務づけられているが、農地面積が200ha以下[6]の場合には委員会を置かないこともできる。

（5）　監査委員（自治法180の5①・195①）

　すべての都道府県、市町村に置かれ、行財政の公正かつ効率的な運営を確保するため、財務に関する事務の執行や経営に係る事業の管理等について監査・審査を行う。

6　北海道では800ha以下。

COLUMN お役所の「業界用語」

どの業界にも業界関係者だけにしか通じない業界用語があるが、地方自治の世界にも同様に独特の用語がある。現役の自治体職員の意見をもとに、代表的な業界用語を挙げてみよう。

・国補：国の補助金。
・県単：国補が入らない県単独の事業。
・補助裏：国補が100％入らない場合に、自治体が自分で負担しなければならない残りの部分。
・箱物：国や地方自治体が建設した施設。
・会検：会計検査院による会計検査。国補事業、国委託事業等が対象。
・随契：随意契約。競争入札によらずに決定した相手と契約を締結すること。
・アイミツ：相見積り。複数業者から見積書をとること。
・一財：一般財源。使途が特定されていない財源のこと。
・特財：特定財源。使途が特定されている財源のこと。
・特交：特別交付税→第4編第4章1❸参照
・地財：地方財政計画→第4編第4章1❺参照
・特会：特別会計→第4編第4章2❹参照
・首長：地方自治体の長、つまり知事や市区町村長のこと。
・原課：担当課のこと。所管課、主管課などともいう。
・幹事課：部局の筆頭課。主管課をこの意味で用いる自治体もある。
・合議：起案書を関係課へ回議すること。
・職専免：職務専念義務を免除すること→第4編第3章6❸参照
・臨職：地公法22条に基づく臨時職員のこと→第4編第3章3❹参照
・旅行命令：出張命令のこと。
・調定：歳入のための手続き。金額、納入義務者等を決定すること。
・臨戸：税金の徴収などで住民宅を一戸一戸直接訪問すること。
・生保：生活保護。
・ポンチ絵：事業等の概略を簡単に示した図。
・お経：議会における議案の提案説明要旨。

自治体職員の
基礎知識

第1章

法律の基礎知識

1　法の仕組み

1　法とは

（1）　社会規範

　社会には、道徳、倫理、宗教、習俗から学校や職場の規則に至るまで数多くの決まり事がある。これら社会生活を営んでいく上で守るべきルールのことを総称して「社会規範」という。

　社会規範は、自然科学と違い、必ずしも客観的に正しいか否かを問わない。例えば、「三角形の内角の和は180度である」という自然法則はいつの時代でも、そしてどこの国でも正しいが、「制服のスカート丈は膝下５センチでなければならない」という校則は、いつの時代でも、そしてどこの場所でも正しいというわけではない。その規則を定めた人の「こうあるべき」という価値観を含んだ、いわば主観的なルールである。

　法も、一定の価値判断を含んだ社会規範の一つである。

（2）　強制力

　法が、他の社会規範と根本的に違う点は、その価値判断の実現を図るため、最終的には強制力を行使できる点である。

　例えば、刑法第199条は「人を殺した者は、死刑又は無期若しくは５年以上の懲役に処する」と規定しているが、この規定の背後には「人を殺してはならない」という価値判断がある。そしてその価値判断をあえ

て無視しようとする者に対しては、国が「死刑又は無期若しくは５年以上の懲役」という刑罰を強制的に科すことで、価値判断を実現するのである。

（３）「法治主義」と「法の支配」

以上から、法とは「国による強制力を伴う社会規範」であるということができる。この強制力を有することで、法は他の社会規範とは比較にならない力を有することになる。

この法によって統治することを「法治主義」という。法治主義は、法が悪法でも、権力者が勝手気ままにつくった法でも妥当する。

しかしながら、日本においては、悪法による支配を認めておらず、法に「正しさ」を要求している。ここで「正しさ」とは、すべての法が基本的人権の尊重を基調としていることを意味する。悪法を排除し、理性に基づく、基本的人権の尊重を基調とした法によって統治することを特に「法の支配」と呼ぶ。

2 法の形式

国家の根本原則を定める基本法である「憲法」、国家間の取り決めである「条約」のほか、成文法には以下のようなものがある。

図表４－１－１　法令、例規の概要

法　律	国会が制定するもの。
命　令	国の行政機関が法律の範囲において制定するもの。法律の実施に必要な事項や法律が委任する事項を定める。 　内閣が制定する政令（通常「○○法施行令」と称される）、内閣総理大臣が発する府令および各省大臣が発する省令（通常「○○法施行規則」と称される）などがある。
条　例	地方自治体の議会が制定するもの。法令に違反しない限りにおいて制定することができ、当該地方自治体の区域内において適用される。 　住民等に義務を課し、または権利を制限する場合は、法令の定めがある場合を除き、条例によらなければならない。
規　則	地方自治体の長や行政委員会などの機関が制定するもの。法令に違反しない限りにおいて、その権限に属する事務に関して制定することができる。 　条例の実施に必要な事項や条例が委任する事項を定めるもののほか、条例の委任なく住民の権利義務関係に関する法規たる性質を有するもの、地方自治体の内部的規律たる性質を有するものがある。

出所：筆者作成

なお、一般に法律と命令を総称して「法令」、条例と規則を総称して「例規」と称する。

❸ 法相互の優劣
（1） 形式的効力
特に憲法と条約の間に争いはあるが、おおむね以下のとおり優劣が存在すると理解してよい。

> 憲法 > 条約 > 法律 > 命令 > 条例・規則

上位の規定と矛盾・抵触する規定は無効である。例えば、条例・規則はともに地方自治体の区域内において適用される自治立法で、国の法令とともに全体としての国の法秩序を形成するものであり、国の法令に矛盾・抵触する規定は無効となる（自治法14①）。

（2） 一般法と特別法
法律のなかにも優劣がある。

> 特別法（特別の範囲を規律する法） > 一般法（一般的に規律する法）

例えば民法は財産関係を一般的に規律する一般法である。一般の国民相互の財産上の取引であれば、民法で処理すればよい。それに対し、商取引のように、定型化され大量のものを反覆継続的かつ迅速的に処理する場合には、専門性・技術性を帯びる。この場合には一般法とは違った、商取引という特別の事柄を対象とする法律が必要になる。これが商法であり、商取引については、民法に優先して商法が適用される。

同様に労働基準法、借地借家法等も民法に対して特別法の位置付けとなり、一般法である民法に優先する。

（3） 後法優位の原則
さらに同じ法律のなかでも時間的な優劣が存在する。後からできた法律が前からあった法律に優先する。

> 後法（改正後の法） > 前法（改正前の法）

制定の時期の前後によって、同種同等の法令間の効力に差をつけるという意味で「後法が前法を破る」などといわれる。

4 公法と私法

公法とは、国家と国民との関係を規律する法をいい、憲法、刑法、行政法がその代表的なものである。私法とは、国民相互の関係を規律する法律をいい、民法や商法がその代表的なものである。

もっとも、例えば憲法第15条第4項の「秘密投票の原則」などは、国民相互の私的関係においても直接保障されるし、国家権力と比肩するような企業、マスコミに対して、私的自治だからと、国家と国民を規律する憲法の理念がまったく及ばないというのは妥当ではない。

したがって、公法、私法の区別は絶対的なものではないが、考え方を大きく整理するために公法、私法の区別が用いられることが多い。

2 憲法と地方自治の関係

1 憲法の最高法規性

憲法第99条に「天皇又は摂政及び国務大臣、国会議員、裁判官その他の公務員は、この憲法を尊重し擁護する義務を負ふ」という規定がある。ここでいう「その他の公務員」に地方公務員は当然に含まれる。地方公務員に就任する際、「憲法擁護の宣誓」を行うのもこのためである。

私たち地方公務員が尊重し擁護すべき憲法とはどういう性質のものなのか、以下、確認したい。

（1） 授権規範性

国や地方自治体には法律、命令、条例、規則など様々な法規があり、法規である以上、強制力を有している。その強制力の根源は憲法にあり、憲法が、下位の法律に授権をし、法律がさらに下位の命令に授権する、という構造になっている。

（2） 制限規範性

憲法は一つの価値観の体系であり、それに反する法律や命令は制定し

てはならないことになっている。つまり、憲法は授権規範であると同時に、国家権力や法律に対する制限規範としての意味を持っている。

（3） 最高法規性

憲法第98条第1項には「この憲法は、国の最高法規で」あると規定されている。

つまり、憲法は法律や命令など国内法形式の体系のうちで、最も高い地位にあり、これに違反する法律や命令は、憲法に違反する限度において効力を有しない。そして、憲法改正には通常の立法手続きとは異なる厳重な手続きが要求されている（憲法96）。これが、形式的意味での最高法規性である。ここで実際に、憲法「第10章　最高法規」を見てみよう。

第10章　最高法規（抜粋）

第97条　この憲法が日本国民に保障する基本的人権は、人類の多年にわたる自由獲得の努力の成果であつて、これらの権利は、過去幾多の試錬に堪へ、現在及び将来の国民に対し、侵すことのできない永久の権利として信託されたものである。

第98条　この憲法は、国の最高法規であつて、その条規に反する法律、命令、詔勅及び国務に関するその他の行為の全部又は一部は、その効力を有しない。

形式的意味での最高法規を定めた第98条の前には、「基本的人権の本質」を定めた第97条がある。「基本的人権が、人類の多年にわたる自由獲得の努力の成果であり、過去幾多の試練に耐えたものであって永久不可侵のものであること」を示すこの条文がなぜ第3章の「国民の権利及び義務」ではなく、第10章の「最高法規」に置かれているのだろうか。

それは、この「基本的人権の本質」が「最高法規」の実質的根拠だからである。

2　基本的人権の尊重

憲法は第二次世界大戦の深い反省の下に生まれた。個人が国のために命を失うようなことが二度と起きることがないように、生きている個人としての一人ひとりの国民が大切だということを、「すべて国民は、個人として尊重される」（憲法13）と規定し、個人の平等かつ独立の人格価値を尊重する「個人の尊厳」の概念を憲法の中核的な理念とした。この

図表４－１－２　憲法における国民の権利

人権の性格		人権の種類
基本的人権の原則規程		基本的人権の本質（11条）
		権利・自由に伴う義務と責任（12条）
		権利の保障と公共の福祉による限界（13条）
		法の下の平等（14条）
自由権的基本権	精神的自由に関する基本権	思想・良心の自由（19条）
		信教の自由（20条）
		集会・結社および表現の自由（21条）
		学問の自由（23条）
	身体の自由に関する基本権	奴隷的拘束および苦役からの自由（18条）
		刑事裁判の基本原則（31条・39条）
		被疑者および被告人の権利（33〜38条）
	経済生活の自由に関する基本権	居住・移転・職業選択の自由（22条）
		家族生活における個人の尊厳と平等（24条）
		財産権（29条）
受益権 （国務請求権）		請願権（16条）
		国および公共団体に対する賠償請求権（17条）
		刑事補償請求権（40条）
生存権的基本権 （社会権的基本権）		生存権（25条）
		教育を受ける権利（26条１項）
		勤労の権利（27条）
		勤労者の権利（28条）
参政権		公務員の選定・罷免権（15条１項）
		憲法改正に対する国民投票の権利（96条）
		地方特別法に対する住民投票の権利（95条）
		地方公共団体の長・議員等を選挙する権利（93条２項）など
基本的義務		教育を受けさせる義務（26条２項）
		勤労の義務（27条）
		納税の義務（30条）

出所：佐藤功『日本国憲法概説　全訂第５版』（学陽書房、1996年）139〜140頁をもとに作成

「個人の尊厳」に由来する、人間が人間であることに基づき論理必然的に享有する権利のことを基本的人権といい、憲法は第3章を中心にして、人権カタログの形で国民の権利を保障している。憲法における各人権の体系と種類をまとめると図表4−1−2のようになる。

3 統治機構

憲法は、人権保障の基本法であると同時に、国家組織の基本法であり、国家運営での基本法でもある。そのため国会、内閣、司法、地方自治といった統治機構について、規律している。この規律がどうなっているかを学ぶことは重要であるが、大切なのは、この統治機構の部分を基本的人権の尊重ということと切り離して考えてはいけないということである。憲法は、個人の尊厳を中核とした人権保障の体系である。統治機構というものは、人権保障の実現を目的とし、それを実現するための手段として存在するものである。

4 憲法保障機能

憲法が人権尊重を目的とし、それを実現する手段が統治機構だとしても、現実に憲法違反の状態が起きてしまったら、どうしたらいいのか。多くの国民の賛成により、少数者の人権が侵害されるような法律ができた場合などに問題となる。

このような場合に、侵害された人は裁判で、国家に対して損害賠償請求をすることになる。そしてその際、その法律が憲法に違反していると訴える。このときに、その法律が憲法に適合しているか否かを裁判所が判断していく。これが違憲立法審査権（憲法81）であり、憲法保障機能と呼ばれるものである。

憲法が謳う機能や権利と矛盾する法律が存在したとき、それがかつての治安維持法のように精神的自由権を脅かすものであれば、民主主義そのものが脅かされることになるため、裁判所は人権保障の観点から積極的に憲法判断をするべきだが、その法律が経済政策の善し悪しに直結している場合や、高度に政治的な判断が求められている場合などには、裁

判所は権力分立の観点から憲法判断を消極的にするべきだといわれている。これを「二重の基準」という。民主主義が健全に機能している間は、高度な政治的問題等は国民が投票により決することができるからである。

　なお、憲法違反だとされた場合の法律の効力について、その法律は国会での改廃の手続きを待たずに、一般的に効力を失うものではない。しかしながら、内閣は当該法令の執行を差し控え、立法者による法律の改廃を待つことが妥当だとされている。

5 近代立憲主義と現代立憲主義

　かつて、ヨーロッパでは国王が司法、行政、立法を独占する専制政治の仕組みが取られていた。その後、啓蒙思想が広まり、市民が個人の人権を自覚すると、18世紀のフランス革命を契機に、自由や権利を憲法で保障しようとする体制への移行が進んだ。

　これが、近代立憲主義であり、国民主権を謳い、人権保障を実定化させた。そして統治面では、国家の権力濫用を抑制するために、各国家権力を分離・独立させて互いに抑制させるという権力分立の方法をとった。このように権力分立は国民の権利、自由を守るための仕組みである。

　この国家観の下では、国家が国民生活に介入することは個人の人権を侵害することであるから、国家権力は小さければ小さいほどよく、警察や防衛など必要最小限であるべきであると考えられた（消極国家観）。

　ところが、資本主義が高度化すると、無制限な自由競争の結果として貧富の差が激しくなり、多くの社会的弱者の犠牲により、少数の富める者を保護する結果となった。

　そこで、人権として「国家からの自由」を求めるのみならず、国家に対して一定の行為を要求するという社会権が登場するようになった。国家権力に対し、国民生活へ積極的に介入し、生活を守ることを要求することとなったのである（積極国家観）。これが、現代立憲主義である。

　積極国家化により、政府による計画的で迅速・円滑な対応が望まれるため、政府を実際に動かしている官僚の権限が増大し、本来は法の執行機関にすぎなかった行政権が、国家の意思決定まで行う行政国家現象を

招くこととなった。

　憲法が社会権を保障していることから、行政権の権限拡大は不可避であるが、それは人権保障の実質化を図るための必要最小限の範囲とするべきであるとされる。行政権が権限を強化し、実質的な政策決定を行うことは、権力相互の抑制と均衡により権力の集中を防止する権力分立の趣旨を変容するものであるからである。

6　地方自治

　憲法第92条は、「地方公共団体の組織及び運営に関する事項は、地方自治の本旨に基いて、法律でこれを定める」と定めており、その詳細については地方自治法で規定されている。

　ここでいう「地方自治の本旨」とは、国家の官庁によらないで、地方住民が構成員である団体を通して、地方住民自らの手で自らのことを処理するという意味である。

　具体的には、国から独立した地方公共団体が、自らの事務を自らの機関によって行う「団体自治」と、その事務の処理を住民の意思によって行う「住民自治」の二つを内容とする。

　団体自治とは、地方自治の自由主義的な意義から、中央官庁の権力の抑制と均衡を図るために、地方自治体は国家から独立して自己の意思と目的を持ち、自らの事務を処理する機関を持つということである。権力の集中による暴走を防ぐため、憲法は三権を分立させるのみならず、地方自治体にも権限を与え、権力を分立させることで、国民の自由を守ろうとしているのである。

　そして住民自治とは、地方自治の民主主義的な意義から、地方自治体の意思決定が、当該団体の構成員である住民自らの手によって行われるべきということを意味する。

7　地方自治制度と国政の違い

　一般に、国は経済、外交、防衛などを主に扱い、地方自治体は、住民に身近な問題を扱うものと考えられている。

国の場合は、間接民主制を取り、国会の統一的意思形成機能（様々な意思を国会というフィルターを通して一つの統一的意思に形成し、それから行政に回すのが適当とする機能）を重視する場合が多く、議員は選挙民に法的には拘束されない（憲法43・51）。したがって、選挙民の意思に反したからといって、選挙民は議員を離職させることができない。

　これに対し、地方自治体においては、住民に身近な問題を扱うことから政策の善し悪しを住民自身が判断することができるため、間接民主制をベースにしながらも、首長の直接公選制（大統領制）を認め（憲法93②）、住民が条例の制定・改廃請求（自治法12）や首長や議員の解職請求（同86）をすることができるなど、直接民主制的制度も見られる。

8 行政法

　地方自治体の行政も法治主義の支配下にあり、その職員は関係法規に従って事務事業を遂行しなければならない（地公法32）。

　行政法は、立法・行政・司法のうち、行政に関する法を総称するものであり、行政の組織に関する「行政組織法」、行政と私人との法関係に関する「行政作用法」、行政作用により私人の権利利益が侵害された時（または侵害されそうになった時）に救済を図る「行政救済法」からなる（図表4－1－3）。

　行政法は憲法理念を指針として制定される。本節において憲法についての記述に多くを割いてきたのもそのためである。行政法の法源としては、憲法のほか、法律、命令、条約、条例・規則などの成文法に加えて、慣習法、判例等も挙げられる。

　このうち、条例・規則は地方自治体独自のものである。条例は地方公共団体の議会が制定するものであり、法令に違反しない限りにおいて条例を制定することができるとされている（自治法14①）。規則は地方公共団体の長が制定するものであり、法令に違反しない限りにおいて、その権限に属する事務に関し、規則を制定することができるとされている（同15①）。両者はいずれも地方公共団体の自治立法であり、法律とそれに基づく政・省令のような関係とは基本的に異なる。

図表4－1－3　行政法の相互関係

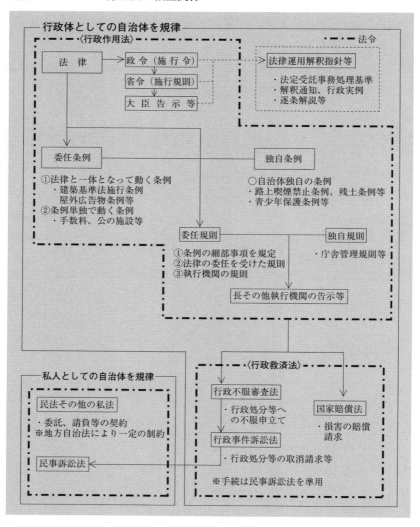

出所：吉田勉『講義・地方自治法—基礎から実務まで』（八千代出版、2008年）151頁を一部
　　修正

第2章

地方自治制度

　地方公務員を取り巻く制度のうち、属する団体の法的根拠はどのようなものか、その団体にはどのような機関があり、権限が付与されているか、そもそも地方自治とは何かなど認知することは、採用職種が何であれ、地方自治の担い手である地方公務員としては必要なことである。

　本章では、「地方自治の本旨」（憲法92）に基づいて制定された地方自治法（以下、「自治法」という）の解説を中心に、地方公務員に最低限必要と思われる地方自治制度を紹介する。この「最低限」というのは、自治法の項目を掲げ、ごく大事なもののみ若干の説明を加えてある、という意味である。読者のみなさんにおかれては、地元の自治体を思い浮かべつつ、制度の骨組みを大雑把につかむというスタンスで、読み進めてほしい。

　なお、地方自治制度に大きな影響を及ぼす「地方分権改革」については、第6編第1章を参照されたい。

1　地方自治

1　地方自治の意義

（1）　意義

　一般に、地方自治とは何かと問われれば、「地方における政治と行政を、地域住民の意思に基づいて、国から独立した地方公共団体がその権限と責任において処理すること」と答えることができよう。

一方、対義語として官治がある。これは、中央政府が、自らの出先機関や官吏によって処理するものである。明治憲法下では、憲法上地方自治に関する規定は設けられず、法律で定められ、官治的要素が強かった。

（2）　地方自治の要素

　このような意義からもわかるとおり、地方自治は、その事務の処理を住民の意思に基づいて行うという「住民自治」と、国から独立した法人格を持った地方公共団体が行うという「団体自治」との二つの要素の結合からなる。

（3）　制度的保障

　日本国憲法が、「第8章　地方自治」を設け、憲法上の制度として規定していることを受けて、上記を要素とする地方自治制度は、それ自体が立法によっても侵されないよう客観的に保障されている、と説明される。これを「地方自治の制度的保障の理論」という。

　これは、「一般に、地方公共団体の自然権的・固有権的な基本権の保障ではなく、地方自治という歴史的・伝統的制度の保障」であると解されている。

❷　日本国憲法の規定

　それでは、日本国憲法第8章はどのような規定を設けているのか見てみよう。

（1）　地方自治の本旨

　第92条は、「地方公共団体の組織及び運営に関する事項は、地方自治の本旨に基いて、法律でこれを定める」と規定する。

　そして、「地方自治の本旨」とは、❶の（2）で見たように「住民自治」と「団体自治」とからなり、前者は「民主主義的要素」であり、後者は「自由主義的・地方分権的要素」であるとされる。

（2）　地方公共団体の機関とその直接選挙

　第93条第1項は「地方公共団体には、法律の定めるところにより、その議事機関として議会を設置する」と定め、第2項は「地方公共団体の長、その議会の議員及び法律の定めるその他の吏員は、その地方公共団

体の住民が、直接これを選挙する」と定めている。これは、「地方自治の民主化を徹底しようとするもの」である。

　本条の「地方公共団体」とは、地方自治の沿革や実態から、都道府県および市町村を指す。

　なお、「地方公共団体」について、地方「自治」の意義を強調するため、一般的に「地方自治体」や「自治体」といった語が用いられることがある。

（3）　憲法上の地方公共団体の意義

　憲法上の意義を明確にする上で、東京都の特別区が憲法上の地方公共団体であるかどうかが争われた事件に係る以下の最高裁判例が参考となる（最高裁判所大法廷判決昭和38年３月27日）。

　「（憲法93条の）地方公共団体といい得るためには、単に法律で地方公共団体として取り扱われているということだけでは足らず、事実上住民が経済的文化的に密接な共同生活を営み、共同体意識をもっているという社会的基盤が存在し、沿革的にみても、また現実の行政の上においても、相当程度の自主立法権、自主行政権、自主財政権等地方自治の基本的権能を附与された地域団体であることを必要とするものというべきである。そして、かかる実体を備えた団体である以上、その実体を無視して、憲法で保障した地方自治の権能を法律を以て奪うことは、許されないものと解する」

　この基準を適用した上で、特別区は沿革的にも実質的にも地方公共団体とはいえない、とした。

　ただし、特別区は、平成10（1999）年の自治法改正により「基礎的な地方公共団体」とされている（自治法281の２②）。

（4）　地方公共団体の権能

　第94条は、「地方公共団体は、その財産を管理し、事務を処理し、及び行政を執行する権能を有し、法律の範囲内で条例を制定することができる」と規定し、自治権を保障している（本章４参照）。

（5）　地方自治特別法

　第95条は、「一の地方公共団体のみに適用される特別法は、法律の定

めるところにより、その地方公共団体の住民の投票においてその過半数の同意を得なければ、国会は、これを制定することができない」と規定し、地方公共団体の平等性確保を保障している。

❸ 地方自治に関する法源

法源とは、「法を適用するにあたって法として援用しうる法形式」のことである。地方自治関係の法源を列挙すれば以下のとおりである。

①日本国憲法
②法律（地方自治法、地方分権改革推進法、地方公務員法、労働基準法、公職選挙法、地方財政法、住民基本台帳法、戸籍法など）
③条例・規則（公告式条例、情報公開条例、個人情報保護条例、長の職務の代理に関する規則、事務委任規則など）
④不文法源
　市制・町村制（明治21（1888）年施行の法律）施行前からの「旧来の慣行」による住民の公有財産使用権について、「その旧慣」によることを自治法が認めている例がある（自治法238の6①）。

❹ わが国の地方自治のあゆみ
（1）戦前（旧憲法時代）の地方自治

わが国の統一的な地方制度は、明治11（1878）年、三新法（郡区町村編成法、府県会規則、地方税規則）の制定によりスタートした。

明治21年には、市制・町村制が制定され、翌22年4月以降順次施行され、現在の市町村の原型となる基礎的な団体が誕生した（いわゆる「明治の大合併」（第2編、第2章3））。

明治23年、府県制・郡制が制定された。その後、大正12（1923）年に地方公共団体としての郡は廃止された。

これらは、統一的国家体制の整備の一環として、地方が、国の行政区画として位置づけられていった過程である。

（2）　戦後の地方自治

　戦後、第一次地方制度改革として、東京都制、府県制、市制町村制の改正（昭和21（1946）年10月施行）が、旧憲法下でも可能な改革として実施された。

　第二次地方制度改革として、日本国憲法の制定と同時に、地方自治の本旨を具体化する基本法として「地方自治法」が制定（昭和22（1947）年5月3日施行）された。

　さらに、シャウプ勧告（昭和24（1949）年9月）および勧告に応えて設置された地方行政調査委員会議（昭和24年12月設置。いわゆる神戸委員会）による地方行財政制度の整備が行われた。

　シャウプ勧告では、市町村優先原則などが謳われたものの、いわゆる「逆コース」といわれる社会情勢のなかにあって政治的にも無視されてしまった面がある。しかし、現在すすめられている地方分権改革の根拠とされる国・地方の関係に係る「補完性の原則」がすでに打ち出されていたことに注意する必要がある。

（3）　現行憲法による地方自治制度

　制度的保障はすでに見たとおりである。特色は以下のとおりである。

①住民の権利の拡充
　　参政権の充実－選挙権の範囲の拡大、直接請求制度
②地方公共団体の自主性、自律性の強化
　　国による監督権の縮小、議会の議決事項の拡大
③地方行政の能率化と公正の確保
　　監査委員、選挙管理委員会などの行政委員会制度の導入

2　地方公共団体の種類

❶　地方公共団体の意義

　地方公共団体は、区域、住民および自治権を構成要素とし、当該区域で住民自治、団体自治を実現する法人である。

❷　構成要素

　一般に、地方公共団体が成り立つためには、三つの要素がなくてはならないとされ、以下の①〜③が該当する。

　①区域（地域的・空間的構成要素）

　　　自治法第5条第1項は、「普通地方公共団体の区域は、従来の区域による」と規定し、法施行時（市制・町村制下）の区域による。

　②住民（人的構成要素）

　　　自治法第10条第1項は、「市町村の区域内に住所を有する者は、当該市町村及びこれを包括する都道府県の住民とする」とし、住民が地方公共団体を構成する基本であることを規定する。

　③自治権（法制度的構成要素）

　　　一般に、自治権は、「住民に対する公の支配権」とされる。地方自治が保障された日本国憲法下においては、地方公共団体は、警察まで含んだ広範な事務を担い、自治権が保障されているといえる。また、自治法第2条第1項は、「地方公共団体は、法人とする」と規定しており、地方公共団体には、自治権の主体として法人格が与えられている。

　　　自治権については、本章4において詳述する。

❸　地方公共団体の種類

　自治法は、地方公共団体を、普通地方公共団体と特別地方公共団体とに分けている（自治法1の3①。憲法第8章に規定される「地方公共団体」については本章1❷（3）参照）。

　普通地方公共団体は、一般的普遍的な性格を有する地方公共団体であり、都道府県および市町村が該当する（自治法1の3②）。都道府県および市町村は、構成要素、組織、権能など多くの点で共通している。全国のいずれの地域も、いずれかの市町村および該当する都道府県に含まれる。

　特別地方公共団体は、一般的普遍的に存在するのではなく、施策的な

見地から特定目的のために設置されるものである。

なお、近年、都道府県制度の改革構想として「道州制」に関する論議もあり、第28次地方制度調査会による道州制のあり方についての答申（平成18（2006）年2月）が出るなどしているが、地方公共団体としての性格や制度の仕組みなど論者によって主張は異なる。

４ 普通地方公共団体

（１）都道府県

都道府県は、「市町村を包括する広域の地方公共団体」（自治法2⑤）であり、同じ普通地方公共団体である市町村とは権能の面で差異がある。

都道府県は、普通地方公共団体の事務（同2②）のうち、①広域にわたるもの、②市町村に関する連絡調整に関するもの、③その規模または性質において一般の市町村が処理することが適当でないと認められるもの、を処理する（同2⑤）。都道府県は、従来の名称により（同3①）、その区域は従来の区域による（同5①）。

（２）市町村

都道府県と同様、普通地方公共団体であるが、都道府県が市町村を包括した広域的自治体であるのに対し、市町村は、「基礎的な地方公共団体」である（自治法2③）。

市町村は、都道府県が処理することとされているものを除き、地域における事務およびその他の事務で法律またはこれに基づく政令により処理することとされるものを処理する（同2②・③・⑤）。

平成12（2000）年施行の地方分権一括法による改正前の旧自治法第2条第3項には、公園など公の施設の管理、上水道、病院、戸籍、清掃など市町村の事務が例示されていた。

（ア）市

市となる要件は、①人口5万人以上、②中心市街地形成戸数が全戸数の6割以上、③商工業等都市的業態従事者等が全人口の6割以上、④都道府県条例で定める都市的施設等を具備すること、である（自治法8①）。市となるための要件であり、存続するための要件ではない。

（イ）　町

　町となる要件は、都道府県条例で定める要件を具備していることである（自治法8②）。条例では、一定以上（例：1万人以上等）の人口を有すること、連たん区域戸数（中心街区を形成している区域内にある戸数）が全戸数の5割以上であることなどが定められる。

（3）　市制度の特例

　（ア）　指定都市

　指定都市制度は、大都市行政の合理化などのため、社会福祉・都市計画などの都道府県の事務を、指定都市が特例的に行えるものである。

　指定都市は、「政令で指定する人口50万以上の市」である（自治法252の19①）。従前おおむね100万程度の人口が必要とされてきたが、近年は緩和され、人口約70万の岡山市も指定されている。

　なお、平成26年（2014）の自治法改正（平成26年法律第42号）により、指定都市制度に関して、以下の改正があった。

① 　住民自治の強化の観点から、区の事務所が分掌する事務を条例で定めることとされた（同252の20②等）。

② 　市長の権限に属する事務のうち主として総合区の区域内に関するものを処理させるため、条例で、区に代えて総合区を設け、議会の同意を得て選任される総合区長を置くことができるようになった（同252の20の2等）。

③ 　指定都市および都道府県の事務の処理について連絡調整を行うために必要な協議をする指定都市都道府県調整会議を設置することとされた（同252の21の2等）。

④ 　指定都市の市長または都道府県知事は、協議を調えるため必要と認められるときは、総務大臣に対し、指定都市都道府県勧告調整委員の意見に基づき、必要な勧告を行うよう申し出ることができることとされた（同252の21の3等）。

　（イ）　中核市

　中核市制度は、指定都市に次ぐ拠点的都市として、平成7（1995）年の自治法改正により設けられた（自治法252の22〜252の26の2）。中核市は、

政令で指定する人口20万以上の市とされ、総務大臣への指定の申出に際しては都道府県の同意を要する。人口要件は、従前30万人以上であったが、平成26年（2014）の自治法改正により、特例市制度と統合され、20万人以上とされた（平成27（2015）年4月1日施行）。

中核市は、指定都市が処理することができる事務のうち、都道府県がその区域にわたり一体的に処理することが効率的な事務などを除いたものを処理することとされており、保健所の設置やまちづくりなどが挙げられる。

（ウ）　旧特例市

平成26（2014）年の自治法改正により、中核市に準ずる特例市制度は廃止され、中核市制度に統合されることとなった（平成27（2015）年4月1日施行）。

改正法施行時の特例市については「施行時特例市」とされ、従来の特例市の事務権限を引き続き保持している。経過措置として5年以内は、人口が20万人未満でも中核市に移行できることとされていたが、期限の到来により（令和2（2020）年4月1日）、この経過措置は失効している（自治法252の22①、旧第2編第12章第3節、附則3等）。

5　特別地方公共団体

（1）　特別区

特別区とは、都における区をいう（自治法281①）。

特別区は、自治法上特別地方公共団体とされているが、「基礎的な地方公共団体」であり、区域、住民を有し、区長、議員が公選されるなど市町村に近い地方公共団体である（本章1**2**（3）参照）。

※道府県における特別区の設置について

「大都市地域における特別区の設置に関する法律」（平成24年法律第80号）が成立し、一定の手続きのもと、総務大臣の認可により道府県においても特別区の設置が可能となった（同法3）。

特別区の設置には「人口200万人以上の政令市、または政令市と同一道府県内の隣接市町村の人口の合計が200万人以上」であることが必要とされ（同法2①）、令和2（2020）年9月現在で設置可能な道府県は、北海道、埼玉県、千葉県、神奈川県、愛知県、京都府、大阪府、兵庫県、福岡県である。

（2） 地方公共団体の組合

（ア） 意義

　地方公共団体の組合とは、地方公共団体がその事務の一部を共同処理するために設けられる法人である。一部事務組合および広域連合がある。従前、全部事務組合および役場事務組合の制度があり、災害時に活用されたりしたが、あまり例がなく平成23（2011）年に地方開発事業団とともに制度が廃止された。

（イ） 一部事務組合

（ａ） 意義

　複数の地方公共団体がその事務の一部を共同して処理するために設ける（自治法284）。構成する地方公共団体とは別個独立の法人格を有する。

　共同処理しようとする事務が「同一種類」のものでなくとも、「相互に関連する」事務であれば設立できる（複合的一部事務組合。（同285））。

　固有の区域、事務、権能を有し、執行機関と議会の分離など、原則として普通地方公共団体と同様の扱いとなる（同292）。

（ｂ） 設立と効果

　構成する地方公共団体間の協議（それぞれの団体において議会の議決が必要）により規約を定め、知事の許可（県が加入する場合には総務大臣の許可）を得て設立する（自治法284②）。

（ｃ） 一部事務組合の活用

　一部事務組合は、消防、上下水道、ごみ・し尿処理、病院などに活用されている。広域（県全体）の事務処理が効率的であったり、市町村合併が進展して自然消滅したりといった理由で、近年数は減少した。

（ウ） 広域連合

（ａ） 経緯および目的

　広域連合制度は、多様化した広域行政需要に適切・効率的に対応するため、第23次地方制度調査会答申を経て、平成7（1995）年の自治法改正により設けられた。普通地方公共団体・特別区がその事務または長などの権限に属する事務で広域処理が適当であるものについて、総合的な計画に基づき処理を行うことを目的として設立される（自治法291の2）。

（ｂ） 特色

法律や条例により、国または都道府県の事務を処理することができる（自治法291の2①・②）。市町村で構成する一部事務組合が、都道府県の事務を実施しようとする場合、いったん県から市町村に権限移譲した上ではじめて共同処理する事務とすることができることと対照的である。

また、広域連合の議会の議員および長について、住民の直接選挙または間接選挙によらなければならない（自治法291の5）が、一部事務組合と同様、長に代えて理事会を置くことができる（同291の4④）。

なお、法律で設置を義務付けられたものとして、後期高齢者医療広域連合がある（全都道府県において域内全市町村が加入）。

（3） 財産区 （自治法294〜297）

市町村または特別区の一部で、山林など財産または公の施設の管理および処分を目的とする特別地方公共団体である。財産・公の施設の管理または処分に係る権限のみを有する。都道府県知事が必要と認めるときは、議会、総会設置が可能。

（4） 合併特例区

合併特例区は、「市町村の合併の特例に関する法律」（平成16年法律第59号）（いわゆる合併新法）によって5年以内に限り設置できる特別地方公共団体である（同法27・31②）。

（5） 広域行政に係るその他の制度

特別地方公共団体を設立せずとも、都道府県や市町村が共同で、あるいは協力して事務を処理するために、ほかに、他の団体の公の施設の利用（自治法244の3）、事務の委託（同252の14）、協議会（同252の2の2）、機関等の共同設置（同252の7）、職員の派遣（同252の17）といった制度が活用されうる。いずれも法人格を有しない。

また、近年、旧自治省（現総務省）が推進した「広域市町村圏振興整備措置要綱」（昭和45(1970)年）にかわる制度として、総務省は、一極集中を改め地域に定住を促すための「定住自立圏構想」や圏域の中心市と近隣の市町村が、連携協約（以下（6）参照。自治法252の2①）を締結することにより、人口減少・少子高齢社会においても一定の圏域人口を有し

活力ある社会経済を維持するための拠点を形成することを目的とした「連携中枢都市圏構想」(「地方中枢拠点都市圏構想」の名称、内容を変更)を推進している。

（6） 新たな広域連携制度の創設

平成26（2014）年の自治法改正により、新たな広域連携の制度が創設された。

（ア）「連携協約」制度の創設

普通地方公共団体は、他の普通地方公共団体と連携して事務を処理するにあたっての基本的な方針および役割分担を定める連携協約を締結できることとなった（同252の2）。

連携協約に係る紛争があるときは、自治紛争処理委員による処理方策の提示を申請することができる（同251の3の2・252条の2⑦）。

（イ）「事務の代替執行」制度の創設

普通地方公共団体は、その事務の一部を、当該普通地方公共団体の名において、他の普通地方公共団体の長等に管理・執行させること（事務の代替執行）ができることとなった（同252の16の2〜252の16の4）。

3 地方公共団体の事務

1 国と地方との役割分担

（1） 国と地方との役割分担の規定

自治法は、国と地方との役割分担に関し規定を設けている。

まず、地方公共団体の役割に関し、「地方公共団体は、住民の福祉の増進を図ることを基本として、地域における行政を自主的かつ総合的に実施する役割を広く担うもの」（自治法1の2①）とした。

次に、国は、地方公共団体がその役割を果たすことができるよう、適切に役割分担し、外交・防衛や全国的に統一すべき施策等国の本来果たすべき役割を重点的に担うことと規定した（同1の2②）。

また、本項は、「（国は）住民に身近な行政はできる限り地方公共団体にゆだねることを基本として、……地方公共団体に関する制度の策定及

び施策の実施に当たつて、地方公共団体の自主性及び自立性が十分に発揮されるようにしなければならない」と規定した。

（2） 地方公共団体の事務に関する国の役割に関する原則

自治法は、地方公共団体に関する法令のあり方や解釈、運用の指針などに関して、地方分権の理念に合致するよう、以下のような内容の規定を設けている。

①立法にあたっての原則として、地方自治の本旨に基づかなければならないこと（自治法2⑪）

②地方公共団体に関する法令の解釈にあたっての原則として、地方自治の本旨、適切な役割分担に基づかなければならないこと（同2⑫）

③地方公共団体の自治事務に関する原則として、地域の特性に応じて事務処理ができるよう特に配慮しなくてはならないこと（同2⑬）

2 　地方公共団体の事務とその分類

（1） 地方公共団体の事務

自治法は、地方公共団体は、「地域における事務」および「その他の事務で法律又はこれに基づく政令により処理することとされるもの」を処理する（自治法2②）と規定し、地方公共団体の事務・権能を幅広く定めている。

（2） 都道府県の事務と市町村の事務

都道府県と市町村とは、対等・協力の関係にあるので、その分担する事務には競合が生ずるおそれがある。そこで、自治法は、都道府県は地方公共団体の分担する事務のうち、①広域にわたるもの、②市町村に関する連絡調整に関するもの、③その規模または性質において一般の市町村が処理することが適当でないと認められるもの、を処理するものとした（自治法2⑤）。

（3） 自治事務と法定受託事務

平成12 (2000) 年施行の地方分権一括法による自治法の改正前は、地方公共団体は、公共事務（固有事務）、団体委任事務、行政事務に3分類され、さらに、法律や政令によって、機関委任事務（知事などが主務

大臣との関係で指揮監督関係に置かれていた）があった。

　地方分権一括法による自治法の改正後は、地方公共団体の事務は、自治事務と法定受託事務に分類されることとなった（自治法2⑧・⑨）。

　この区別は、国の地方公共団体に対する関与、または、都道府県の市町村に対する関与の仕組みについて、両事務で異なることに基づく。

　自治事務と法定受託事務との比率は、都道府県の知事部局で前者が7割、後者が3割程度とされている。

　（ア）　自治事務

　自治法上、積極的な定義はないが法定受託事務以外の事務であり、一般的な地方公共団体の事務を指す（自治法2⑧）。先に見たように、国は、自治事務について、地域の特性に応じて事務処理ができるよう特に配慮しなくてはならない（同2⑬）こととされている。

　（イ）　法定受託事務

　法定受託事務とは、法律または政令により地方公共団体が処理することとされる事務のうち、国または都道府県が本来果たすべき役割に係る事務であって、国または都道府県においてその適正な処理を特に確保する必要があるものをいう。従前の機関委任事務とは異なる。

　このうち、国が本来果たすべき役割に係るものが第一号法定受託事務（自治法2⑨(1)・別表第一参照）であり、都道府県が果たすべき役割に係るものが第二号法定受託事務（同2⑨(2)・別表第二参照）である。

 # 4　地方公共団体の権能（自治権）

　自治権は、自治行政権、自治組織権、自治財政権および自治立法権からなる。

❶　自治行政権

　地方公共団体は、住民の福祉の増進を図ることを基本として、地域における行政を自主的かつ総合的に実施する役割を広く担うもの（自治法1の2①）とされる。行政を実施する権能を自治行政権という。自治行政権に基づいて行われる事務については、本章3のとおりである。

❷　自治組織権・自治財政権

　自治組織権とは、地方公共団体が、自らその組織について決定する権能である。その組織を構成する機関については、本章6のとおりである。

　自治財政権については、第4章において述べる。

❸　自治立法権
（1）　憲法による保障

　憲法は、地方公共団体は、法律の範囲内で条例を制定することができる（憲法94）とし、地方公共団体が自主法を制定する権能（国会の立法権に対して自治立法権という）を保障した。「条例」と規定されているが、条例・規則といった形式にかかわらず、地方公共団体による立法権を保障したものと解されている。規則には、長が定める規則のほか、行政委員会・委員が定める規則がある。

（2）　条例制定権

　地方公共団体は、法令に反しない限りにおいて、その処理する事務に関し、条例を制定することができる（自治法14①）。法令とは、憲法、法律のほか、政・省令も含まれる。地方公共団体の事務に関するものであれば、自治事務・法定受託事務の別を問わず制定できる。

　義務を課し、権利を制限するには、（規則ではなく）条例で定めなくてはならない（同14②）。

　条例には、法令に特別の定めがある場合を除くほか、条例に違反した者に対し、2年以下の懲役もしくは禁錮、100万円以下の罰金、拘留、科料もしくは没収の刑または5万円以下の過料を科する旨の規定を設けることができる（同14③）。

（3）　法律と条例との関係

　憲法上法律に留保されている事項（財産権の制限、刑罰、租税法律主義（憲法84））について、条例による規制が可能かどうかについて問題とされ、従前、法律の明示的委任がなくては同一目的の条例は制定できないとする説（古典的法律先占論）もあったが、一般に、条例は、公選の議員で組織する議会の決定によった民主的立法であり、国会の制定する

法律に準ずるものであるので可能である、と説明される。

　最高裁は「条例が国の法令に違反するかどうかは、両者の対象事項と
規定文言を対比するのみではなく、それぞれの趣旨、目的、内容及び効
果を比較し、両者の間に矛盾抵触があるかどうかによってこれを決しな
くてはならない」（最高裁判所大法廷判決昭和50年9月10日：徳島市公安条例事
件）とし、法律と異なる目的で条例に規定することは可能とした。

　この判決によると、法律と条例との関係を次のように分類できる。

①国の法令の規制の趣旨が全国一律の均一的な規制を目指していると
　解される場合、条例による、以下のア、イは許されない。

　ア　法令が規律の対象としていない事項を法令と同一の目的で規制

　イ　法令が規律の対象としている事項をより厳しく規制

②法令が全国的な規制を最低基準として定めていると解される場合、
　上記ア、イとも許される。

（4）　条例の制定改廃手続

　条例案の議会への提案権は、長および議員が有する（自治法112・149）。
行政委員会および委員は、提案権を有さず（同180の6）、これらの事務
に関する条例は、長が議会に提案する。

　条例は、原則として議会の議決を経て定める（同96）。議決は、原則と
して、議長を除いた出席議員の過半数で決する（同116）。県庁や役場の
位置を定める条例は、議長を含む出席議員の3分の2以上の者の同意が
必要である（同4③）などいくつかの例外がある。

　議長は、条例の議決後3日以内にこれを長に送付（同16①）し、長は
再議（同176①）などの措置を講ずる必要がないと認めるときは、20日以
内に公布する（同16②）。条例に特別の定めがあるものを除くほか、公布
日から起算し10日を経過した日から施行される（同16③）。

（5）　条例の効力

　原則として当該地方公共団体の区域内に限られ、住民だけでなく、滞
在者に対しても適用される。公の施設の域外設置のような例外はある。

　都道府県の条例と市町村の条例との間には、原則としてその間に優劣
の差はない。ただ、市町村は都道府県の条例に違反してその事務を処理

してはならない（自治法2⑯）。

（6） 自治基本条例

　近年、自治体の憲法とも呼ばれる、自治基本条例を定める地方公共団体がある。その名称は、「まちづくり条例」など様々であるが、まちづくりの主体や方法などを定めている。平成13（2001）年4月1日施行の北海道ニセコ町の「ニセコ町まちづくり基本条例」が著名である。

（7） 規則

（ア）　規則の所管事項

　地方公共団体の長は、法令に違反しない限りにおいて、その権限に属する事務に関し、規則を制定することができる（自治法15①）。規則違反者に対し、5万円以下の過料を科することが可能である（同15②）。

（イ）　規則の制定改廃手続

　規則やその他の規程に特別の定めがあるものを除くほか、公布の日から起算して10日を経過した日から施行される（同16③）。

（ウ）　行政委員会などの規則

　行政委員会、委員及び議会の専管事項については、それぞれの執行機関が規則を定めることができる（例：議会の会議規則（同120）など）。

（エ）　条例と規則

　条例の内容と規則のそれとが矛盾する場合、議会が定める民主的立法である条例が優先すると考えられる。

5　地方公共団体の区域と住民

　地方公共団体の構成要素の三つのうち自治権について4で述べたので、ここでは残りの構成要素である区域および住民について取り上げる。

■1　区域

（1） 意義

　普通地方公共団体の区域は、従来の区域による（自治法5①）。

　「従来の区域」とは、自治法施行当時に都道府県および市町村の区域

とされていた区域を、そのまま自治法上の都道府県および市町村の区域とすることを示す。区域には、土地のみならず、河川湖沼、領海を含む。都道府県は、市町村を包括する（同5②）。

（2）　区域の変更（自治法6・7）

（ア）　廃置分合（分割、分立、合体、編入）

地方公共団体の法人格が変動する場合である。

分割とは一つの地方公共団体を分けて複数の地方公共団体を置くこと、分立とは一つの地方公共団体の一部を割愛して新たな地方公共団体を置くこと、合体とは2以上の地方公共団体を廃止して新たに一つの地方公共団体を置くこと、編入とはある地方公共団体を廃止して他の地方公共団の区域に組み入れること、をいう。

市町村の合体、編入を合わせて合併といい、一般に合体を新設合併、編入を編入合併という。

市町村の合併については、一般法である「地方自治法」に対して、特別法である「市町村の合併の特例に関する法律（平成16年法律第59号）」があり、いわゆる「平成の大合併」が推進された（第6編第2章参照）。

（イ）　境界変更

地方公共団体の法人格が変動しない場合が境界変更である。

都道府県の廃置分合または境界変更をしようとするときは法律でこれを定める（自治法6①）。都道府県の境界にわたる市町村の境界変更があったときは、都道府県の境界も同時に変更される（関係地方公共団体による総務大臣への申請により、総務大臣が定める。（同6②・7③））。

境界をめぐる紛争に対しては、自治紛争処理委員による調定、知事裁定または裁判所に対する境界確定の訴え（同9⑧）といった制度がある。

（3）　市町村の規模の適正化

自治法は、地方公共団体の自主的な努力による規模の適正化を要求している（自治法2⑮）が市町村の規模の適正化については、これを援助するため、都道府県知事に、市町村の廃置分合または市町村の境界変更の計画を定め、これを関係市町村に勧告する権限を付与している（同8の2①）。

② 住民

（1） 意義

（ア） 意義および住民基本台帳制度

　市町村の区域内に住所（＝生活の本拠）を有する者は、当該市町村およびこれを包括する都道府県の住民となる（自治法10）。自然人たると法人たるとを問わず、また、国籍や年齢も問わない。住民であるかどうかは、当該団体の区域内に住所を有するか否かという客観的事実で決定する。

　市町村は、住民基本台帳法の定めるところにより、その住民（上記と異なり日本国籍を有する自然人）の正確な記録を常に整備しておかなくてはならない。

　従前、住民基本台帳の写しは誰でも閲覧請求できたところ、個人情報保護の観点から、平成18（2006）年に住民基本台帳法の一部が改正され、公共的・公益的な目的でのみ閲覧できる制度に改正された。

　また、台帳に記載される住民は、日本国民とされてきたが、平成21（2009）年に、在留期間が3か月を超す外国人も登録対象とする改正が行われ、平成24（2012）年7月から施行されている。

（イ） 住民基本台帳ネットワークシステム

　平成11（1999）年の住民基本台帳法の改正で整備されることとなったのが、住民基本台帳ネットワークシステム（通称：住基ネット）である。

　市町村の区域を越えた住民基本台帳に関する事務処理や国の機関などに対する本人確認情報の提供が整備の目的である。

　住民は「住民基本台帳カード」（住基カード）を任意で取得でき、インターネット上で行政手続きが可能となった。

（ウ） マイナンバー制度

　国民一人一人にひとつの「個人番号」を割り振り、所得や納税実績、社会保障に関する個人情報をその番号で管理するというマイナンバー法（正式には「行政手続における特定の個人を識別するための番号の利用等に関する法律」）が成立し（平成25年法律第27号）、平成28（2016）年

1月から「個人番号カード」等の利用が開始された（第6編第10章参照）。

これに伴い、住民票の記載事項に個人番号を追加、「個人番号」を住基ネット上の本人確認情報に追加、上記住基カードの廃止等の住民基本台帳法の改正が行われた。

（2）住民の権利および義務

住民は、法律の定めるところにより、地方公共団体のサービスをひとしく受ける権利を有し、その負担を分任する義務を負う（自治法10②）。

具体的な権利としては、選挙権・被選挙権、直接請求権、その他の直接参政権、公の施設の利用など役務の提供を受ける権利が挙げられる。

また、義務としては、地方税、分担金、使用料、手数料などを分任する義務が挙げられる。

（3）選挙権

日本国民たる住民は、その属する地方公共団体の選挙に参与する権利を有する（自治法11）。参与する権利とは、選挙権および被選挙権を指す。

年齢満18年以上の日本国民で、引き続き3か月以上市町村の区域内に住所を有する者は、その属する普通地方公共団体の議会の議員および長の選挙権を有する（自治法18、公選法9）。年齢要件は、従前満20年とされてきたところ、公選法が改正され、平成28年（2016年）7月執行の参議院議員通常選挙から適用されている。

都道府県知事は年齢満30年以上、市町村長は年齢満25年以上であれば、その区域に住所を有せずともよい（自治法19、公選法10）。

（4）直接請求権

住民が選挙制度を通じて地方自治に参与する（間接民主制、代表民主制）以外に、これを補完するものとして以下のような直接請求権が直接民主制的な制度として設けられている。

（ア）条例の制定改廃請求権

住民の条例発案の権利であり、議会の議決を請求するものである（自治法12・74）。

（イ）事務監査請求

監査を通じて地方公共団体の事務の適正な執行を担保するよう有権者

総数の50分の１以上の署名をもって代表者が監査委員に請求するものである（同75①）。

　（ウ）　議会の解散請求

　住民が議会の解散を請求できる権利である。有権者総数の３分の１以上（総数が40万人を超える場合には、「40万人を超える数×1/6＋40万人×1/3」。総数が80万人を超える場合には、「80万人を超える数×1/8＋40万人（80万人－40万人の意味）×1/6＋40万人×1/3」※）の署名をもって代表者から選挙管理委員会に請求するもの（同76）。

　（エ）　解職請求

　住民が直接選挙または間接に選任した者について、解職を請求し得る権利である（いわゆるリコール）。

　（ａ）　首長、議員の解職請求

　首長、議員の解職請求は、有権者総数（選挙区のある場合は、当該選挙区の有権者総数）の３分の１以上（例外：（ウ）※に同じ）の署名をもって代表者が選挙管理委員会に行うこととなる（同80・81）。

　（ｂ）　主要公務員の解職請求

　解職請求の対象となる主要公務員は、都道府県の副知事、市町村の副市町村長、指定都市の総合区長、選挙管理委員・監査委員・公安委員会の委員である（自治法86）。教育長、教育委員会委員も対象となる（地方教育行政の組織及び運営に関する法律８）。有権者総数の３分の１以上（例外：（ウ）※に同じ）の署名をもって代表者が普通地方公共団体の長に請求する。

　（オ）　合併協議会の設置

　現在施行されている市町村の合併の特例に関する法律により、平成32（2020）年３月31日までに限り、住民の直接請求により合併協議会の設置を請求することができる（同４・５）。

（5）　住民投票

　地域に関する課題について、直接、住民の投票に付して、民意を問おうとするものである。

　制度化されたものとしては、地方自治特別法の住民投票（憲法95）、上

記直接請求に伴うものが挙げられ、公職選挙法中の地方公共団体の選挙に関する規定が準用される。

特定施策に対応するため、条例による住民投票が行われることがある。

（6） 住民監査請求（自治法242）

住民監査請求および次項の（7）の住民訴訟に関する制度は、住民による、地方公共団体の執行機関または職員の、違法または不当な財務会計上の行為または職務懈怠の予防、是正のために設けられている。

請求権者は、地方公共団体の住民（選挙権の有無、自然人と法人とを問わず、一人でも可能。この点、上記（4）と異なるので注意）である。

請求の要件としては、当該地方公共団体の長その他の執行機関または職員について、違法または不当な「公金の支出、財産の取得・管理・処分、契約の締結・履行、債務その他の義務の負担」、または、違法または不当に「公金の賦課・徴収を怠る事実、財産の管理を怠る事実」があると認めるとき、監査委員に対して、①当該行為の事前の防止、②当該行為の事後の是正、③当該怠る事実を改めること、④当該地方公共団体の被った損害の補填のために必要な措置を請求することができる。

請求があったときは、監査委員は、直ちに当該請求の要旨を当該普通地方公共団体の議会及び長に通知しなければならない。

普通地方公共団体の議会は、請求があった後に、当該請求に係る行為または怠る事実に関する損害賠償または不当利得返還の請求権その他の権利の放棄に関する議決をしようとするときは、あらかじめ監査委員の意見を聴かなければならない。

（7） 住民訴訟（自治法242の2・242の3）

住民監査請求の監査結果、勧告、長などの措置に不服があるとき、当該住民は、住民監査請求にかかる違法な行為、違法に怠る事実について、①当該行為の差止め請求、②当該行為の取消し、無効確認請求、③怠る事実の違法確認請求、④職員や相手方に損害賠償請求などをすることを執行機関などに求める請求ができる。

出訴権者は自治法第242条の住民監査請求をした者に限られ、監査請求をしない限り本条の訴訟を提起できない（監査請求前置主義）。

6　地方公共団体の機関

１　地方公共団体の機関の構成と特徴

（１）　構成

　日本国憲法は、第93条第１項で「地方公共団体には、法律の定めるところにより、その議事機関として議会を設置する」と規定し、また、第２項で「長（等）を選挙する」と規定しており、地方公共団体の基本的な機関として、長等執行機関と議会とを置き、いわゆる二元主義を採っている。

（２）　特徴

　地方公共団体の組織については、①基本構造の画一性（組織機関については基本的枠組みは法定され独自の制度を定めることはできない）、②首長主義（大統領型）の行政組織、③執行機関の多元主義といった特徴がある。

２　議会

（１）　必置機関

　自治法は、第６章に議会に係る規定を設け、「普通地方公共団体に議会を置く」と規定している（自治法89）。いわゆる必置機関である。

　国会が「国権の最高機関であつて、国の唯一の立法機関」（憲法41）であるのと異なり、自治法下の議会は、国会に相当する地位にはない。

　なお、例外として、町村には条例により、議会を置かないこともでき、選挙権を有する者全員で構成する「町村総会」を設けることができる（自治法94）。

（２）　議員

　議会の議員は、直接住民の選挙により選ばれる（憲法93②）。

　日本国民たる年齢満18年以上の者で引き続き３か月以上その市町村の区域内に住所を有する者は、その属する地方公共団体の議会の議員の選挙権を有する（公選法９②）。被選挙権は、当該団体の選挙権を有する者

で年齢満25年以上の者に認められている（同10①(3)・(5)）。

議員の任期は4年で、補欠選挙、増員選挙の場合は、それぞれ前任者の残任期間または一般選挙による議員の任期の期間が任期となる（自治法93、公選法260）。

選挙は電子投票が可能である（地方公共団体の議会の議員及び長の選挙に係る電磁的記録式投票機を用いて行う投票方法等の特例に関する法律。平成13（2001）年施行）。

議員定数は条例で定める（自治法90・91）。従前、定数の上限数が人口に応じて法定されていたが、平成23（2011）年の改正により撤廃された。

普通地方公共団体の議会の議員は、一定の職との兼職、兼業が禁止されている（同92・92の2）。

議員がその身分を失う場合としては、任期満了、選挙または当選の無効、被選挙権の喪失（同127①）、辞職、兼職禁止該当、兼業禁止該当、除名（同135③）、解職請求成立および議会解散がある。

（3） 議案提出権・修正動議提出権

議会で審議すべき議案を提出できるのは、長（自治法149条(1)）、議員（同112②・115の3。12分の1以上の賛成）および委員会（同109⑥）である。

（4） 議決

原則として、議会の議事は、出席議員の過半数でこれを決し、可否同数の時は、議長が決する（自治法116）が、地方公共団体の事務所の設定（同4③）など自治法上に特別の定めを置き、特別多数決を要する場合がある。この場合、議長も議決に加わる。

（5） 権限

議会には、議会の権限の本体的部分である①議決権（議決事件は自治法に制限列挙された15事項[1]）（自治法96）をはじめ、②選挙権（同97）、③同意権（同162など）、④監視権（検査権、監査請求権）（同98）、⑤調査

1　従前、法定受託事務については、議決事件の対象外とされていたところ、平成23（2011）年の自治法の改正により、「国の安全に関することその他政令で定めるもの」を除き、条例で議決事件として定めることができることとなった。

権（同100）、⑥意見書提出など（同99）、⑦請願受理権（憲法16、自治法124・125）、⑧自律権といった権限がある。

（6）　活動

　議会の招集を行う権限は長にあるが、議員定数の４分の１以上の議員から、または、議会運営委員会の議決を経て議長から、会議に付議すべき事件を示して臨時会の招集請求があったときは、長は20日以内に議会を招集しなければならない（自治法101①〜④）。議長等の臨時会の招集請求に対して長が招集しないときは、議長が臨時会を招集できる（同101⑤⑥）。

　定例会は、毎年、条例で定める回数これを招集しなければならず、臨時会は、必要に応じて、あらかじめ告示された特定の付議事件を処理するために招集する（同102）。

　会期は、議会が活動する期間であり、会期とその延長は議会が定める（同102⑦）が、条例により、定例会・臨時会の区別を設けず、通年の会期（条例で定める日から翌年の当該日の前日まで）とすることができる（同102の２）。

　議会は、議員の定数の半数以上の議員が出席しなければ会議を開くことができない（同113）。ただし、除斥（同117）など例外がある。

　議案の調査を行うものとして委員会があり、常任委員会、議会運営委員会および特別委員会（同109）がある。

（7）　会議の原則

　①会議公開の原則（例外：秘密会）（自治法115）、②会期不継続の原則（同119）、③一時不再議の原則（例外：再議）（同176）がある。

（8）　政務活動費（自治法100⑭）

　普通地方公共団体は、条例の定めるところにより、議員の調査研究その他の活動に資するため、会派または議員に対し、政務活動費を交付することができる。政務活動費を充てることができる経費の範囲等は条例で定める。

（9）　長と議会との関係

　（ア）　長の拒否権（再議制度）（自治法176・177）

　国会の場合、その議決は最終的である（ただし、憲法95）のに対して、

地方議会の議決は、地方公共団体の長によって再度議会の議決に付することが認められている。以下の①〜③がある。

　　①一般拒否権（長は、議会の条例の制定改廃、予算・総合計画等に
　　　関する議決に異議あるとき再議に付せる）（自治法176①）
　　②特別拒否権（議会の議決、選挙が議会の権限を超え、法令、会議
　　　規則に違反すると認めるときなど長は再議に付すなどしなければ
　　　ならない）（同176④・177①。みなせる場合：177③）
　　③地方公共団体財政健全化法第17条に基づく拒否権

（イ）　長の不信任と議会の解散（自治法178）
　長が不信任議決の通知を受けた日から10日以内に議会を解散できる。
（ウ）　長の専決処分（自治法179・180）
　長と議会の権限調整の制度。一定の場合に、長は、議会が議決すべき事件を専決処分することができる。副知事、副市町村長、指定都市の総合区長の選任は対象外である。
　条例・予算の専決処分について議会が不承認としたときは、長は必要と認める措置を講じ、議会に報告しなければならない。
（エ）　条例公布
　長は、条例の公布を受けた日から20日以内に再議に付す等の措置を講ずる場合を除き、当該条例の公布を行わなければならない（自治法16②）。

(10)　議会の解散

　①長による解散（自治法178①、不信任の議決とみなせる場合：同177①(2)・177③）、②住民による議会の解散請求が成就した場合（同13①・76①）、③地方公共団体の議会の解散に関する特例法（昭和40（1965）年制定）第2条第2項・第3項の規定に基づく自主解散がある。

③　執行機関

(1)　執行機関とは何か

　一般に、各種法人において、議決機関のした議決を執行する機関を

「執行機関」と呼ぶが、自治法上、執行機関とは、長のほか、法律に定める委員会または委員を指す。

（2）　長

　地方公共団体の長は、その地方公共団体の住民が、直接これを選挙する（憲法93②）。都道府県には知事が、市町村には市町村長が置かれ、自治法は、両者を指して地方公共団体の長としている（自治法139〜140など）。長の任期は4年である（同140①）。

　長には、①統轄代表権（同147）、②事務の管理および執行権（同148）がある。担任事務については、概括列挙されている（同149）。

（3）　長の補助機関

　補助機関とは、長の意思決定を補助し準備する機関である。自治法は、長の補助機関として、副知事・副市町村長、会計管理者、出納員および会計職員、専門委員などに関する規定を設けている（自治法161〜174）。

（4）　委員会および委員

　自治法は、政治的中立性・公平性などが強く要求される分野について、長ではなく、長から独立した地位と権限を有する合議制の委員会（監査委員は独任制）を設け、これに行政の一部を担わせることとした。

　普通地方公共団体（すなわち都道府県および市町村）に置かなければならないのは、教育委員会、選挙管理委員会、人事委員会または公平委員会および監査委員である。都道府県に置かなければならないのは、公安委員会、収用委員会、労働委員会、海区漁業調整委員会および内水面漁場管理委員会である。市町村に置かなければならないのは、農業委員会および固定資産評価審査委員会である。

（5）　長と行政委員会との関係　（自治法180の6）

　地方公共団体としての一体性の確保の要請から、委員会および委員は、①予算の調製・執行、②議会への議案の提出、③税の賦課・徴収、④決算を議会の認定に付すこと、に関する権限を有しない。

7 国と地方公共団体との関係・地方公共団体相互の関係

1 関与の必要性

　地方自治を実現するためには、地方公共団体の自主性を重んずべきことはもちろんであるが、一方で、統一性、適法性といった観点から、国家や都道府県の関与を排除すべきではない。地方自治法は、国または都道府県の地方公共団体に対する関与について、関与の公正性、透明性の確保の観点から、第11章を設け、関与の基準と手続などを定めている。

　自治法が規定するのは国または都道府県の行政機関の関与であるが、立法機関、司法機関が地方公共団体に関して関与する場合もありうる。

　立法機関については、地方自治の本旨（憲法92）に基づき、自治法をはじめとする地方自治に関する法律を国会が定めていることが挙げられる。また、司法機関については、およそ法律上の争訟は司法裁判所により解決されるが、地方公共団体が紛争の一方当時者となることはありうるし、法律上の争訟でなくとも、機関訴訟（自治法176⑦）や民衆訴訟（住民訴訟（同242の2など））により一方当事者となることがあり、司法機関の解決に服することとなる。

2 関与の定義・法定主義・基本類型

（1）定義

　自治法第245条は、「関与」とは、地方公共団体の事務の処理に関し、国または都道府県の行政機関が行うもので、地方公共団体がその固有の資格において当該行為の名あて人となるものに限る、と規定している。

　「固有の資格」とは民間などが立ち得ないような立場で関与の相手方となるような場合をいう（逆に同じような立場で契約などを行うなら対象外）。

（2）関与の法定主義

　関与の公正性・透明性を確保するため、法律または政令によらなけれ

ば、関与を受け、または要しない、とされた（関与の法定主義。(自治法245の2))。

（3） 関与の基本類型

　自治法は、関与として、以下のとおり基本類型を定め、それぞれ法定を求めている。

　　①助言または勧告（245(1)イ）

　　②資料の提出の要求（245(1)ロ）

　　③是正の要求（245(1)ハ）

　　④同意（245(1)ニ）

　　⑤許可、認可または承認（245(1)ホ）

　　⑥指示（245(1)ヘ）

　　⑦代執行（245(1)ト）

　　⑧協議（245(2)）

　　⑨以上のほか、一定の行政目的を実現するため地方公共団体に対して
　　　具体的個別的に関わる行為（245(3)）

　①、②、③、⑥および⑦については、自治法に直接、一般的な根拠規定がある。それ以外は、個別法またはこれに基づく政令に根拠が置かれなければならない（自治法245の2）。

（4） 関与の基本原則 （自治法245の3）

　（ア）　最小限度の原則

　関与は、その目的を達成するために必要最小限のものとするとともに、地方公共団体の自主性および自立性に配慮しなければならない。

　（イ）　一般法主義の原則

　関与については一般法としての自治法で規定し、できる限り、自治事務については上記⑦の代執行および⑨の行為を設けることのないように、また、法定受託事務については、⑨の行為を設けることのないようにしなければならない。

　（ウ）　自治事務と法定受託事務の別による関与の制限

自治事務については、上記③（自治法245の5①〜④）、④、⑤および⑥において、一定の場合のみ関与が認められる。

　法定受託事務については、③の関与は自治事務固有の関与であり、除かれる。また、⑥（同245の7①〜④）、⑦（自治法245の8①〜⑮）および⑧において、一定の場合のみ関与が認められる。

（5）　関与の根拠（245の4〜245の9）

　一般的な関与類型については、以下のとおり自治法に直接根拠規定が設けられた。

　（ア）　技術的な助言もしくは勧告または資料の提出の要求

　各大臣または都道府県知事その他の都道府県の執行機関は、その担任する事務に関し、地方公共団体に対し、地方公共団体の事務の運営その他の事項について適切と認める技術的な助言・勧告をし、または助言・勧告・適正な情報提供のため必要な資料の提出を求めることができる。

　各大臣は、その担任する事務に関し、都道府県知事その他の都道府県の執行機関に対し、市町村に対する助言・勧告・資料提出の求めに関し、必要な指示をすることができる。

　地方公共団体の長その他の執行機関は、各大臣または都道府県知事その他の都道府県の執行機関に対し、その担任する事務の管理および執行について技術的な助言・勧告・必要な情報提供を求めることができる。

　（イ）　是正の要求など

　自治法は、地方公共団体の違法な事務処理に係る国または都道府県の関与について是正の要求・勧告・指示に関する規定を設けている。

（6）　関与の手続

　公正、透明な関与には、手続きの適正が求められる。自治法は、このための諸規定を設けた。

　助言、勧告などの方式として、地方公共団体に対し、これらを書面によらないで行った場合、当該助言などの趣旨および内容を記載した書面の交付を求められたときは、交付しなければならないと定めた（自治法247）。

　また、是正の要求などの場合は書面を要することとし、許認可などの

拒否、取消しの場合も書面を要するとした（同249・250の4）。

さらに、許認可などに係る基準の設定、公表が必要とされ、標準処理期間の設定、公表に努めるものとされている（同250の2〜250の3）。

3　国と地方公共団体との係争処理制度

平成11（1999）年の地方分権一括法による自治法の改正により、公平・中立な立場から、国による地方公共団体への関与に関する係争処理機関として制度化されたのが、国地方係争処理委員会（自治法250の7〜250の20）である。常設機関であり、委員5人は両議院の同意を得て総務大臣が任命する。地方公共団体の執行機関が審査を申し出、国地方係争処理委員会は、90日以内に審査し、勧告または通知を行う。

同時に、地方分権一括法施行前の自治紛争調停委員の趣旨を一部受け継いで設けられたものとして、自治紛争処理委員の制度がある（同251〜251の4）。地方公共団体相互間または地方公共団体の機関相互間の紛争解決にあたり、総務大臣または都道府県知事が任命する委員は3人であり、事件ごとに設けられる。調停、審査および勧告権限がある。

平成24（2012）年の自治法の改正で、国等による違法確認訴訟に係る制度が創設された。これは、国等が是正の要求等を行った場合に、地方公共団体がこれに応じた措置を講じず、かつ、国地方係争処理委員会への審査の申出もないとき等に、国等は違法確認訴訟を提起できるというものである（自治法251の7①）。

4　都道府県と市町村との関係
（1）　対等・協力の関係

都道府県は市町村を包括する広域の地方公共団体であるが、両者は平等、対等で協力の関係であり、上記**2**のとおり、関与の基本原則などが適用される。

従前は、都道府県の権限として、市町村の事務処理に関する基準や水準の維持などに関する事務（旧自治法2⑥⑵）があったり、いわゆる統制条例（旧法14③）により市町村の事務に関し必要な規定を設けられたり、

都道府県知事が機関委任事務制度に基づき国の機関として市町村に対する許認可などを行ったりしていた。

　平成11（1999）年の地方分権一括法による自治法の改正により、都道府県と市町村の役割分担規定は見直され、また、条例による事務処理特例制度が設けられるなど、対等・協力の関係が明確化された。

（2）　条例による事務処理の特例制度

　地方分権一括法による自治法の改正により、地域の実情に応じて、都道府県が条例により、知事の権限の属する事務の一部を市町村が処理することが可能となった（自治法252の17の2）。移譲された事務は、市町村が管理執行する。

　事務処理の特例に関する条例を制定・改廃するにあたっては、都道府県知事は、あらかじめ、その権限に属する事務の一部を処理しまたは処理することとなる市町村長に協議しなければならない。

　市町村長は、議会の議決を経て、都道府県知事に対し、その権限に属する事務の一部を当該市町村が処理することとするよう要請できる。知事は、要請があったときは、速やかに当該市町村の長と協議を要する。

第3章

地方公務員制度

 ## 1 地方公務員

1 地方公務員とは

　地方公務員法（以下、「地公法」という）上、地方公務員とは「地方公共団体及び特定地方独立行政法人の全ての公務員」と規定されている（地公法3①）。なお、特定地方独立行政法人の役職員を含めたのは、これらの者に同法を適用するための技術上の扱いに過ぎないものと解されるため、一般的な認識としては「地方公共団体の全ての公務員」と解して差し支えなく、本章においてもそのような解釈の下に地方公務員の語を用いることとする。

　地方公務員数は、ピークの平成6（1994）年には328万人に達したが、その後は財政状況の悪化に伴う行政改革の進展等により減少に転じ、平成31（2019）年には274万人程度となっている（図表4－3－1）。これを所属団体別に見ると、都道府県が約139万人、指定都市が約34万人、市区町村が約90万人、一部事務組合等が約10万人となっている（図表4－3－2）。

図表４−３−１　地方公務員数の推移（平成６〜31年）

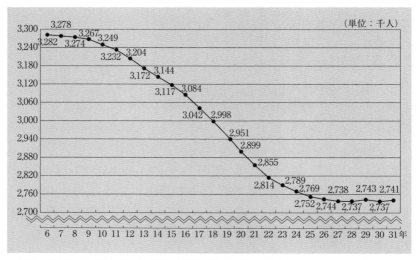

出所：総務省『平成31年地方公共団体定員管理調査結果の概要』

図表４−３−２　団体区分別職員数の構成（平成31年４月１日現在）

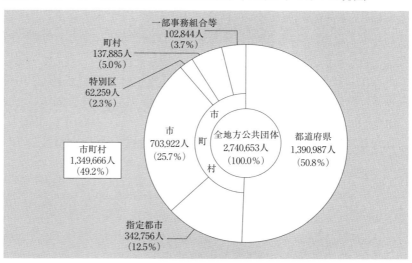

出所：総務省『平成31年地方公共団体定員管理調査結果の概要』

❷ 地方公務員の分類

　地方公務員には、その性質によって異なる取扱いが求められるものがあり、分類の趣旨、目的等に応じて様々な分類がなされている。

（1）　一般職と特別職

　地公法第3条は、地方公務員を一般職と特別職に区分している。同条第3項に限定列記されている職が特別職、それ以外の職が一般職とされ、主な特別職は以下のとおりである。

　　①公選または議会の選挙、議決もしくは同意による職（地方公共団体の長、議会の議員、副知事・副市町村長、行政委員会の委員等）

　　②審議会等の委員の職

　　③臨時または非常勤の顧問、参与、調査員、嘱託員等の職（専門的な知識経験・識見を有する者が就く職で、助言、調査、診断等を行うものに限る）、投票管理者等その他総務省令で定める者の職

　　④地方公営企業の管理者、特定地方独立行政法人の役員、地方公共団体の長などの秘書で条例に指定されたもの等

　地公法は、一般職のみに適用され、法律に特別の規定がある場合を除き特別職には適用されない。具体的な相違点としては、一般職は採用、昇任等に際し成績主義の原則が適用されるのに対し、特別職は選挙、議会の議決、特定の知識経験等に基づいて任用されること、一般職は定年までの勤務が想定されているのに対し、特別職は一定の任期が定められていることなどが挙げられる。

（2）　行政分野別の分類

　一般職の地方公務員のうち、教職員、警察職員、消防職員、企業職員（交通、水道など地方公営企業の職員）については、その職務や責任の特殊性により、地公法の適用を基本としつつも、教職員は教育公務員特例法等、警察職員は警察法、消防職員は消防組織法、企業職員は地方公営企業法等による特例が適用される。

　なお、教職員、警察職員、消防職員については、配置基準が国の法令等に基づく等の理由により、地方公共団体が主体的に職員配置の見直しを行うことが困難で、近年の職員減少傾向にあっても、増加または小幅

図表４−３−３　部門別職員数の推移（平成６年を100とした場合の指数）

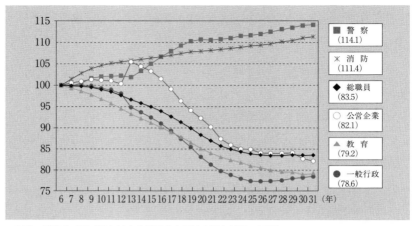

警察（114.1）
消防（111.4）
総職員（83.5）
公営企業（82.1）
教育（79.2）
一般行政（78.6）

出所：総務省『平成31年地方公共団体定員管理調査結果の概要』

の減少にとどまっている（図表４−３−３）。

（３）　現業職員と非現業職員

　公権力の行使を伴わず、民間企業でも可能な業務に従事する職員を現業職員といい、それ以外の職員を非現業職員という。現業職員には、公営地下鉄・バスの運転手、水道局の職員などの企業職員や、守衛、用務員、公用車の運転手など単純労働職員が該当する。職務内容が民間に類似していることから、勤務条件の決定方式等について、可能な限り民間に近い取扱いをすることとされており、非現業職員とは取扱いが異なる。

（４）　常勤職員と非常勤職員

　勤務の形態が、常時勤務か否かによる区別である。非常勤職員について具体的な基準はないが、国の基準に準拠し、勤務時間が常勤職員の４分の３以下である者とするのが一般的である。

　常勤職員には給料、旅費および各種手当が支給されるのに対し、非常勤職員には報酬と費用弁償のみが支給される。また、その他の相違点として、常勤職員は条例で定められた職員定数に含まれること、地方公務員共済組合の組合員になりうること、公務災害補償制度の適用があることなどが挙げられる。

2　地方公務員制度

　地公法は、近代的地方公務員制度の確立を通じて、地方公共団体の行政の民主的かつ能率的な運営を保障することにより、地方自治の本旨の実現に資することを目的としている（地公法1）。近代的地方公務員制度は、主に以下の要素により構成されている。

①全体の奉仕者であること

　　憲法は、「公務員を選定し、及びこれを罷免することは、国民固有の権利である」（憲法15①）、「すべて公務員は、全体の奉仕者であつて、一部の奉仕者ではない」（同15②）と規定している。主権者たる国民によりその地位を与えられた公務員が国民全体のために奉仕することで、国民のための行政の実現を目指すものである。

②勤労者性を有すること

　　戦前のような天皇に対して無定量に忠勤を励む奉仕関係ではなく、労務提供の対価として報酬により生計を維持する勤労者としての性格を有する。ただし、一般の労働者とは異なり、その権利には一定の制約が課されている。

③成績主義の採用

　　職員の任用に際しては、すべての国民は平等に取り扱われなければならないとされている（地公法13）。任用の方法は、受験成績、人事評価その他能力の実証に基づいて行われなければならないものとされており（同15）、これを成績主義（メリット・システム）という。

④政治的中立性の確保

　　公正な行政運営を維持し、行政の安定性、継続性を確保するとともに、職員の身分を保障するため、地方公務員の政治的行為には一定の制限が加えられている。

⑤公務能率の確保

　　公務員制度は、公務能率の向上、確保を目指すため、科学的かつ合理的な基礎により裏付けられた能率的な制度である必要がある。

3　任用

1　任用の意義と形式

　任用とは、特定の者を「職（ポスト）」に就けることで、採用、昇任、降任、転任のいずれかの方法で行われる（地公法17①）。採用とは現に職員でない者を職員の職に任命することを、昇任とは職員を現在の職より上位の職に任命することを、降任はその逆を、転任は昇任・降任によらず他の職に任命することを指す（地公法15の２）。

　なお、昇任、降任または転任のいずれかに含まれるため、地方公務員制度上の規定はないが、実務上はこの他に、現在の職を保有したまま他の職に任命される「兼職」（「兼務」）「併任」、他の任命権者の機関への異動を命じる「出向」、ある職が欠員または長期不在となった場合に上司または同僚に暫定的にその職務を行うことを命じる「事務取扱」、ある職にある職員が法令の規定により当然に他の職を占める「充て職」などの用語が用いられることがある。

2　任用の根本基準

　職員の任用は、成績主義により行われる。

　その具体的手法については、人事委員会を置く地方自治体においては競争試験によることとされているが、人事委員会規則で定める場合には、選考によることも可能である（地公法17の２①）。また、人事委員会を置かない地方自治体においては、競争試験または選考のいずれによっても可能である（同17の２②）。

　採用のための競争試験または選考は必ずしも単独自治体で行う必要はなく、他の自治体と共同で実施することも、また、国や他の地方自治体にその実施を委託することも可能である（同18）。

　なお、競争試験、選考とも、職務遂行能力の実証という面では同じであるが、競争試験がすべての国民に対して平等の条件で公開して行われるものであるのに対し、選考は特定の候補者について任用を予定してい

る職に相応しい能力があるかを判定するものであり、職務遂行能力が資格など何らかの形で実証されている場合などに用いられることが多い。

③ 欠格条項

地方公務員は、全体の奉仕者として住民からの信頼を得て職務を遂行する者であり、その職責と影響力は小さからぬものがある。そのため、一定の条項に該当する者は職員になることができず、競争試験または選考を受けることもできないとされている。これを欠格条項という。

欠格条項に該当するのは、①死刑、懲役または禁固の刑に処せられ、その執行を終わるまでまたはその執行を受けることがなくなるまで（例えば執行猶予中など）の者、②当該地方公共団体において懲戒免職の処分を受け、処分の日から２年を経過しない者、③日本国憲法またはその下に成立した政府を暴力で破壊することを主張する政党その他団体を結成し、またはこれに加入した者、などである（地公法16）。

④ その他の任用形態
（1）臨時的任用

職員の任用については、前述のとおり地公法第17条の規定に基づいて行うことが原則であるが、その特例として、緊急時や一時的な業務の増加等に弾力的に対応するため、職員を最長１年以内で臨時的に任用することができる（地公法22の３）。

これはあくまで例外であるので、その運用は厳格に行わなければならないが、なかにはその使い勝手の良さからこの制度を安易に利用している例も少なからず見受けられる。人件費の抑制につながること、職員定数にカウントされないことなどがその理由である。臨時的任用の安易な多用は、任用ルールを乱すだけではなく、その身分も不安定であることなどから、極めて問題であるとされていた。このため、地公法および自治法が改正され、令和２（2020）年４月から臨時的任用については「常時勤務を要する職に欠員を生じた場合」に該当することを新たに要件に加え、その対象を限定した。

（2）　任期付任用

　地公法は原則として終身雇用を想定しているが、「地方公共団体の一般職の任期付職員の採用に関する法律」および「地方公共団体の一般職の任期付研究員の採用等に関する法律」により任期付の任用が認められている。

　前者は、専門的な知識経験を有する者を一定期間活用して従事させるもの（高度な専門的知識または優れた識見を有する場合を「特定任期付職員」、専門的知識等を有する場合を「一般任期付職員」と称する）、時限的な業務に従事させるもの、短時間勤務に係るものについて規定しており、特定任期付職員と一般任期付職員の任期は最長5年、それ以外は最長3年以内の任期を付して任用される。

　後者は、公設試験研究機関において専門的な知識経験などを有する人材を積極的に受け入れ、研究者の相互の交流を推進するためのものであり、招へい研究員型と若手研究員型の2種類が定められている。任期は原則として招へい型5年（最長10年）、若手型3年（最長5年）とされている。

（3）　公益法人等への派遣

　公益法人等への職員派遣について様々な問題が指摘されていたことを受け、平成14（2002）年に「公益法人等への一般職の地方公務員の派遣等に関する法律」が施行され、公益法人などへの職員派遣と営利法人への退職派遣についての統一的なルールが定められた（その後、「公益的法人等への一般職の地方公務員の派遣等に関する法律」に改題された）。

　前者は公益法人などのうち、その業務が地方公共団体の事務事業と密接な関連を有し、かつ地方公共団体の施策の推進を図るため人的援助が必要であるものとして、条例で定めるものとの取り決めに基づき、職員の同意を得て原則3年、最長5年の期間内で派遣するものである。派遣中の給与は原則として派遣先が支給するが、一定の場合には条例で定めるところにより派遣元の地方公共団体が支給することも可能である。

　後者は、地方公共団体が出資している会社のうちその業務が公益の増進に寄与するとともに地方公共団体の事務事業と密接な関連を有し、か

つ、地方公共団体の施策の推進を図るため人的援助が必要であるものとして条例で定めるものとの取り決めに基づき、職員に退職を要請し、これに応じた職員を最長3年の期間内で派遣するものであり、期間満了後は再び職員として採用するものである。

いずれの場合も、派遣された職員が不利益を被ることのないよう、共済制度の適用や復帰後の職員の処遇などについて、必要な措置を講じ、または適切な配慮をしなければならないこととされている。

 ## 4 勤務条件

勤務条件とは、民間でいう労働条件に相当するものであり、給与、勤務時間のような、職員が地方公共団体に対して勤務を提供するにあたっての諸条件で、職員が自己の勤務を提供するかどうかを決めるのに際し、一般的に考慮の対象となるべき利害関係事項と解されている。

地方公共団体は、勤務条件が社会一般の情勢に適応するように、随時、適当な措置を講じなければならない（地公法14①）。

また、勤務条件は、条例で定めることとされている（地公法24⑤）。これには、議会の議決を経て制定・公布することで広く住民にその内容を知らしめ、職員の勤務条件を保障するとともに、勤務条件は人件費に直結することから、財政的な面でのチェック機能を働かせる意味がある。

勤務条件は、①職員に対する経済的給付に関するもの、②職員が提供すべき労務の量に関するもの、③職場秩序を含む職場環境に関するもの、④労務の提供に付帯する便益に関するもの、に大別される。

■ 給与

（1） 給与とは

給与は、職員の勤務に対する対価として勤務する地方公共団体から支給される一切の有価物をいい、給料と各種手当が該当する。

給料とは、職員の正規の勤務時間の勤務に対する報酬であり、手当とは、給料を補完するものとして、時間外勤務手当など正規の勤務時間外

の勤務に対する報酬や、扶養手当や住居手当、初任給調整手当など正規の勤務時間に必ずしも直接対応しない報酬を措置するものである。

（2） 給与に関する基本原則

（ア） 給与決定の原則

（a） 職務給の原則

職員の給与は、職員の職務と責任に応じて決定すべきであるとするものである（地公法24①）。これに対する考え方として、給与は職員の生活の維持に必要な額に応じて決定すべきであるとする生活給の原則がある。実際には職務給をベースとしつつも、生活給を意識した給与制度になっているのが現実であり、給料は職務給であるが、扶養手当などの手当には生活給の側面があると考えられる。

（b） 均衡の原則

職員の給与は、生計費、国および他の地方公共団体の給与、民間事業の従事者の給与等を考慮して定めなければならない（地公法24②）。

ごく大雑把にいえば、民間企業はコストと利益の収支状況等を勘案して賃金を決定するが、地方公共団体は利益を算出できないため、他との比較により給与を定めるものである。他と比べて著しく高い給与水準を設定することは住民の納得を得にくく、しかし、民間企業や国、他の地方公共団体の職員と同水準の給与を用意しないと優秀な職員の確保が容易ではないという相反する要請に応えるにも、均衡の原則を採用するのが適当であるとされる。

（c） 条例主義の原則

職員の給与は、条例で定めることとされ、法律またはこれに基づく条例に基づかない限り、支給することはできない（地公法24⑤・25①、自治法204③・204の2）。これは、住民の代表である議会の議決を得ることで住民の納得を得るとともに、職員の労働基本権が制限されていることの代償として、条例により一定の水準を保障することとしているものである。

（イ） 給与支給の原則

生活の糧である給与が確実に職員の手に渡るよう、以下の原則が定め

られている（地公法25②）。

（a）　通貨払いの原則

職員の給与は、通貨で支払わなければならない。小切手は通貨ではないので、小切手による給与の支給は、退職手当を除き、できないものとされている（自治令165の4③）。なお、銀行振込による支給は、職員の同意を得て本人名義の口座に振り込む場合に限り、通貨払いの原則には反しないものとされている（労基則7の2①）。

（b）　直接払いの原則

職員の給与は、直接本人に支給しなければならない。支給の場所は、勤務場所であると解されている。したがって、職員の委任を受けた者に対して支給することはできないが、病気などで物理的に本人が勤務場所で受領することが困難である場合などは、本人の意を受けた使者に対する支給も可能であると考えられる。

（c）　全額払いの原則

職員の給与は、その全額を支給しなければならず、全部または一部を控除することはできない。ただし、所得税および住民税の特別徴収、共済組合および互助会の掛金、団体生命保険の保険料、財形貯蓄、職員団体の組合費などについては、法律または条例で特例が認められており、いわゆる天引きが可能である。

（3）　給料

（ア）　給料表

職員に支給される給料は、職務給の原則に従い、その職務と責任に応じて決定される。具体的には、各地方公共団体が条例で定めた給料表のどこに位置付けられるかによって決定される（図表4-3-4）。

給料表は、職務の種類に応じてそれぞれ別個のものが定められている。職員数や職種の多寡に応じ、給料表の数も異なるが、一般に、行政職給料表、公安職給料表、教育職給料表、研究職給料表、医療職給料表、福祉職給料表などが用いられる。

各給料表においては、職務の複雑、困難および責任の度合いに応じて、いくつかの「級」が設けられている。各職員を何級に格付けするか

は、条例で定める等級別基準職務表によって決まる（図表4－3－5）。

　さらに、各級には、それを細分化するための「号給」が設けられている。これは、同一の内容と責任の職務であっても、職務経験年数による職務の習熟度の上昇を考慮して、それを給料に反映させるものである。したがって、職務経験年数が長くなるにつれて、より上位の号給に上がることになるが、給料表に定められた最高の号給を超えることはできない。以前は、特別の事情がある場合に限り最高の号給を超えること（いわゆる枠外昇給）が認められていたが、現在は一切認められていないので、注意が必要である。

　このように、給料の支給額は給料表における「級」と「号給」の組み合わせで決定され、職員の給与格付けは通常「◇◇職給料表　○級△号給」という形で示される。

　なお、新たに採用された職員の初任給、言い換えれば給料表上のスタート地点は、通常、当該職員の学歴、職歴等に応じて決定され、採用前に民間企業や国、他の地方公共団体等における勤務経験があれば、その経験年数の一定割合を新卒の場合に適用される号給に上乗せすることとなる（前歴換算）。

　（イ）　昇格

　昇格とは、職員の級を現在よりも上位の級に決定することをいう。例えば係長から課長補佐に昇任し、その新たな職務が等級別基準職務表に照らして上位の級に相当する場合、給料表上も昇格ということになる。

　なお、昇格するためには、原則として、現在の級に一定年限以上在任することが必要であり、その基準は各地方公共団体が規則で定めることとされている。

　（ウ）　昇給

　昇給とは、職員の号給を現在よりも上位の同一級内の号給に決定することをいう。以前は、一定期間良好な成績で勤務した場合に上位の号給に昇格させる普通昇給と、勤務成績が特に良好な場合に、普通昇給に要する期間を短縮したり、昇給の幅を大きくしたりする特別昇給の2種類があったが、現在はこの2つを統合し、勤務成績を給料により適切に反

映する制度となっている。

図表４－３－４　地方公務員の給料表の仕組み

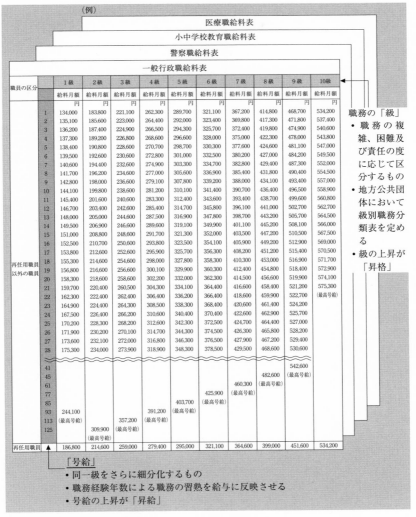

（例）

医療職給料表

小中学校教育職給料表

警察職給料表

一般行政職給料表

職員の区分		1級	2級	3級	4級	5級	6級	7級	8級	9級	10級
		給料月額	給料月額	給料月額	給料月額	給料月額	給料月額	給料月額	給料月額	給料月額	給料月額
		円	円	円	円	円	円	円	円	円	円
再任用職員以外の職員	1	134,000	183,800	221,100	262,300	289,700	321,100	367,200	414,800	468,700	534,200
	2	135,100	185,600	223,000	264,400	292,000	323,400	369,800	417,300	471,800	537,400
	3	136,200	187,400	224,900	266,500	294,300	325,700	372,400	419,800	474,900	540,600
	4	137,300	189,200	226,800	268,600	296,600	328,000	375,000	422,300	478,000	543,800
	5	138,400	190,800	228,600	270,700	298,700	330,300	377,600	424,600	481,100	547,000
	6	139,500	192,600	230,600	272,800	301,000	332,500	380,200	427,000	484,200	549,500
	7	140,600	194,400	232,600	274,900	303,300	334,700	382,800	429,400	487,300	552,000
	8	141,700	196,200	234,600	277,000	305,600	336,900	385,400	431,800	490,400	554,500
	9	142,800	198,000	236,600	279,100	307,800	339,200	388,000	434,100	493,400	557,000
	10	144,100	199,800	238,600	281,200	310,100	341,400	390,700	436,400	496,500	558,900
	11	145,400	201,600	240,600	283,300	312,400	343,600	393,400	438,700	499,600	560,800
	12	146,700	203,400	242,600	285,400	314,700	345,800	396,100	441,000	502,700	562,700
	13	148,000	205,200	244,600	287,500	316,900	347,800	398,700	443,200	505,700	564,500
	14	149,500	206,900	246,600	289,600	319,100	349,900	401,100	445,400	508,100	566,000
	15	151,000	208,800	248,600	291,700	321,300	352,000	403,500	447,200	510,500	567,500
	16	152,500	210,700	250,600	293,800	323,500	354,100	405,900	449,200	512,900	569,000
	17	153,800	212,600	252,600	295,900	325,700	356,300	408,200	451,200	515,400	570,500
	18	155,300	214,600	254,600	298,000	327,800	358,300	410,300	453,200	516,900	571,700
	19	156,800	216,600	256,600	300,100	329,900	360,300	412,400	454,800	518,400	572,900
	20	158,300	218,600	258,600	302,200	332,000	362,300	414,400	456,600	519,900	574,100
	21	159,700	220,400	260,500	304,300	334,100	364,400	416,600	458,400	521,200	575,300
	22	162,300	222,400	262,400	306,400	336,200	366,400	418,600	459,900	522,700	（最高号給）
	23	164,900	224,400	264,300	308,500	338,300	368,400	420,600	461,400	524,200	
	24	167,500	226,400	266,200	310,600	340,400	370,400	422,600	462,900	525,700	
	25	170,200	228,300	268,200	312,600	342,300	372,500	424,700	464,400	527,200	
	26	171,900	230,200	270,100	314,700	344,300	374,500	426,300	465,800	528,200	
	27	173,600	232,100	272,000	316,800	346,300	376,500	427,900	467,200	529,400	
	28	175,300	234,000	273,900	318,900	348,300	378,500	429,500	468,600	530,600	
	41										542,600 （最高号給）
	45								482,600 （最高号給）		
	61							460,300 （最高号給）			
	77						425,900 （最高号給）				
	85					403,700 （最高号給）					
	93	244,100 （最高号給）			391,200 （最高号給）						
	113			357,200 （最高号給）							
	125		309,900 （最高号給）								
再任用職員		186,800	214,600	259,000	279,400	295,000	321,100	364,600	399,000	451,600	534,200

職務の「級」
- 職務の複雑、困難及び責任の度に応じて区分するもの
- 地方公共団体において級別職務分類表を定める
- 級の上昇が「昇格」

「号給」
- 同一級をさらに細分化するもの
- 職務経験年数による職務の習熟を給与に反映させる
- 号給の上昇が「昇給」

出所：総務省ホームページより

具体的には、一定期間（通常１年間）における職員の勤務成績を「極めて良好→特に良好→良好→やや良好でない→良好でない」のように５段階で評価し、その真ん中に位置する「良好」な成績で勤務した場合は４号給昇給させることを基準に、最高で８号給、最低は昇給なしと、勤務成績により差をつけるものである。従前は、公務員は勤務成績に関係なく定期的に昇給するように思われていたが、これにより勤務成績がより適切に反映されるようになったとされている。

図表４－３－５　等級別基準職務表の例（都道府県の行政職給料表（一）の職務の級）

職務の級	職務の内容（本庁職員）
1級	係員の職務
2級	特に高度の知識または経験を必要とする業務を行う係員の職務
3級	係長の職務
4級	課長補佐の職務
5級	総括課長補佐の職務
6級	課長の職務
7級	総括課長の職務
8級	次長の職務
9級	部長の職務

出所：平成17年９月28日付総行給第119号総務事務次官通知

図表４－３－６　昇格基準の例

（単位：年）

試験		職務の級／学歴免許	1級	2級	3級	4級	5級	6級	7級	8級	9級
正規の試験	上級	大学卒		3	4	4	2	2	3	3	3
			0	3	7	11	13	15	18	21	24
	中級	短大卒		5.5	4	4	2	2	3	3	3
			0	6	10	14	16	18	21	24	27
	初級	高校卒		8	4	4	2	2	3	3	3
			0	8	12	16	18	20	23	26	29
その他		中学卒		9	4	4	2	2	3	3	3
			3	12	16	20	22	24	27	30	33

注）上段：当該級への昇格に必要な直近下位の職の在職年数
　　下段：採用からの通算年数（前歴換算を含む）

出所：茨城県職員の給与に関する規則（昭和36年茨城県人事委員会規則第２号）

（4）手当

（ア）　手当の種類

　地方公共団体は、26種類の手当を支給することができるものとされ（図表4−3−7）、その額および支給方法は、条例で定めることとされている（自治法204②・③）。

（イ）　代表的な手当

（a）　扶養手当

　扶養親族のある職員に生計費の一助として支給される。扶養親族とは、他に生計の途がなく、主としてその職員の扶養を受けている者を指し、具体的には、以下の者が該当する。

　①配偶者（事実上婚姻関係にある者を含む）

　②満22歳に達する日以後最初の3月31日までの間にある子および孫

　③満60歳以上の父母および祖父母

　④満22歳に達する日以後最初の3月31日までの間にある弟妹

　⑤重度心身障害者

（b）　地域手当

　大都市など、民間賃金、物価および生計費が特に高い地域に在勤する職員に対し、生活給として支給される。以前は、調整手当という同種の手当があったが、国家公務員の給与水準が地方によっては民間より高くなっているとの批判を受け、平成17（2005）年に国が全体的に給料を引き下げ、民間の給与水準の高い地域では3〜18％（その後20％に引き上げ）の地域手当を支給するよう制度を改正したことに合わせて、地方公務員についても調整手当を廃止し、地域手当を導入したものである。

　なお、この制度改正によって、従前は手当支給対象ではなかった地域の自治体も地域手当の支給対象となったが、財政難による人件費の増加回避を理由に、当面の間、全部または一部の支給を見送っている自治体も存在する。

（c）　住居手当

　職員の住居費の一部を補うため支給される。アパートなどの賃貸住宅のみならず、持ち家に居住する世帯主に対しても、新築または購入後5

年以内は一定額が支給される。

　なお、持ち家に対する手当については、国家公務員は平成21（2009）年12月から廃止されたが、転勤が多い国家公務員と違って地方公務員は持ち家が多いなどの事情を踏まえ、地方公共団体によってその対応は分かれている。

　（d）　時間外勤務手当

　正規の勤務時間を超えて勤務することを命ぜられた場合、その時間外勤務に対して支給される。午後10時から午前5時までの時間外勤務については50％割増、それ以外の時間外勤務については25％割増の額が支給される。ただし、時間外勤務が月60時間を超えた場合には、その超えた部分についてさらに25％が割り増しされる。なお、月60時間を超えた部分については、代休を取得することも可能である。

　（e）　特殊勤務手当

　著しく危険、不快、不健康または困難な勤務その他著しく特殊な勤務で、給与について特別の配慮を要するとともに、その特殊性を給料で考慮することが適当でないと認められる職務に従事する職員に支給される。

　地方公共団体によって異なるが、主な具体例としては、用地交渉手当、税務手当、夜間看護等手当、特殊現場作業手当、家畜等取扱手当、放射線取扱手当、有害物取扱手当などが挙げられる。

　（f）　期末手当および勤勉手当

　期末手当は、生活習慣上、いわゆる盆暮れに生活費が一時的に増加することを考慮して支給されるものであり、勤勉手当は、期末手当と同時期に勤務成績に応じて支給されるものである。一般に両者を合わせてボーナスと俗称している。

　（g）　退職手当

　職員が退職（死亡退職を含む）した場合に、在勤中の功労に対する報償および退職後の生活保障として支給される一時金であり、退職日の給料月額に所定の支給率を乗じるなどして算定される。

図表4-3-7　地方公務員の給与体系（令和2年4月1日現在）

給与	給料	給料表の給料月額	
給与	諸手当	職務関連手当	地域手当
			特殊勤務手当
			時間外勤務手当
			宿日直手当
			管理職員特別勤務手当
			夜間勤務手当
			休日勤務手当
			管理職手当
			期末手当
			勤勉手当
			義務教育等教員特別手当
			定時制通信教育手当
			産業教育手当
			農林漁業普及指導手当
			災害派遣手当
		生活関連手当	扶養手当
			住居手当
			単身赴任手当
			寒冷地手当
		人材確保手当	地域手当※
			初任給調整手当
			特地勤務手当
			へき地手当
		その他	通勤手当
			特定任期付職員業績手当
			任期付研究員業績手当
			退職手当

※例えば医師確保のためのものなど

出所：総務省ホームページより一部修正

（5）　給与水準の改定プロセス

　給与は条例で定めることとされているが、一度定めれば終わりなのではなく、物価の変動や社会情勢の変化などに応じて、基本的には毎年給与水準を改定する必要がある。

　その具体的なプロセスであるが、都道府県や指定都市など人事委員会が置かれている地方公共団体においては、国家公務員給与に係る人事院

勧告の内容や当該団体が行う民間賃金動向等を総合的に勘案して人事委員会が出した勧告を受け、国の勧告の取扱いに関する閣議決定も参考にしながら、具体的な給与改定方針を決定する。また、多くの市町村など人事委員会が置かれていない団体においては、国の取扱いや都道府県人

図表４－３－８　地方公務員の給与改定の手順

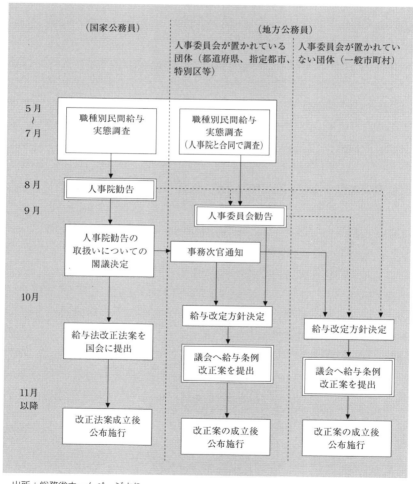

出所：総務省ホームページより

事委員会の勧告等を参考に、具体的な給与改定方針を決定する。いずれの場合でも、その方針を条例案にして議会に上程、その議決を得て、給与条例を改正する（図表4－3－8）。

（6）　能力および実績に基づく人事管理の徹底

平成26（2014）年の地方公務員法改正により、人事評価制度の導入による能力および実績に基づく人事管理が徹底されることとなった。

この場合における人事評価とは、任用、給与、分限その他の人事管理の基礎とするために、職員がその職務を遂行するにあたり、発揮した能力および挙げた業績を把握した上で行われる勤務成績の評価をいう（地公法6）。つまり、能力評価と業績評価の二本立てである。能力評価は、職員の職務上の行動等を通じて顕在化した能力を把握して評価され、業績評価は、職員が果たすべき職務をどの程度達成したかを把握して評価される。

この人事評価制度については、準備期間を経て、平成28（2016）年4月から本格導入され、その評価結果は、勤勉手当、昇給、昇格等に反映されている。

2　勤務時間、休暇等

（1）　勤務時間

労働基準法の規定に準じ、1日8時間、週40時間とされてきたが、民間の労働時間が短縮されてきたことを踏まえ、平成21（2009）年4月から国の勤務時間が1日について7時間45分、1週間について38時間45分に短縮された。これに伴い、ほとんどの地方公共団体（平成31（2019）年4月1日現在で99.8％）がこの動きを追随している。

なお、警察、消防など、これらの原則により難い場合は、特例が認められている。

（2）　休憩・休息

（ア）　休憩

職員の疲労回復を図り、能率低下を防止するため、休憩時間を与えることが義務付けられている。休憩時間は勤務時間に含まれず、全員に対

して一斉に与え、その自由利用が保障されるのが原則である。

　労働基準法においては、勤務時間が6時間を超え8時間までの場合には少なくとも45分間、8時間を超える場合には少なくとも1時間以上の休憩時間を勤務時間の途中に与えなければならないこととされている（労基法34①）。以前は、1日の勤務時間が8時間であることから、昼休みの形式で45分間の休憩時間を設けるのが一般的であった。しかし、平成18（2006）年に国の休憩・休息時間の見直しがあり、休息時間を廃止する代わりに休憩時間を1時間としたことを受け、各地方公共団体も順次追随した。

　（イ）　休息

　以前は、勤務時間4時間ごとに15分の休息時間が午前・午後各1回設けられていた。これは、勤務時間に含まれ、給与支給の対象にもなっていたが、民間では同種の制度がほとんどないことから、国では平成18（2006）年7月から休息時間を廃止し、平成29年（2017）年4月までに全ての地方公共団体が追随した。

（3）　週休日・休日

　（ア）　週休日

　週休日とは、そもそも勤務義務を課されていない日を指し、通常、日曜日および土曜日が該当する。ただし、仕事の内容によっては、他の曜日を週休日として定めることができる。

　週休日は、給与の支給対象とはされていない。そのため、例えば、日曜日が週休日である職員の場合、日曜日に勤務した時には、時間外勤務手当が支給される。

　（イ）　休日

　休日とは、一応正規の勤務時間が割り振られているが、これまでの慣行によって勤務を免除することが制度化されているものである。具体的には、国民の祝日に関する法律に定める休日および年末年始の休日が該当する。

　休日は、給与の支給対象となっているので、休日に勤務した場合には、休日勤務手当が給与に加算されることになる。

（4）　休暇

　職員が正規の勤務時間中に法律または条例に基づいて、職務専念義務を免除されることをいう。休暇には、事由を限らず与えられる年次有給休暇、事由を限ってその都度与えられる病気休暇（療養休暇）、介護休暇、特別休暇などがある。

（ア）　年次有給休暇

　条例の規定に基づき、通常、年間20日の年次有給休暇が与えられる。ただし、新規採用職員については、採用された年には一定の月割りで定められた日数（4月採用の場合は通常15日）に短縮され、その翌年から20日が与えられる。また、1年間に取得できなかった休暇は、翌年に限り、20日を上限に繰り越すことができるのが通例である。

　年次有給休暇は、原則として職員の請求する時季に与えなければならないが、その時季に有給休暇を与えることが業務の正常な運営を妨げる場合には、任命権者は他の時季に変更して与えることができる。

（イ）　病気休暇（療養休暇）

　病気や負傷のため療養する必要がある場合に、最小限度の期間に限り認められる有給の休暇である。病気休暇を取得しようとする場合は、任命権者に事前にその取得を請求して承認を受けることが必要である。

（ウ）　介護休暇

　配偶者、父母、子、配偶者の父母、同居の祖父母などが老齢、疾病または負傷のため日常生活に支障がある場合に、その介護をするために認められる無給の休暇である。介護休暇を取得しようとする場合は、任命権者に事前にその取得を請求して承認を受けることが必要である。なお、休暇期間は要介護者の継続する状態ごとに3回を超えず、かつ、通算して6か月が限度とされる。

（エ）　特別休暇

　病気休暇および介護休暇を除く、その他の特別の事由がある場合に認められる休暇であり、通常は有給であることが多い。地方公共団体によって異なるが、主な事由としては、結婚、産前産後、育児、妻の出産、子の看護、忌引、ボランティア、災害被災、夏季休暇などが挙げら

れる。

（5）　休業

（ア）　育児休業（地方公務員育児休業法2・4・19）

男女を問わず、その職員の子が3歳に達する日まで、育児のため休業することができる。

また、部分休業も認められ、小学校就学までの間、1日のうち2時間を超えない範囲内で勤務しないことができる。

いずれも休業期間（時間）中は無給であるが、共済組合から一定の育児休業手当金が支給される。

（イ）　修学部分休業（地公法26の2）

大学その他の教育施設で修学するため、任命権者の承認を受けて、勤務時間の一部について勤務しないことができる。

この承認を受けて勤務しない時間については無給となり、給与が減額される。

（ウ）　高齢者部分休業（地公法26の3）

高年齢として条例で定める年齢に達した職員は、任命権者の承認を受けて、勤務時間の一部について勤務しないことができる。

職員の肉体的、精神的、家庭の事情等を考慮したものであるとともに、ワークシェアリングを推進させる意図もあるとされる。

（エ）　自己啓発等休業（地公法26の5）

大学等課程の履修または国際貢献活動をしようとする場合、任命権者の承認を受けて、休業することができる。

大学等課程とは、大学、大学院、これらに相当する外国の大学等の課程を指し、また、国際貢献活動とは、主に独立行政法人国際協力機構（JICA）による開発途上地域における奉仕活動（青年海外協力隊など）を指し、最長3年間の休業が可能である。なお、いずれも休業期間については無給である。

5 分限および懲戒

1 分限と懲戒

　分限処分とは、公務の能率の維持およびその適正な運営の確保という観点から行われる処分をいい、懲戒処分は、職務上の義務違反や公務員としてふさわしくない非行がある場合に、職場の秩序を維持し、回復を図るために行われる処分をいう。いずれも職員の意に反して不利益をもたらす処分である点では同じであり、安心して職務に精励することができるよう恣意的な処分を排除するため、法令に定められた事由に該当する場合でなければ処分されることはないとされている。

　すべて職員の分限と懲戒については公正でなければならない（地公法27）。他の処分との均衡については任免権者の裁量に属するが、同一地方公共団体内における処分の適正と均衡に努めなければならない。

2 分限 （地公法28）

　分限とは職員の身分保障を指す言葉であり、分限処分とは、一定の事由に該当する場合に、職員の意に反して不利益な身分上の変動をもたらす処分をするものである。処分の種類や事由については以下のとおりである。

（1）　分限処分の種類

（ア）　免職

　公務能率を維持する観点から職員の意に反してその職を失わせる処分をいう。

（イ）　休職

　職を保有させたまま一定期間職務に従事させない処分をいう。その期間については、他の職員をもって充てることも可能である。

（ウ）　降任

　法令、条例、規則等により公の名称が与えられている職について、現在の職より下位の職に任用する処分をいう。例えば、部長を課長にする

ことなどが挙げられる。

（エ）　降給

　職員に現に支給されている給料の額よりも低い額の給料に決定する処分をいう。

（2）　分限処分の事由

　分限処分を課すことのできる「一定の事由」について、免職、降任および休職の事由は地公法第28条により定められ、さらに休職については加えて条例で定めることもできるとされており、具体的には以下のとおりとなっている。また、降給の事由については条例により定められることになっているが、これまでのところ、そのような条例を制定している例はない。

　（ア）　免職および降任の事由

　　①人事評価または勤務の状況を示す事実に照らして、勤務実績が良くない場合

　　　人事評価の結果や出勤状態をはじめとする客観的な資料に基づき任命権者が判断する。

　　②心身の故障のため、職務の遂行に支障があり、またはこれに堪えない場合

　　　回復までの期間が短期間の場合には病気休暇、長期間の場合には休職、極めて長期間を要するか回復の見込みがない場合には免職または降任により措置することが一般的である。

　　③①、②のほか、その職に必要な適格性を欠く場合

　　　簡単に矯正することのできない素質、能力、性格等が原因で職務の円滑な執行に支障があるか、それが予見される場合を指すものと解される。この判断は、当該職員の行動や態度をその性質、態様、背景、状況等に照らして評価するとともに、その経歴や社会環境等についても勘案の上、その職に必要な適格性との関係を総合的に判断すべきものとされる。

　　④職制もしくは定数の改廃または予算の減少により廃職または過員を生じた場合

法令に基づく地方公共団体の内部組織や職員定数の改廃と、人員減につながる予算の減少により、廃職または過員を生じた場合、これを一般に「行政整理」などと呼ぶが、このような場合においては免職や降任はやむをえないものとされる。

（イ）　休職の事由

①心身の故障のため長期の休養を要する場合

②刑事事件に関し起訴された場合

起訴の段階では犯罪は確定していないが、拘留により職務遂行に支障が生じる可能性や、起訴された職員を引き続き職務に従事させることにより公務に対する住民の信用喪失の可能性を考慮したものである。

③条例に定める事由

標準的な例として、学校、研究所等の公共的施設において、職務に関連がある学術調査研究等に従事する場合や、災害により生死不明または所在不明になった場合などが想定される。

3 懲戒（地公法29）

懲戒処分とは、職員に一定の義務違反があった場合に、その道義的責任を問う処分であり、その種類や事由については以下のとおりである。

（1）　懲戒処分の種類

（ア）　免職

懲罰として職員としての身分を失わせ、勤務関係から排除する処分をいう。分限免職の場合は、退職手当および共済年金の取扱いについて不利益を受けることはないが、懲戒免職の場合は退職手当が支給されず、共済年金についても一部の支給制限を受けることがある。

（イ）　停職

懲罰として職務に従事させない処分をいう。分限処分の休職とは異なり、給与は支給されず、退職手当の計算の基礎となる期間からも除算される。

（ウ）　減給

一定期間、給料の一定割合を減額する処分をいう。分限処分の降給のような給料の基本額そのものの変更ではなく、あくまで一時的な減額であり、一定期間の満了後は元の給料額に戻る。

（エ）　戒告

職員の義務・規律違反を確認し、その将来を戒める処分をいう。

なお、類似のものに「訓告」があるが、これは法に基づく懲戒処分ではなく、単なる上司の指導監督措置の一種である。

（2）　懲戒処分の事由

①地公法もしくはその特例法またはこれに基づく条例、規則および規程に違反した場合

地公法の服務規定に違反した場合など、いわゆる法令違反の場合である。

②職務上の義務に違反し、または職務を怠った場合

法令または職務上の命令によって課される職務上の義務（地公法32）や、全力を挙げて職務遂行に専念すべき職務専念義務（同30・35）に違反した場合である。

③全体の奉仕者たるにふさわしくない非行があった場合

信用失墜行為の禁止規定（地公法33）に違反した場合であり、この判断に際しては、社会通念に則り、客観的な基準に基づくことが求められる。

４　定年制度（地公法28の2〜28の6）

定年制度とは、職員が一定の年齢に達したときは、その事実のみによって、特別の処分を要することなしに自動的に勤務関係を終了させる制度である。

地方公務員に定年制度が導入されたのは昭和60（1985）年3月31日からである。それ以前は、法令上、定年制度の定めはなく、職員の新陳代謝や昇任人事の円滑化を図るため、慣例によって一定年齢に達した職員に退職を勧奨する形が一般的であったが、職員の身分保障の観点からみ

て問題であったため、地方公務員法の改正により定年制が規定されたのである。

（1） 定年退職

職員は、定年に達したときは、その日以後における最初の3月31日までの間に、条例に定める日に退職する（地公法28の2①）。定年は、原則として国の職員の定年（原則60歳）を基準として条例で定めることとされており、国と地方の均衡を失することのないよう、特別の合理的事由の存しない限り、国と同じとするのが原則である（同28の2②〜③）。

通常は、60歳に達した年度の末日をもって定年退職となるのが一般的である。退職の効果はその日をもって当然に生ずるため、特段の処分を要することはない。しかし、実務上は、定年により職を免ずる旨の辞令を発するのが一般的である。

なお、令和2（2020）年3月に地方公務員の定年を65歳に引き上げる法改正案が国会に上程されたが、同年10月現在、継続審議となっている。

（2） 定年制が適用されない職員

定年制は、臨時的に任用される職員その他法律により任期を定めて任用される職員および非常勤職員には適用されない（地公法28の2④）。その任用形態から、特に定年制を設ける必要がないためである。したがって、地公法第22条の3に基づく臨時職員や、「一般職の任期付職員の採用及び給与の特例に関する法律」（任期付職員法）に基づく任期付職員等については、定年制の適用はなく、例えば60歳を超える者を任用することも可能である。

また、特別職の地方公務員についても定年制は適用されない（地公法4②）。したがって、地公法第3条第3項第3号に基づく非常勤職員についても定年制は適用されない。

（3） 定年退職の特例

特定の職員が定年退職すると、その職務の特殊性等から公務の運営に著しい支障が生じると認められる場合には、条例で定めるところにより、その職員を一定期間退職させずに引き続き勤務させることができる

（地公法28の３）。

　この延長は、１年を超えない範囲内で期限を定めて行われ、最長３年まで延長することが可能である。

（４）　定年退職者等の再任用

　定年退職者を、従前の勤務実績等に基づく選考により、１年を超えない範囲内の任期で常勤または短時間勤務の職に採用することができる（地公法28の４〜28の５）。これは、公的年金の支給開始年齢の引上げに伴い、雇用期間の延長を図るとともに、高齢者の能力や経験を活用することで公務の能率的遂行を図ろうとするものである。

　定年退職前に退職した職員についても、条例で定める要件を満たす者については再任用が可能である。国に準じた場合、勤続年数25年以上で、退職から５年以内の職員等が対象となる。

　任期の更新は、１年を超えない範囲で可能である。その場合、65歳（＝年金の満額支給開始年齢）を限度とする。

　短時間勤務の職とは、一般に勤務時間が週15時間30分〜31時間の職であるとされ、再任用される高齢者がフルタイムより短時間勤務を望む傾向があることなどから設けられたものである。短時間勤務といえども正規の職員と同様の本格的な業務に従事するものであって、非常勤職員の場合の報酬とは異なり給料が支給される。また、常勤でなく、職員定数にカウントされないことから、定数削減の一方で、再任用短時間勤務職員を積極的に活用する団体が増えている。ただし、定数にカウントされないとはいえ、正規職員と同様な業務に従事することを考慮すると、いたずらに再任用短時間勤務職員を増加させることは慎むべきであり、その増加は正規職員の削減と連動させることが適当であると考えられる。

6　服務

　服務とは、職務に服する場合の義務をいう。つまり、地方公務員として勤務することに付随して課される義務のことである。

　憲法第15条は、「すべて公務員は、全体の奉仕者であって、一部の奉

仕者ではない」と定めている（憲法15②）。公務員は全体の奉仕者であるがゆえ、公私を問わず自らを厳しく律することが求められる。そして、その義務も職務の遂行に際して守るべき義務（職務上の義務）と、勤務時間中であるか否かを問わず当然に守るべき義務（身分上の義務）とが存在する。

1　服務の根本基準

すべて職員は、全体の奉仕者として公共の利益のために勤務し、かつ、職務の遂行にあたっては、全力を挙げてこれに専念しなければならない（地公法30）。

2　服務の宣誓

職員は、誠実かつ公正に職務を履行することを宣誓しなければならない（地公法31）。これは、職員に全体の奉仕者としての自覚を促すためのものであるとされ、自治体職員としての勤務初日に宣誓書に署名する形で行うのが一般的である。

3　職務上の義務
（1）　法令等および上司の職務上の命令に従う義務

職員は、その職務を遂行するにあたって、法令、条例、規則等に従い、かつ、上司の命令に忠実に従わなければならない（地公法32）。

法令等に従わなければならないことは説明するまでもなく当然のことであり、その法令等の内容を具体的に実施するために発せられる上司の職務上の命令に従うことも、組織の秩序や統一性を保ち、業務を円滑に執行する上で必要不可欠である。

この場合の「上司」とは、指揮監督系統の上位にあるものを指す。例えば、財政課の職員にとって財政課長は上司であるが、通常、人事課長は上司ではない。

なお、上司の命令が明らかに違法なものである場合には、これに従う義務は生じないし、そのような命令に従ってはならない。そのような命

令に従った場合、従った職員も責任を負うことになる。官製談合や不適正経理など、組織ぐるみの不祥事が今でも少なからず発生しているが、こういった事案に関して上司から明らかに違法・不当な命令がなされた場合には、毅然とした態度で臨むことが必要である。

（2）　職務専念義務

　職員は、法律または条例に特別な定めがある場合を除くほか、その勤務時間および職務上の注意力のすべてをその職務遂行のために用い、当該地方公共団体がなすべき責を有する職務にのみ従事しなければならない（地公法35）。

　この場合の勤務時間とは、正規の勤務時間のほか、時間外勤務を命じられた場合はその時間も含む。また、この場合の職務とは、諸規程や事務分担等により、当該職員に具体的に割り当てられた職務を指す。

　職務専念義務が免除されるのは、公務の遂行を一時中断してもやむをえないものとして法律または条例に特別な定めがある場合に限られ、具体的には、研修の受講、人間ドックの受診、選挙権の行使などが挙げられる。

４　身分上の義務

（1）　信用失墜行為の禁止

　職員は、その職の信用を傷つけ、または職全体の不名誉となるような行為をしてはならない（地公法33）。

　地方公共団体の印象の善し悪しは、実際にそこで住民に接する職員の態度で決まるといっても過言ではない。もし職員に公務員＝全体の奉仕者としてふさわしくない行為があれば、その職員だけにとどまらず、当該地方公共団体に対する住民の信頼を損なうことになる。信頼を損なうのは、職務上なされた行為であっても勤務時間外になされた行為であっても同じである。したがって、この義務は勤務時間外にも及ぶので、職員一人ひとりがその立場をわきまえ、全体の奉仕者としての強い自覚を持つことが必要である。

　具体的には、職務上の行為としては汚職や職権濫用など、勤務時間外

の行為としては暴言・暴行や飲酒運転などが該当する。ただし、何が信用失墜行為に該当するかはその時々の社会通念による部分もあり、その基準を一律に定めることは難しいが、恣意的な判断を招くことのないよう、その判断に際しては十分な客観性が求められる。

（2）　守秘義務

職員は、職務上知り得た秘密を漏らしてはならない。この義務は、在職中はもちろん、退職後にも適用される（地公法34①）。これに違反した場合、もちろん在職中は懲戒処分の対象となり、退職後であっても1年以下の懲役または50万円以下の罰金が課される（同60①(2)）。

ここでいう秘密とは、一般的に知られていない事実であって、それを知らしめることが一定の利益の侵害になると客観的に考えられるものとされる。職務上知り得た秘密とは、職務を遂行するに際して知り得た秘密であって、例えば担当外の事項についてたまたま知り得た事実があれば、それも含まれる。

法令による証人、鑑定人等になり、職務上の秘密に属する事項を発表する場合は、任命権者の許可が必要である（同34②）。「職務上の秘密」とは、「職務上知り得た秘密」より狭く、職員の担当職務に関する秘密に限定される。なお、この許可を求められた場合には、法律に特別の定めがある場合を除き、拒むことができないものとされている（地公法34③）。

（3）　政治的行為の制限

地方公共団体の中立・公正な運営を確保し、職員を政治的影響から保護することで職員の政治的中立性を確保するため、職員は一定の政治的行為が制限されている（地公法36）。制限される主な政治的行為は以下のとおりである。

（ア）　政治的団体の結成等（地公法36①）

①政党その他の政治団体の結成への関与

②これらの団体の役員になること

③これらの団体の構成員となるように、あるいはならないように勧誘すること

（イ）　特定の政治的行為（地公法36②）

　職員は、所属する地方公共団体の区域内において、特定の政治的行為を行うことが禁止されている。具体的には、特定の政党その他の政治団体または特定の内閣もしくは地方公共団体の執行機関を支持し、または反対する目的で、あるいは公の選挙または投票において特定の人または事件を支持し、または反対する目的で、以下の政治的行為を行うことである。

　　　①公の選挙または投票において投票するように、またはしないように勧誘運動をすること
　　　②署名運動を企画し、または主宰する等これに積極的に関与すること
　　　③寄附金その他の金品の募集に関与すること
　　　④文書または図画を地方公共団体等の庁舎、施設等に掲示し、または掲示させること
　　　⑤地方公共団体等の庁舎、施設、資材または資金を利用し、または利用させること

　なお、管理職を除く地方公営企業の職員、単純労務職員については、政治的行為の制限は適用されない（地方公営企業法39②、地公労法17②・附則5）。これは、その職務内容が民間企業と同様と見なされるため、政治的行為を制限する必要がないと考えられるためである。また、教育公務員については、教育という職務の特殊性から、教育公務員特例法の規定により、より厳しい制限が適用されている（教特法18①）。

（4）　争議行為等の禁止

　職員は、いかなる場合においても、いわゆるストライキやサボタージュなどの争議行為を行ってはならず、また、このような行為を企て、またはその遂行を共謀し、そそのかし、もしくは煽ってはならない（地公法37、地公労法11①・附則5）。

　これは、公務員も労働者ではあるものの、全体の奉仕者として公共の利益のために勤務するという特殊性を考慮し、民間の労働者には認められている争議権が認められていないためである。

（5） 営利企業への従事等の制限

　職員は、任命権者の許可を受けた場合を除き、営利企業等の役員等の地位を兼ねること、自ら営利企業を経営すること、報酬を得て事業・事務に従事することが禁じられている（地公法38①）。

　これは、地方公務員は、全体の奉仕者という性格上、その職務の遂行に際して中立・公正である必要があり、一部の利益を追求する行為に関わることは、それを害するおそれがあるためである。また、勤務時間および職務上の注意力のすべてをその職務遂行のために用い、当該地方公共団体がなすべき責を有する職務にのみ従事しなければならないという職務専念義務が課されていることから、それに悪影響を及ぼすおそれがあるためでもある。したがって、こういったおそれがない場合には、任命権者は営利企業等の従事を許可できるものと考えられる。

　このような制限の趣旨を考慮すると、営利企業等への従事制限は、勤務時間中だけでなく、勤務時間外についても及ぶものと解される。

　なお、よくあるケースとして、実家の農業を手伝う場合があるが、自給自足の範囲を超えて営利を目的とするものであれば営利企業等への従事と見なされる。また、職員が講演や原稿執筆を行うケースもよく見受けられるが、これは単なる謝礼であると解される限り、労働の対価ではないので報酬とは見なされず、営利企業等への従事制限には抵触しない。同様に、職員が寺の住職を兼ねている場合も、一般にお布施などの収入は労働の対価＝報酬とは考えられないので、営利企業等への従事制限には抵触しない。

7　研修

　研修を能力開発と捉えた場合、本来、それは与えられるものではなく、自身の価値を高めるため自ら能動的に行うべきものとも考えられる。しかし、それは本人の意識の問題であり、強制的に行わせることは困難である。

　そこで、職員の能力開発が進めば、ひいては勤務先の地方公共団体の

利益につながるとの考えの下、地公法は、地方公共団体が研修を実施し、職員の能力開発に主体的に関与することを求めているのである。

1 研修の意義

職員には、その勤務能率の発揮および増進のために、研修を受ける機会が与えられなければならない（地公法39①）。

複雑化・多様化する住民ニーズに的確に対応しつつ、効率的な行政運営を図るためには、それに携わる職員一人ひとりの資質の向上が必要不可欠である。特に、厳しい財政状況から職員数の削減が進む現在においては、少ない職員それぞれが最大限のパフォーマンスを発揮しなければならない。

地方公共団体は、最少の経費で最大の効果を挙げることが求められており（自治法2⑭）、その達成には、職員に対する研修機会の付与は非常に重要な要素なのである。

2 研修の実施

研修は任命権者が行う（地公法39②）。また、任命権者は、研修を効果的かつ計画的に実施するため、研修の目標や基本的な方針を定めることとされている（同39③）。

具体的には、研修が必要な分野と習得すべき知識等を特定し、そのための研修をいつ、どこで、誰を対象に、そしていかなる方法で実施すべきか、研修計画の形で立案し、実施後は研修の効果を測定することなどが期待されている。

なお、研修と人事管理との連携を図るため、研修記録を作成保管することはもとより、個々の職員の履歴にも研修受講の事実を記録することが必要である。これにより、人材の有効活用が図られるとともに、研修受講者にとっても習得した知識の有効活用が図れることからモチベーションの向上にも寄与するものと考えられる。

3 研修の種類

(1) オン・ザ・ジョブ・トレーニング
（OJT：On the Job Training）

　職員が担当している職務の遂行を通じて知識、技能等を習得していくものであり、その指導者は職場の上司である。職場研修とも称される。

(2) オフ・ザ・ジョブ・トレーニング
（Off-JT：Off the Job Training）

　普段の職場を離れ、研修機関等において専門家等による研修に専念するものであり、集合研修とも称される。新規採用者研修、係長研修、管理職研修など、職務経験や職責の度合いに応じて実施される階層別研修や、専門知識の習得を目的とする専門研修などがある。

　実施方法としては、自前の研修機関が行う方法と、国や民間の研修機関の研修を職員に受講させる委託研修の方法がある。手間やコスト面を考慮すると、任命権者がすべての研修を自ら実施することには限度があり、積極的に委託研修の活用を図る必要がある。

(3) 派遣研修

　職員を他の団体に派遣して、実務を通じて能力開発を図る研修である。国、他の地方公共団体、民間企業や、時には海外に、1〜2年程度派遣する例が多い。

4 人事委員会の役割

　人事委員会は、職員の研修に関する計画の立案その他の研修の方法について任命権者に勧告することができる（地公法39④）。これは、人事委員会を置く地方公共団体は比較的規模が大きく、職員数も多いため、人事委員会に研修に関する総合的企画についての権限を付与し、各任命権者間の調整を行わせることが適当であるとされたものである。

⑧ 福利厚生

　福利厚生とは、職員に対する福祉制度を指す。職員の生活面を充実さ

第3章　地方公務員制度　157

せることで、職員の士気・勤労意欲の向上を図り、公務能率の増進につなげようとするものである。

■1 厚生制度

地方公共団体は、職員の保健、元気回復その他厚生に関する事項について計画を樹立し、これを実施しなければならない（地公法42）。

これは地方公共団体に課せられた努力義務規定であり、その企画・実施については、任命権者がその責任を負う。したがって、主宰するのは任命権者であり、これにかかる費用も地方公共団体の負担とすることが原則であるが、職員団体と共催すること、職員互助会[2]が行う冠婚葬祭関連給付等に対して助成することなども可能である。

（1） 保健

健康診断や人間ドックの実施、職員診療所の設置など、病気の予防のための措置をいう。近年は精神的な原因による長期休養者が増加傾向にあるため、メンタルヘルスにも注意が払われ、カウンセリング等が行われることもある。

（2） 元気回復（レクリエーション）

運動・娯楽施設や保養施設の設置、球技大会・運動会や文化事業の実施、職員サークル活動への支援など、仕事によって蓄積した疲労を解消し、気分を転換して活力を養うための措置をいう。

（3） その他

このほかの厚生事業として、職員住宅の設置、職員食堂や理美容施設の設置、職員食堂の経営などがある。また、職員の生活協同組合に対する支援、互助会への助成なども厚生事業の一部である。

2　職員の相互扶助と福利の増進を図るために設置される任意の互助組織。通常、条例で設置され、各種給付・貸付事業、文化事業の実施、生活物資の購買あっせんなどの福利厚生事業を行う。その経費には、職員の掛金のほか、地方公共団体からの助成金が充てられることが多い。

2 共済制度

　職員またはその被扶養者の病気、負傷、出産、死亡、災害等に関して適切な給付を行うための相互救済を目的とする共済制度が実施されなければならない（地公法43①）。この制度は、法律によって定めることとされ（同43⑥）、これを根拠に地方公務員等共済組合法が制定・施行されている。

　共済制度は公的な社会保障制度である。その運営の基本は社会保険として行われ、職員の掛金と地方公共団体の負担金を原資として運用される。共済制度の実施主体は共済組合[3]であり、常勤の地方公務員をその組合員とする。職員は、職員となった時から当然に組合員となり、死亡または退職した時はその翌日からその資格を喪失する。

　共済組合の行う事業は、短期給付、長期給付、福祉事業の３種である。

（1）　短期給付

　健康保険法による保険給付に相当するものであり、主に以下の給付からなる。

　　①保健給付

　　　療養給付、療養費、高額療養費、移送費、出産費、埋葬料ほか

　　②休業給付

　　　傷病手当金、出産手当金、休業手当金、育児休業手当金、介護休業手当金ほか

　　③災害給付

　　　弔慰金、災害見舞金ほか

（2）　長期給付

　いわゆる年金に相当するものである。平成27年（2015）年10月から主

3　地方職員共済組合（道府県職員等）、公立学校共済組合（公立学校職員および都道府県教育委員会職員）、警察共済組合（都道府県警察職員）、東京都職員共済組合（都職員および特別区職員）、指定都市職員共済組合（指定都市職員）、市町村職員共済組合（市町村職員）、都市職員共済組合（特定の市の職員）がある。

に公務員が加入していた共済年金が厚生年金に一元化された。なお、受給の際は、国民年金法による基礎年金と共に受給することになる。

（ア）　厚生年金保険給付

①老齢厚生年金

　組合員期間が25年以上である者が退職した後、65歳から支給される[4]。

②障害厚生年金

　在職中の病気または負傷がもとで心身に障害が生じた場合、退職後に支給される。

③遺族厚生年金

　組合員、老齢厚生年金受給権者等が死亡した時に支給される。受給できるのは、組合員と生計を共にしていた配偶者、子、父母、孫または祖父母である。

④障害手当金

　障害厚生年金の支給対象とならない程度の軽度の障害が残った時に一時金として支給される。

（イ）　退職等年金給付

　年金一元化に伴う共済年金の職域部分廃止後の新たな年金として創設された。地方公務員の退職給付の一部であり、退職年金、公務障害年金、公務遺族年金の３種類がある。

（3）　福祉事業

　組合員およびその家族の福祉向上のため実施されるものであり、その内容は共済組合により異なるが、医療機関や保養施設の設置・経営、住宅資金や生活資金の貸付、生活物資の購買あっせんなどが代表的なものである。

4　昭和16（1941）年４月２日から昭和36（1961）年４月１日までに生まれた者については、支給開始年齢が60歳から段階的に引き上げられているところである。

3 公務災害補償制度

　地方公共団体は、職員が公務上または公務のための通勤途上において負傷、疾病、死亡等の災害を受けた場合、その損害を補償しなければならない（地公法45①）。この制度は、法律によって定めることとされ（同45④）、これを根拠に地方公務員災害補償法が制定・施行されている。なお、実際の補償の実施は、同法により設置された地方公務員災害補償基金が被災職員の属する地方公共団体に代わって行っている。

　補償には、療養補償、休業補償、傷病補償年金、障害補償、介護補償、遺族補償および葬祭補償があり、傷病補償年金を除き、被災職員またはその遺族等の請求に基づいて行われる（地公災法25）。補償の対象となり得るためには、公務上または公務のための通勤による災害であることが認定される必要がある。なお、この補償は、使用者である地方公共団体等に過失がなくても補償義務が発生する。

9　労働基本権

　地方公務員は、地方公共団体に一定の勤労を提供し、その反対給付として給与を支給され生計を維持することから労働者とされるが、全体の奉仕者として公共の利益のために勤務する点で民間の労働者とは異なる。

図表４－３－９　地方公務員の労働基本権

職　種	団結権	団体交渉権	争議権
警察職員 消防職員	× （地公法52⑤）	× （地公法52⑤）	× （地公法37①）
一般行政職員 教育職員	○ 職員団体制度 （地公法52③、 教特法29①）	△ 交渉可 団体協約締結権なし （地公法55①②）	× （地公法37①）
企業職員 単純労務職員	○ 労働組合制度 （地公労法5①）	○ 交渉可 団体協約締結権あり （地公労法7）	× （地公労法11①）

出所：筆者作成

労働者は憲法第28条により労働基本権（団結権、団体交渉権および争議権）が保障されているが、公務員については、全体の奉仕者という地位の特殊性、職務の公共性等を考慮し、労働基本権が制限されており、その職務内容に応じて制限の程度が異なっている。

　このように公務員の労働基本権は制限されており、民間企業のように労使交渉により給与水準を決定することができない。そのため、代償措置として人事委員会の給与勧告制度が設けられている。労働基本権の目的は労働者の経済的利益の維持・拡大であり、それが制約される場合には、代わってその利益を確保する措置を講ずる必要があるのである。

COLUMN 自治体の非正規職員
～会計年度任用職員制度の導入～

　自治体の職場には、いわゆる正規職員（＝任期の定めのない常勤職員）に交じって嘱託さん、臨職さんなどと呼ばれる非正規の職員が多く働いている。総務省の調査によると、これらの非正規職員は2016（平成28）年4月現在で約64万人も存在しており、2005（平成17）年に比べて20万人近くも増加している。

　自治体の運営は、正規職員を中心に行われることを大原則としている。これは、成績主義による公務能率の向上、公務の中立性の確保、安心して職務に精励可能な身分保障、職員の長期育成・能力向上などを考慮したものである。

　しかし、近年、新たな社会問題への対応等により業務が増大する一方で、財政悪化に伴い職員の削減が進んだことなどから、正規職員だけでは自治体運営が難しくなり、非正規職員の活用が急増したのである。

　かつて自治体の非正規職員には、特別職非常勤職員、一般職非常勤職員、臨時的任用職員の3種があり、保育士、看護師、給食調理員、図書館職員などのほか、事務補助職員などとして自治体現場で勤務していた。しかし、採用試験を経ない非正規職員が正規職員と同じような業務を担うのは成績主義の原則に反し、情実採用を招きかねない。また、正規職員に比べれば給与水準が低く、ボーナスも出せないことや、1年以内の任期の更新を繰り返す不安定な身分であることなどから「官製ワーキングプア」ともいわれ、待遇改善の必要性も指摘する声もあった。

　2020（令和2）年4月、政府が進めた働き方改革の一環で、民間の正規雇用労働者と非正規雇用労働者の間の不合理な待遇差が、いわゆる同一労働同一賃金政策により解消された。地方公務員についてもこの考え方を踏まえ、これまで問題の多かった非正規職員関連の制度を2020年4月から大幅に見直した。

　これにより、①特別職非常勤職員を専門的な知識経験等に基づき、助言、調査、診断等を行う者に限定、②臨時的任用職員を常勤職員に欠員を生じた場合に限定、③一般職非常勤職員を「会計年度任用職員」と新たに規定し、その採用方法や任用等を明確化、④会計年度任用職員への期末手当の支給、といった改正が行われ、非常勤職員の大半が会計年度任用職員に移行した。

　現在の自治体職場は、非正規職員なしには成り立たない。その中心である会計年度任用職員の制度が適切に運用されるかどうか、今後の状況を注視していく必要がある。

第4章

地方財務と税財政制度

 1　地方財政の仕組みと役割

◼ 地方財政の役割と特色
（1）　地方財政の役割

　地方公共団体は、その自然的・歴史的条件、産業構造、人口規模等がそれぞれ異なっており、これに即応して様々な行政活動を行っている。

　地方財政は、このような地方公共団体の行政活動を支えている個々の地方公共団体の財政の集合であり、国の財政と密接な関係を保ちながら、国民経済および国民生活上大きな役割を担っているといえよう。

（2）　地方財政の特色

　地方財政は以下のような三つの特色をもっている。

　（ア）　多元性

　国家財政は、国家という単一の団体の財政であるのに対し、地方財政は約1,700ある地方公共団体のそれぞれの財政を総計したものである。

　（イ）　多様性

　一つひとつの団体ごとに人口規模、経済的条件等が異なっていることから、その財政の内訳もバラエティに富んでいる。

　（ウ）　その他

　その他の特色として、地方財政は歳出における人件費等の義務的経費の割合が多いことなどから、歳出を容易に削減できないという「非弾力

性」や、歳入歳出両面で国から広い範囲で関与を受けていることから各団体の意向を反映させにくい「自主性の制約」なども挙げられる。

② 地方財政と国の財政
（1） 国と地方公共団体の仕事の範囲
　地方公共団体の仕事の範囲は、地方自治法第2条第2項に、普通地方公共団体は、地域における事務およびその他の事務で法律またはこれに基づく政令により処理することとされるもの（つまり法定受託事務）を処理すると、その基本原則が示されている。

　大まかにいえば、国は、立法、司法、外交、貨幣の発行といった国の存立に必要な事務や、社会保険、医師等免許といった全国的に統一的に処理する必要がある事務等を担っている。一方の地方公共団体は、社会福祉、保健衛生、警察、消防など、住民の日常生活に関わりのある行政の大部分を担っている。

（2） 国と地方の経費負担
　地方公共団体が行う経費の負担については、地方財政法（以下、「地財法」という）第9条に、地方公共団体の事務を行うために要する経費については、当該地方公共団体が全額これを負担する（全額自己負担の原則）とされている。

　しかし、同法にはいくつかの例外が定められている。

　（ア）　国が全部または一部を負担する場合

　次の三つの場合は、地方公共団体が支弁する経費のうち国が全部または一部を負担する。

　　（a）　一般行政費国庫負担金

　地方公共団体が法令に基づき実施しなければならない事務であって、国と地方公共団体相互の利害に関係がある事務のうち、その円滑な運営を期するため、国が進んで経費を負担するもの（地財法10）である。義務教育、生活保護、感染症の予防等に要する経費がこれにあたる。

　　（b）　建設事業費国庫負担金

　地方公共団体が国民経済に適合するように総合的に樹立された計画に

従って実施しなければならない事務であって、法律または政令で定める土木その他の建設事業に要する経費である（地財法10の2）。いわゆる公共事業に要する経費である。

　（c）　災害復旧費国庫負担金

　地方公共団体が実施しなければならない法律または政令で定める災害に係る事務で、地方税法または地方交付税法によってはその財政需要に適合した財源を得ることが困難なものを行うために要する経費（地財法10の3）。災害救助、災害復旧等に要する経費である。

（イ）　地方公共団体が負担する義務を負わない（国がもっぱら負担する）場合

　もっぱら国の利害に関係のある事務を行うために要する経費については、地方公共団体は、これを負担する義務を負わない（地財法10の4）。国会議員の選挙、国の統計調査に要する経費等である。国庫委託金といわれているものである。

（ウ）　国が任意に負担する場合

　国が、その施策を行うために特別な必要があると認めるときまたは財政上特別の必要があると認めるときに限り、地方公共団体に対し交付することができる経費である。国庫補助金といわれるものである（地財法16）。

（エ）　国が行う事務の経費を地方公共団体が負担する場合

　国が自ら河川、道路等の土木事業を行う場合、地方公共団体に法律または政令の定めるところによりその経費の一部の負担を求めることができる（地財法17の2）。いわゆる国直轄事業負担金である。

（3）　国と地方の財源配分

　以上述べてきた国と地方の仕事の分担および経費負担のルールに基づき、必要な財源を配分する必要がある。

　国と地方が負担している経費の割合は、おおむね2：3となっており、また、行政活動を行うための財源の大部分は税金であることから、前述した経費の全額自己負担の原則からすれば、最初から各地方公共団体に、経費に見合った税源の配分がなされることが望ましい。

しかし、単に地方公共団体に税源を配分するだけでは、地方財政全体としては十分でも、地方公共団体のなかには税源の豊富な財政力の強い団体もあれば、税源の乏しい財政力の弱い団体もあるなど税源が偏在しており、何らかの調整を行わないと自治体間の行政水準に相当の格差が生じてしまうおそれがある。

　そのため、国税の割合を多くしていったん国税として収入した後、図表4－4－1のように、地方交付税、国庫支出金、地方譲与税などとして配分することにより、地方公共団体の歳出の実質に見合うよう調整している。

図表4－4－1　国・地方間の財源配分（平成30年度）

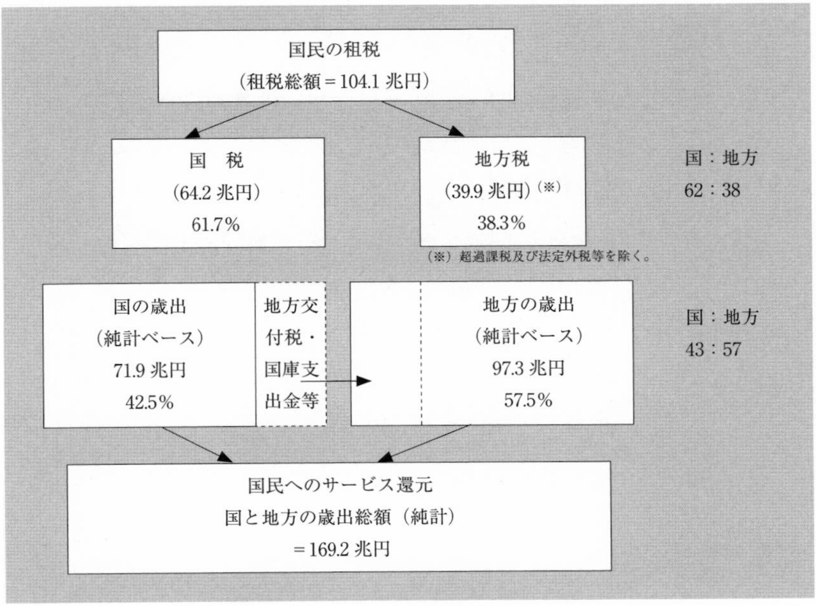

出所：総務省ホームページより

3 地方公共団体の収入

（1） 地方税

　地方税は、地方公共団体がその一般の経費に充てるため、地方税法（以下、「地税法」という）の定めるところにより、一般住民から強制的に徴収する課徴金であって、地方公共団体の収入の大宗をなすべき歳入である（自治法223、地税法2）。

　地方税の賦課徴収の直接の根拠は条例であるが（地税法3①）、税目、税率、賦課徴収方法等基本的事項はすべて地方税法に規定されている。

　（ア）　地方税の種類（図表4−4−2）

　地方税は、道府県税と市町村税に分けられ、それぞれが普通税と目的税に分けられる。普通税は、その収入の使途を特定せず、一般経費に充てるために課される税であり、目的税は特定の事業の経費に充てるために課される税である。地方税に定めるもの以外に、地方公共団体が一定の手続、要件に従い課する法定外普通税、法定外目的税がある。

図表4−4−2　地方税の種類

	普通税	目的税
道府県税	道府県民税、事業税、地方消費税、不動産取得税、道府県たばこ税、ゴルフ場利用税、軽油引取税、自動車税、鉱区税、法定外普通税、固定資産税（特例分）	狩猟税、水利地益税、法定外目的税
市町村税	市町村民税、固定資産税、軽自動車税、市町村たばこ税、鉱産税、特別土地保有税、法定外普通税	入湯税、事業所税、都市計画税、水利地益税、共同施設税、宅地開発税、国民健康保険税、法定外目的税

出所：筆者作成

　（イ）　地方税の税率の種類（図表4−4−3）

　現行地方税法の法定税の種類を分類すると以下のとおりである。

図表4－4－3　税率の種類

種類		概要	税目	
			道府県税	市町村税
一定税率		地方団体にそれ以外の税率を定めることを許さない税率。	道府県民税（利子割） 道府県民税（配当割） 道府県民税（株式等譲渡所得割） 地方消費税 道府県たばこ税 自動車税（環境性能割） 軽油引取税 鉱区税 狩猟税	市町村たばこ税 特別土地保有税 事業所税 軽自動車税（環境性能割）
標準税率	制限税率あり	地方団体が課税する場合に通常よるべき税率が定められた上で、制限税率が定められている税率。	道府県民税(法人法人税割) 事業税（個人、法人） ゴルフ場利用税 自動車税（種別割）	市町村民税（法人均等割） 市町村民税(法人法人税割) 軽自動車税（種別割） 鉱産税
	制限税率なし	地方団体が課税する場合に通常よるべき税率。	道府県民税（個人均等割） 道府県民税（個人所得割） 道府県民税（法人均等割） 不動産取得税 固定資産税（道府県分）	市町村民税（個人均等割） 市町村民税（個人所得割） 固定資産税
任意税率	制限税率あり	地方団体が税率を定めるに当たって、それを超えることができない税率。		都市計画税
	制限税率なし	地方税法において税率を定めず、地方団体に税率設定を委ねている税率。	水利地益税	水利地益税 共同施設税 宅地開発税
その他				入湯税

出所：筆者作成

（2）　地方譲与税

　地方譲与税は、国税として徴収され、一定の基準によって地方公共団体に譲与されるものである。地方譲与税は、地方公共団体が直接徴収するものでない点において地方税と異なり、使途が包括的ではあるが特定されていることおよび財政調整の観点からの配分方法は採られていない点で地方交付税と異なる。

図表4-4-4　地方譲与税の種類

譲与税の種類	譲与額の考え方等
地方揮発油譲与税	地方揮発油税収入額の全額を都道府県および市町村に譲与
石油ガス譲与税	石油ガス税収入額の2分の1の額を都道府県および指定都市に譲与
自動車重量譲与税	自動車重量税収入額の1000分の348の額を市町村および都道府県に対して譲与（当分の間、1000分の422）
航空機燃料譲与税	航空機燃料税収入額の13分の2の額を空港関係市町村および空港関係都道府県に譲与（平成23~令和元年度の間、9分の2）
特別とん譲与税	特別とん税収入額の全額を開港所在市町村に譲与
地方法人特別譲与税	地方法人特別税収入額の全額を都道府県に譲与
森林環境譲与税	森林環境税収入額に相当する額を市町村および都道府県に譲与
特別法人事業譲与税	特別法人事業税収入額の全額を都道府県に譲与

出所：筆者作成

（3）　地方特例交付金

　地方特例交付金は、平成11（1999）年度の恒久的な減税の実施に際し、地方税の減収額の一部を補てんするために創設された。以降、義務教育費国庫負担金等の一般財源化のための税源移譲予定特例交付金、児童手当の制度拡充に伴う地方の負担額の増加に対応するための児童手当特例交付金等が創設されたが、現在は個人住民税における住宅借入金等特別税額控除の実施に伴う地方公共団体の減収を補てんするための地方特例交付金のみが交付されている[5]。

（4）　地方交付税

　地方交付税は、地方公共団体の運営の自主性を損なうことなく地方財源の均衡化を図り、かつ交付基準の設定を通じて地方行政の計画的な運営を保障することにより、地方自治の本旨の実現と地方公共団体の独立性を強化することを目的としている。国は、地方公共団体が等しくその行うべき事務を遂行することができるよう、一定の基準により交付する（交付税法1・2）。

5　地方特例交付金は、普通交付税の交付・不交付とは関係なく全団体が交付対象となる。

地方交付税の総額は、国税のうち所得税および法人税のそれぞれ33.1％（平成27（2015）年度から）、酒税の50％（平成27（2015）年度から）、消費税の19.5％（令和2（2020）年度から）、地方法人税の全額（平成26（2014）年度から）の合計額である（交付税法6①）。

地方交付税は、使途の制限がなく（交付税法3②）、地方公共団体が独自に使える一般財源であり、その性格は使用目途が限定される国庫補助負担金とは異なる。

また、地方交付税には、普通交付税と特別交付税がある（交付税法6の2①）。

（ア）　普通交付税…交付税総額の94％

普通交付税は、毎年度、基準財政需要額（単位費用×測定単位×補正係数）が基準財政収入額（標準的税収入見込額×基準税率75％）を超える地方公共団体に対して交付されるものである（交付税法10①・6の2②・14①・11）。

（イ）　特別交付税…交付税総額の6％

普通交付税の補完的な機能を果たすものであり、客観性を重視する普通交付税の算定上必然的に生ずる画一性あるいは算定の時期的な関係等から、普通交付税の算定に反映されなかった具体的な事情（風水害や大火災の発生など普通交付税の算定期日後に生じた財政需要、冬期分校の設置に要する経費等基準財政需要額に含まれない特別の財政需要等）を考慮して毎年度2回（12月中、3月中。12月は特別交付税の総額のおおむね1/3に相当する額以内）交付されるものである（交付税法15①・6の2③）。

（5）　国庫支出金

国庫支出金とは、国が特定の事務事業に対し、国家的見地から公益性があると認め、その事業の実施に資するため、相当の反対給付を受けないで交付する給付金である。

国庫支出金は、補助金、負担金、交付金、補給金、委託金等各種の名称によって支出されているが、現行法規に照らして分類すれば、先述した国庫負担金、国庫補助金、国庫委託金の3種に分けられる。

国庫支出金は、地方財政においては地方税・地方交付税に次ぐ重要な財源となっているが、地方財政の自主性を阻害する、交付手続の煩雑さのため行政を非効率にする、零細化し行政の効率性を低下させる、超過負担を招くきらいがあるなどの問題も指摘されている。

（6）　地方債

　地方債とは、地方公共団体が資金調達のために負担する債務で、その履行期限が1年以上のものをいう。地方公共団体は、法律で定める場合において、予算で定めるところにより、地方債を起こすことができる（自治法230①）。

　地方債は、将来その償還のための財源負担を伴うことから、地方債を財源とすることには慎重でなければならないとの観点から、地方公共団体の歳出は、地方債以外の歳入をもってその財源としなければならないとする原則を定め（地財法5）、地財法第5条ただし書あるいは特例法で制限的に財源とすることが可能な事業（適債事業）を列挙している。

　地方債制度は、財政負担の年度間調整、世代間の負担の公平、当面の財源不足額の補てんなどの利点があるが、地方税収等の落ち込みや減税に伴う減収の補てん、経済対策に伴う公共投資の追加等により地方債を増発したことに伴い、地方債現在高は平成4(1991)年度末以降急増しており、地方財政の健全性を損なわないよう、節度ある運用が望まれる。

（7）　その他

　その他の収入として、分担金（自治法224）、使用料（同225）、手数料（同227）、財産収入、寄附金等がある。

４　地方公共団体の経費

　地方公共団体の支出する歳出の分類方法として、「目的別分類」と「性質別分類」がある。

（1）　目的別分類

　「総務費」「民生費」など予算および決算の「款・項」を基準とした区分であり、経費が行政活動の各分野にどのように配分されたかに着目した分類である。

民生費の構成比が、社会保障関係費の増加を背景に平成19年度以降最も大きな割合を占めている一方で、公債費、土木費の構成比は低下の傾向にある（図表4－4－5）。

図表4－4－5　目的別歳出純計決算額の構成比の推移

（区分単位：%）

区分＼平成	20年度	26年度	27年度	28年度	29年度	30年度
総務費	9.9	10.0	9.8	9.1	9.3	9.5
民生費	19.9	24.8	25.7	26.8	26.5	26.2
衛生費	6.0	6.2	6.4	6.4	6.4	6.4
労働費	0.7	0.4	0.4	0.3	0.3	0.3
農林水産業費	3.7	3.4	3.3	3.2	3.4	3.3
商工費	5.9	5.6	5.6	5.3	5.0	4.9
土木費	14.4	12.2	11.9	12.2	12.2	12.1
消防費	2.0	2.2	2.1	2.0	2.0	2.0
警察費	3.7	3.2	3.3	3.3	3.3	3.4
教育費	18.0	16.9	17.1	17.1	17.2	17.2
公債費	14.7	13.6	13.1	12.8	12.9	12.6
その他	1.1	1.5	1.3	1.5	1.5	2.1
合計	100.0	100.0	100.0	100.0	100.0	100.0
歳出合計	896,915	985,228	984,052	981,415	979,984	980,206

（歳出合計単位：億円）

出所：令和2年版地方財政白書

（2）　性質別分類

「人件費」「公債費」「投資的経費」など経費の経済的機能に着目した分類である。

近年の推移を見ると、投資的経費の構成比は平成23年度まで低下の傾向にあったが、平成24年度から上昇に転じている。一方義務的経費の構成比の内訳を見ると、人件費は、平成20年度以降、公債費は、平成18年度以降低下の傾向にあるが、扶助費は社会保障関係費の増加を背景に上昇の傾向にある（図表4－4－6）。

図表4－4－6　性質別歳出純計決算額の構成比の推移

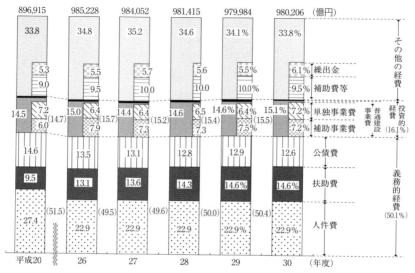

出所：令和2年版地方財政白書

5　地方財政計画

（1）　地方財政計画の意義

　通常「計画」といわれているが、法律上は地方公共団体の歳入歳出総額の「見込額に関する書類」であり、内閣は、毎年度作成し、これを国会に提出するとともに、一般に公表しなければならないことになっている（交付税法7）。

　近年、地方財政の規模は国家財政の規模と同等もしくは国家財政を上回っており、国の予算編成と同じ時期に作成される地方財政計画の重要性は高まってきている。

（2）　地方財政計画の役割

（ア）　地方財源の保障

　地方財政計画は、地方財政全体の歳入と歳出を一定の方法により推計し、総体でとらえているものであり、もしその計画に財源不足が生じるような場合には、地方行財政制度の改正、または地方交付税の繰入率の

図表4－4－7　地方財政と国の財政との累年比較

(単位　億円)

区　　分	歳　出　総　額	
	国	地　方
昭 和 10 年 度	22	21
16	81	31
36	21,645	23,911
平 成 20 年 度	902,859	896,915
21	1,056,981	961,064
22	1,001,107	947,750
23	1,058,330	970,026
24	1,044,969	964,186
25	1,058,980	974,120
26	1,060,355	985,228
27	1,061,292	984,052
28	1,064,419	981,415
29	1,057,801	979,984
30	1,061,875	980,206

出所：令和2年版地方財政白書から抜粋

変更を行う（交付税法6の3②）など、財源不足の解消のために必要な措置を講ずることとしている。

（イ）　地方公共団体の財政運営の指針

　地方財政計画は、毎年度のあるべき地方行政の水準を確保するのに必要な経費、行財政制度の改正に伴う経費の増減等を歳出に計上するとともに、経済動向、税制改正等に伴う影響額を歳入に計上することにより策定されることから、地方公共団体は、計画に示されている様々な指標を予算編成等財政運営上の指針とすることが可能となる。

（ウ）　国の施策との整合性の確保

　国の施策には地方公共団体を通じて行われるものが多く、また、これらの政策の実施に必要な地方財源の確保は地方財政計画の策定を通じて図られていくことから、国の予算、財政投融資計画、公共事業等の国の長期計画等と地方財政の関係が調整され、整合性が確保されている。

6 　地方公共団体の健全化判断比率の公表

（1）　地方公共団体の財政の健全化に関する法律制定の背景

　地方公共団体の財政再建制度については、従来は地方財政再建促進特別措置法等により、赤字の団体に対する財政再建制度が設けられていた。しかし、わかりやすい財政情報の開示や早期是正機能が不備であったことなどから、平成19（2007）年に地方公共団体の財政の健全化に関する法律（以下、「財政健全化法」という）を制定し、地方公共団体の財政状況を客観的に表し財政の早期健全化や再生の必要性を判断するための財政指標およびその公表の仕組みが創設された。

（2）　健全化判断比率の内容

　地方公共団体は、毎年度、前年度決算に基づく健全化判断比率をその算定資料とともに監査委員の審査に付した上で議会に報告し、公表しなければならない（財政健全化法3）。

　地方公共団体の財政状況を客観的に表し、財政の早期健全化や再生の必要性を判断するため、以下の四つの財政指標を健全化判断比率として規定している（財政健全化法2）。

①実質赤字比率

　　一般会計等を対象とした実質赤字額の標準財政規模に対する比率。

②連結実質赤字比率

　　公営企業会計を含む全会計を対象とした実質赤字額または資金の不足額の標準財政規模に対する比率。

③実質公債費比率

　　一般会計等が負担する元利償還金および準元利償還金の標準財政規模を基本とした額[6]に対する比率。

④将来負担比率

　　地方公社や損失補償を行っている出資法人に係るものも含め、一般会計等が将来負担すべき実質的な負債の標準財政規模を基本とした額[7]に対する比率。

6・7　標準財政規模から元利償還金等に係る基準財政需要額算入額を控除した額。

（3） 健全化判断比率等の対象となる会計

　健全化判断比率等の対象となる会計の範囲を図示すると、以下のとおりである。

図表４－４－８　健全化判断比率の対象となる会計の範囲

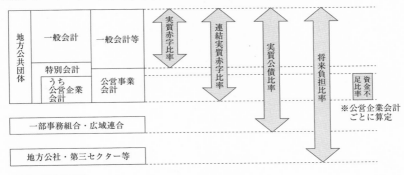

出所：総務省資料

（4） 財政の早期健全化と財政の再生

　（ア）　財政健全化計画の策定

　地方公共団体は、前記四つの健全化判断比率のうち一つでも早期健全化基準以上となった場合には、当該健全化判断比率を公表した年度の末日までに、要因の分析や計画期間などを定めた財政健全化計画を定めなければならない（財政健全化法４①）。

　（イ）　財政再生計画の策定

　再生判断比率（健全化判断比率のうち将来負担比率を除いた三つの比率）のいずれかが財政再生基準以上となった場合には、当該再生判断比率を公表した年度の末日までに、要因の分析や計画期間などを定めた財政再生計画を定めなければならない（財政健全化法８①）。

　（ウ）　早期健全化基準、財政再生基準、経営健全化基準

　それぞれの基準をまとめた結果は次表のとおりである。

図表4－4－9　健全化判断比率に係る早期健全化基準等

	早期健全化基準	財政再生基準
実質赤字比率	都　　　　　：別途設定 道府県　　　：3.75％ 市区町村　：財政規模に応じ 　　　　　　11.25〜15％	都　　　　　：別途設定 道府県　　　：5％ 市区町村　：20％
連結実質赤字比率	都　　　　　：別途設定 道府県　　　：8.75％ 市区町村　：財政規模に応じ 　　　　　　16.25〜20％	都　　　　　：別途設定 道府県　　　：15％ 市区町村　：30％
実質公債費比率	都道府県、市区町村：25％	都道府県、市区町村：35％
将来負担比率	都道府県、政令市：400％ 市区町村　　　　：350％	－
資金不足比率	（経営健全化基準）20％	－

出所：筆者作成

2　予算制度の原則と内容

１　予算の意義

　予算は、一般的には一定期間の収入・支出の見積りであると定義づけられるが、地方公共団体の予算は、地方公共団体の収入・支出をあらかじめ見積った単なる見積計算書ではなく、一定の形式により執行機関が作成して議会に提出し、議会の議決を経て成立し、執行機関の経理の執行を拘束しながら（自治法96①⑵・97②・149⑵・211①）、予算機能、目的を果たすところにその意義があるということができる。

２　会計年度および会計年度独立の原則
（1）　会計年度

　予算は、一定期間の収入・支出の見積りであるが、この一定期間を「会計年度」という。会計年度は、地方公共団体の収入・支出の計算を区分整理してその関係を明確にさせるために設けられた期間であり、私企業における事業年度に相当する。地方公共団体の会計年度は、毎年4月1日に始まり、翌年3月31日に終わる（自治法208①）。

（2） 会計年度独立の原則

　会計年度独立の原則とは、それぞれの会計年度に支出すべき経費の財源はその年度における収入によって支弁しなければならないとする建前である（自治法208②）。

　これは、一定期間として会計年度を定めている以上、その期間において起こった収入と支出は、この期間内に整理し、完結し、他の年度に影響を及ぼさないという趣旨である。

　しかし、この原則を厳格に貫くと財務経理上実情に即しないこともあるため、制度上次のような例外が認められている。

（ア）　継続費の逓次繰越し

　地方公共団体の経費をもって支弁（金銭を支払うこと）する事件でその履行に数年度を要するものについては、予算の定めるところにより、その経費の総額および年割額を定め、数年度にわたって支出することができる（自治法212①）。

　この方法により支出する経費を継続費という（同212②）。

　また、継続費の毎会計年度の年割額に係る歳出予算のうち、その年度内に支出が終わらなかったものは、同じ繰越しでも次項の繰越明許費とは異なり、その事業の実施期間内であれば、最終年度まで逓次（何年でも）繰り越すことができる（自治令145①）。これを継続費の逓次繰越しという。

（イ）　繰越明許費

　歳出予算の経費のうちその性質上または予算の成立後の事由に基づき年度内にその支出が終わらない見込みのあるものについては、予算の定めるところにより、翌年度に繰り越して使用することができる（自治法213）。

　この方法に支出する経費を繰越明許費という（同213②）。

　歳出予算の繰越しにあたっては、歳出に充てるために必要な金額を繰り越さなければならない（自治令146①）。

（ウ）　事故繰越し

　歳出予算の経費の金額のうち、年度内に支出負担行為をし、避けがた

い事故のため年度内に支出が終わらなかったものは、これを翌年度に繰り越して使用することができる（自治法220③ただし書）。これを事故繰越しという。

　（エ）　過年度収入および過年度支出

　出納閉鎖後の収入または支出は、それぞれ現年度の歳入または歳出としなければならない。こうした前年度以前の年度に属する収入（支出）を、現年度の歳入（歳出）とすることを過年度収入（支出）という（自治法243の5、自治令160・165の8）。

　なお出納整理期間とは、前会計年度末までに所定の手続きを完了し、確定した債権債務について現金の未収未払の整理を行うために設けられた期間、すなわち、翌年度4月1日から5月31日までの2か月間をいい、その終期である5月31日を出納閉鎖期日という（自治法235の5）。

　（オ）　歳計剰余金の繰越し

　各会計年度において決算上剰余金を生じたときは、翌年度の予算に編入しなければならない（自治法233の2）。

　この場合、条例の規定または議会の議決に基づき、剰余金の全部または一部を翌年度に繰り越さず基金に編入することができる（同233の2ただし書）。

　（カ）　翌年度歳入の繰上充用

　会計年度経過後にいたって歳入が歳出に不足するときは、翌年度の歳入を繰り上げてこれに充てることができる（自治法243の5、自治令166の2）。

　これを「翌年度歳入の繰上充用」といい、決算上赤字を避けるためのいわば非常の手段として認められている制度である。

３　予算の原則

　地方公共団体の予算には次のような原則がある。

（1）　総計予算主義の原則

　総計予算主義の原則とは、歳入歳出の混交または相殺をせず、収入および支出のすべてを予算に計上することをいう（自治法210）。

これに対し、一つの収入からこれを取得するために要する支出を差し引き歳入とし、一つの支出からこれに付随する収入を差し引き歳出として計上する主義を純計予算主義という。

（2）　単一予算主義の原則

　単一予算主義とは、予算を単一の見積表により、あらゆる歳入歳出を包含し、かつ、予算の調製は1年度1回を適当とする原則をいう。これは、予算を平易に理解しやすくするための理想ではあるが、今日の地方公共団体の事務は複雑多岐にわたるため、実際には、特別会計の設置（自治法209②）、補正予算の編成（同218①）という例外が制度上認められている。

（3）　予算統一の原則

　予算統一の原則とは、予算の構成は、分科された各予算を通じて一貫した秩序のもと、系統的に総合調整しなければならないとする原則である。

　具体的には現行制度上、予算の編成権を長の専権事項とする（自治法149(2)・211）ことにより編成権の一元化が、また歳入を性質別に款・項に、歳出を目的別に款・項に区分する（同216）ことにより編成方式の統一が図られている。

（4）　予算事前議決の原則

　予算事前議決の原則とは、予算が地方公共団体の一定期間における経費の見積りであることから、年度開始前に住民の代表による議会の議決を経なければならないとするものである（自治法211①）。

（5）　予算公開の原則

　財政民主主義の要請に基づくものであり、住民が予算を理解し、批判あるいは納得しうるための前提となる原則の一つである。

　現行制度上、予算要領の公表（自治法219②）、財政状況の公表（同243の3①）が定められている。

④ 予算の種類および態容

（1） 一般会計予算と特別会計予算

地方公共団体の会計は、一般会計および特別会計とする（自治法209①）。

（ア）　一般会計

地方公共団体の基本的な経理を中心とした会計をいうが、もともと特別会計に対比して用いられ、特別会計に属しない歳入歳出の会計全体をいう。

（イ）　特別会計

一般会計に対し、特定の歳入歳出を一般の歳入歳出と区別して別個に処理するための会計であり、「単一予算主義」の例外として認められるものである（自治法209②）。

（ウ）　普通会計と企業会計について

決算統計または決算分析上の必要等から慣用的に用いられているものであり、これらの関係を示すと以下のとおりである。

- 普通会計＝一般会計＋特別会計（企業会計扱いの特別会計を除く）
- 企業会計＝特別会計のうち、①地方公営企業法の適用（一部適用を含む）のある企業の会計＋②その他収益事業の会計

（2）　当初予算と補正予算

予算は、その成立時期の違いにより、当初予算、補正予算に区分される。

（ア）　当初予算

通常予算ともいわれ、一会計年度を通じて定められた基本的予算であり、会計年度開始前に議会の議決を経て定められる予算である（自治法211①）。

（イ）　補正予算

当初予算の調製後に生じた理由に基づいて、歳入歳出予算の科目または金額を追加、変更する必要が生じた時に議会の議決を経て定める予算であり、単一予算主義の例外として認められている（自治法218①）。

地方公共団体は年度末までに数回にわたる補正を行うのが通例であり、補正事項も政策的経費の追加も含めて極めて広範囲にわたりその規

模も大きい。これは一つには、地方公共団体の予算は国の予算と関連するものが多く、当初予算編成時点では細目が判明しないため、補正で対処する必要があるためである。

（3）　暫定予算、骨格予算および肉付け予算

（ア）　暫定予算

　暫定予算とは、当初予算（通常予算）が年度開始前までに成立する見込みがない場合に調製する一会計年度の中の一定期間に係る予算である（自治法218②）。

　これは、予算不成立の場合の行政運営の中断を防ぐ趣旨から認められるいわば「つなぎ予算」であり、必要最小限度の経常的、義務的経費について計上されるべきものである。

　また、暫定予算は、当初予算（通常予算）が成立したときはその効力を失い、暫定予算に基づく支出あるいは債務の負担は、当初の予算に基づく支出あるいは債務の負担とみなされ、これに吸収される（同218③）。

（イ）　骨格予算と肉付け予算

　地方公共団体の長や議員の選挙時期等の関係から政策的な判断ができにくい事由により、政策的経費の予算計上を避け、人件費などの義務的経費等必要最小限度の経費を計上する予算を慣用的に骨格予算と称し、これらの事由が解消後、政策的経費や新規事業費等を加える補正予算を肉付け予算という。

　なお、骨格予算はあくまで一会計年度を通ずる予算計上を行うものであり、一会計年度の一定期間のみの予算計上を行う暫定予算とは異なるものである。

（4）　単年度予算と継続予算

　単年度予算とは、一会計年度の予算がその年度内に執行し完結することを建前とした予算をいう。現行制度は、このような単年度予算主義を原則としている（自治法211）。

　継続予算については継続費の項（**2**（2）（ア））参照。

（5）　成立予算と実行予算

　議会の議決を経て成立したままの姿の予算を成立予算といい、かかる

成立予算が種々の理由に基づき執行権限の範囲内で予算統制により変更が加えられて実行される場合（例：予算執行にあたり、一定額を留保する場合等）、これを広く実行予算という。

5 予算の内容
（1） 歳入歳出予算とその他の予算
　地方公共団体の予算は、歳入歳出予算、継続費、繰越明許費、債務負担行為、地方債、一時借入金、歳出予算の各項の経費の金額の流用からなる（自治法215）。
　（ア）　歳入歳出予算
　歳入歳出予算は、予算の実体であり、予算の主要部分を成すものである。
　歳入予算は単に収入の見積りであり、許容限度を定めるものではないのに対し、歳出予算は見積りであると同時に支出の限度や内容を制限する拘束力を有している。
　また、歳入歳出予算は、歳入にあってはその性質に従って、歳出にあってはその目的に従って、款・項に区分される（自治法216）。歳入歳出予算の款・項の区分および調製様式の基準は、総務省令で定められている（自治令147）。
　さらに、予算執行上の区分として、歳入歳出とも各項を目・節に区分することとされている（自治法220①、自治令150①(3)）。
　（イ）　継続費（**2**（2）（ア）参照）
　（ウ）　繰越明許費（**2**（2）（イ）参照）
　（エ）　債務負担行為
　債務負担行為とは、地方公共団体が建設工事や土地を購入する場合に、数年度にわたる債務を負担する契約を結ぶ等将来の財政支出を約束する行為であり、歳出予算の金額、継続費の総額または繰越明許費の金額の範囲内におけるものを除くほか、債務を負担する行為をするには、予算で債務負担行為として定めておかなければならない（自治法214）。
　（オ）　地方債（本章1**3**（6）参照）

（カ）　一時借入金

　一時借入金とは、既定の歳出予算内の支出現金の不足を補うために調達される資金で、当該会計年度の歳入でもって償還されるものをいう（自治法235条の3①）。

　一時借入金は、歳入歳出予算に計上されるものではないが、借入の最高額は予算で定めることとされている（同235の3②）。

　一時借入金の借入れは、歳出予算内の支出をするために限定されたものであるから、既定の歳出予算を超過したり、予算の成立を見越したりして借り入れることはできない。

（2）　予備費

　予備費とは、予算外の支出または予算超過の支出に充てるため、使途を特定しないで歳入歳出予算に計上し、執行機関にその使用をゆだねたいわゆる目的外予算をいう（自治法217）。

　歳入歳出予算は、一会計年度において予想される収入支出のすべてについて、一定の方針に基づき編成されるものであるが、実際の予算の執行にあたっては、ある程度過不足が生じるのはやむをえないことであり、その都度軽微なものについてまで予算の補正を行うことは行政の執行上煩雑であるため、予備費を設け予算外の支出、または予算超過の支出に対処している。

　予備費の計上額は、財政の均衡を阻害しない程度の金額でなければならない。また、予備費は、一般会計においては必ず設けなければならないものとされているが、特別会計には設けないことができる（同217①）。

6　予算の執行

　成立した予算に基づき収入、支出を実行する一切の行為を予算の執行という。予算の執行は、単に予算に定められた金額を収納し、支出することだけをいうものではなく、支出負担行為の実施、債務負担行為の実行、地方債の発行、一時借入金の借入れ、経費の流用等を包含する。

　予算の執行で留意すべき点は、歳入は別途それぞれの法令、条例等の根拠によって収納されるものであって、予算に拘束されるものではない

のに対し、歳出は、成立した予算の目的に従ってその範囲内において執行する必要があり、しかも最少の経費で最大の効果を挙げることが求められている点である（自治法2⑭、地財法4①）。

（1） 予算の執行権

　地方公共団体の予算の執行権は、元来予算の総合編成権者であり、かつ議会への提案権者である地方公共団体の長に専属した権限である（自治法149⑵）。ただし、地方公営企業については、企業としての経済性を発揮するため、その予算の執行権も企業管理者に属している（地方公営企業法8①・9）。

（2） 予算の執行計画

　地方自治法は、予算執行のよるべき方法について「普通地方公共団体の長は、政令で定める基準に従って予算の執行に関する手続を定め、これに従って予算を執行しなければならない」と規定している（自治法220①）。これを受けて、地方自治法施行令では、地方公共団体の長は、①予算の計画的かつ効率的な執行を確保するため必要な計画を定めること、②定期または臨時に歳出予算の配当を行うこと、③歳入歳出予算の各項を目節に区分するとともに、当該目節の区分に従って歳入歳出予算を執行すること、を予算の執行に関する手続として定めなければならないこととしている（自治令150①）。

　予算の執行計画において定められるべき事項、手続、様式等は、その目的が最もよく達成できるように創意工夫すべきものであるが、通常は、四半期ごとに分けて（資金計画は、さらに出納整理期間のものを分ける）定めている。

COLUMN　自治体の予算編成

　予算は、①予算編成方針の策定・提示→②各担当部局による予算要求→③首長・財政担当部局による査定→④議会上程・可決、のプロセスを経て成立するのが一般的である。

　予算の要求については、予算要求の段階で各部署からの要求額に「前年比○％の減」などと上限を設定する「シーリング方式」と、各部局が必要に応じて自由に予算要求し、要求されたすべての事業についてゼロベースで優先順位づけを行う「ゼロベース方式」が有名である。前者は、要求段階である程度の絞り込みがなされるため、査定事務の省力化・効率化につながるとされる。これに対し、後者は、一律増減ではないため、地域のニーズに合わせて柔軟に対応できるという利点があるが、シーリング方式に比べて多くの手間と時間がかかるのが難点である。

　こうして秋（自治体によって異なるがおおむね９〜11月頃）には各担当部署により翌年度予算の要求が行われ、それを受けて財政担当課による査定作業が開始される。まずは財政担当課がヒアリングを行い、事業の目的・対象、所要額の積算根拠等を聴取し、それを踏まえて査定案を作成する。通常、事業の重要性や所要額等を基準にして、課長、部長、首長のいずれにまで上げるのかを仕分け、順次査定を進めていく。首長査定の場合、予算要求課の課長が説明を行い、それに対して首長がコメントを発していくのが一般的である。査定は１回で決することはなく、複数回にわたることも少なくない。

　こうして、遅くとも２月までには予算案が調製され、３月には議会に上程される。上程された予算案は慎重な審議を経て、３月下旬までには議決・成立し、４月から執行が開始されるのである。

第5編

コンプライアンス
とハラスメント

コンプライアンス

1 公務員倫理

　自治体職員は全体の奉仕者として公共の利益のために勤務するものである（地公法30）。それには住民の信用と信頼が不可欠であることから、高い道徳的水準が必要であり、一般より厳しい行為規範が求められる。

　職務の遂行にあたって法令等を遵守することが求められるのは当然であるが（同32）、勤務時間外においても法令等の遵守はもちろん、その職を傷つけ、または職全体の不名誉となるような行為をしてはならないものとされている（同33）。（→第4編第3章6服務参照）

　このように、自治体職員については、その職務の特殊性から高い遵法意識と倫理観が求められる。倫理とは、人として守るべき道や人が行動する際に規範となるものをいう。つまり、公務員に対する社会の期待や信頼に応える行動規範を指すものが「公務員倫理」なのである。

2 コンプライアンスとは

　コンプライアンス（Compliance）とは、一般に「法令遵守」と訳されるが、今日では単に法令のみでなく、社会的なルールやモラルなどの遵守も含めた意味で使われ、たとえ法を破らなくても、法の抜け穴を突

くような行為は、社会的信頼に反するものとして、コンプライアンス違反と見なされる。

　近年、地方自治の世界でもコンプライアンスという言葉を耳にするようになったのには、入札情報の漏洩、カラ出張や裏金の問題、国庫補助事業に係る不適正経理など、倫理意識の欠如を原因とする不祥事が頻発したことが背景にある。

　公務員の場合は、例えば民間なら問題にならないような飲酒運転についても実名で新聞に報道されるなど、全体の奉仕者という地位の特殊性、職務の公共性等から、勤務時間外の行為についてもコンプライアンスの遵守が求められていることに留意されたい。

図表５−１−１　遵守すべき規範の階層

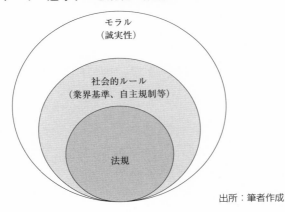

出所：筆者作成

3　自治体とコンプライアンス

　昨今の公務員バッシングを見てもわかるとおり、住民の公務員に対する目は非常に厳しいものがある。公務員は、安定的な恵まれた環境で、自らの権益を維持・確保することに力を注ぎ、住民のことは二の次であるようなイメージさえ持たれている。「親方日の丸」「お役所仕事」の言

葉に代表されるように、公務員は高圧的・非効率の代名詞のような存在であり、都合の悪い情報は出さないような閉鎖的イメージも重なる。

　行政を円滑に進めるためには、主権者たる住民の支持を得ることが必要である。現在、住民に最も身近な自治体が地域ニーズに合わせた住民サービスを効率的に提供できるようにするため、地方分権が進められているが、その推進にあたっては、国から移譲される権限や財源の十分な活用が可能な責任ある行政主体として自治体を支持してもらうことが不可欠である。コンプライアンスの遵守によって、住民の信頼を失いかねない不適切な事務処理を排除することにより、地方行政に対する住民の信頼を獲得・回復することは、何にも増して重要なのである。

図表５－１－２　コンプライアンスと信頼の関係

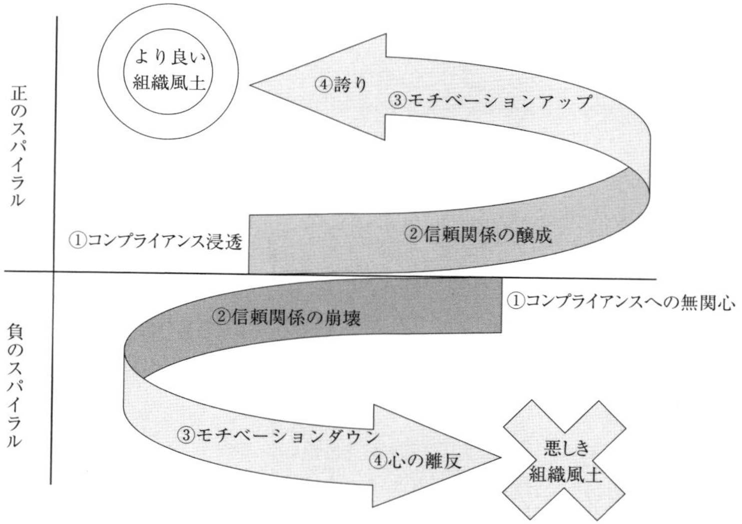

正のスパイラル

より良い
組織風土
④誇り　③モチベーションアップ

①コンプライアンス浸透　②信頼関係の醸成

②信頼関係の崩壊　①コンプライアンスへの無関心

負のスパイラル

③モチベーションダウン　④心の離反　悪しき組織風土

出所：中村葉志生『自治体コンプライアンス入門』（第一法規、2004年）45頁を一部修正

4　コンプライアンスの遵守に向けて

コンプライアンス遵守の取組には、それなりのコストと手間がかかる

ので、二の足を踏む自治体もあろうが、これは不祥事対策のスタンスを「事後対策」から「未然防止・リスク回避」に転換するものであり、一旦失った信頼を取り戻す時間と労力を考えれば、はるかに効率的である。

　コンプライアンスの違反・無視の主な原因としては、

　　①知識不足（知らなかった）

　　②認識不足（知っていたが以前からやっていたのでいいと思った／面倒くさいから手続きを省略してしまった）

　　③自己保身・組織防衛（適切でないことはわかっていたが、そうしなければ不利になるので、やってしまった）

　　④盲目的服従（上司にいわれたのでやってしまった）

などが考えられる。

　①はプロとしての努力不足であり弁解の余地はないが、②〜④のほうが知っていることを前提とした無視だけにその罪は重いといわざるを得ない。その根底に共通するのは、「よくあること」「たいしたことではない」「何とかなる」「都合の悪いことは適当に処理してしまおう」といった甘い見通しと自己中心的なご都合主義である。

　このような行動を招く主な要因としては、①責任の所在の曖昧さ、②影響予測能力の不足、③縦割り主義による無関心、③不適切な管理体制・職場内コミュニケーションの不足、などが挙げられる。こういった意識・組織文化は不祥事の温床となりやすいので、徹底した改革が必要である。

　近年、多くの自治体が積極的に取り組んでいる代表的な取組として、コンプライアンス研修やチェックシートによる自己検証、ハンドブックの作成・配付などがある。先進的な自治体では、コンプライアンス推進期間を設け、昼休みに庁内放送で研修ビデオを放送したり、eラーニングサイトを設けて職員全員に研修させるなどの取組も見られる。

　なお、コンプライアンス遵守の推進に際しては、アカウンタビリティ（説明責任）の徹底も重要である。隠し事ができない環境にあれば、おのずとコンプライアンス意識は向上するためである。皆さんも、住民の

理解と納得を得られるよう常に意識しながら、日々の業務にあたられたい。

5 コンプライアンス Q&A
──身近な事例から

> Q. 勤務時間内に職場のパソコンから私用メールしても許されるか？

職務専念義務（地公法35）違反に該当する。メールアドレス（〜 lg.jp など）から、自治体の職場から私用メールを送信したことが容易に推測されるため、相手方にも良い印象は与えないことにも留意されたい。

> Q. 職場の歓送迎会の会場を職場のパソコンからインターネットで調べてよいか？

これも職務専念義務（地公法35）違反に該当する。職場の懇親会などは公の行事と勘違いしやすいが、あくまで私的行事である。こういった公私混同による倫理観の麻痺が不正の温床となるので、普段から公私の区別をきちんとつけることが重要である。

なお、職務に関係のないサイトの閲覧は、コンピュータウイルス感染のリスクを高めることにも注意されたい。

> Q. 勤務時間内に仕事が終わらなかったので、USB メモリに資料を移し、自宅に持ち帰って仕事をしてよいか？

公表資料なら差し支えないが、未公表情報や個人情報を職場外に持ち出すことは紛失など情報流出のリスク[1]を高める。ほとんどの自治体では、情報持ち出しのルールを定めているので、それに則って対応されたい。

なお、コンピュータウイルスの感染によって、USB メモリからインターネット上に情報が流出する事案も頻発しているため、許可を得て自宅で作業をする際には、ウイルス対策に万全を期すことも必要である。

Q. 新聞記事をコピーして会議で配付してよいか？

　著作権法では、一部の例外を除き、著作物の複製権を著作者の占有としており（著作権法21・30・31・63ほか）、業務上の目的で使用する場合は著作権者（この場合は当該新聞社）の許諾が必要である。

Q. 業者から届いたお歳暮を受け取ってもよいか？

　利害関係者から中元や歳暮を受け取ることは、たとえ儀礼の範囲内であっても認められない。利害関係者が先輩の自治体ＯＢであっても同様である。

　なお、利害関係者との関係については、多くの自治体で倫理規程等が制定されているので、そちらも併せて確認されたい。

Q. 利害関係者である自治体 OB を結婚披露宴に招待してもよいか？

　利害関係者であっても、多数の者が出席する結婚披露宴に招待することは差し支えない。祝儀は、実費相当分を超えない範囲で受け取ることができると解されている。

1　信頼の失墜だけでなく、某自治体の個人情報流出事件では、１人あたり15,000円の損害賠償が認められた判例もあることに注意。なお、損害賠償額は流出した情報の内容によって異なる。

> Q. 窓口開設時間を 5 分過ぎて来庁した人を受け付けるべきか？

　全体の奉仕者として公平・中立性が求められる公務員は、特定の人だけを優遇することは許されない。しかし、それを理由に住民の要望に耳を傾けないことも問題であり、公平性を損なうことなく要望に応えられないか検討するなどの対応は必要であろう。物事を杓子定規に見るのではなく、そもそも何のための決まりなのかをよく考えるよう心がけよう。

> Q. ソーシャルメディアで自分の意見を表明しても差し支えないか？

　本来、ブログやツイッターといった SNS などソーシャルメディアの私的利用は、個人の自覚と責任において、自由に行うべきものである。しかし、自治体職員がソーシャルメディアで自分の意見を表明した場合、それが所属する組織の見解であるかのように誤解されるおそれがあるため、発信の内容が個人の見解に基づくものであることを明示するとともに、職務に関連する内容については、発信の可否も含め、特に慎重に取り扱う必要がある。

　なお、守秘義務、信用失墜行為の禁止、政治的行為の制限等に違反する発信を行わないようにすることはもちろん、職務専念義務も考慮し、出張中の移動時間や超過勤務時間を含め、勤務時間中の発信は厳に慎むことが求められる。また、業務上支給されている端末を用いての発信も、発信者が容易に特定され、勤務時間中の発信との誤解を生じさせかねないことから、厳に慎む必要があろう。

COLUMN 飲酒運転は絶対にダメ！

　2006年8月、福岡市内の橋の上で、飲酒運転をしていた福岡市職員の乗用車が前方の車に追突し、被害車両が海中に転落、乗っていた幼児3人が死亡するという痛ましい事故が発生した。この事件では、飲酒運転をしていたのが本来市民に奉仕すべき市職員だったこともあり、全国的にかなり大きく報道された。

　これ以前から飲酒運転は事故の有無にかかわらず直ちに懲戒免職とする厳しい基準を用いていた自治体もあったが、この事件をきっかけに各地の自治体で職員の飲酒運転に対する厳罰化が進み、飲酒運転イコール懲戒免職とする考え方が急速に広がった。しかし、それを不服とする裁判が各地で起こされ、事故を伴わない飲酒運転の事案については、飲酒運転の態様によっては懲戒免職処分を取り消す判決が出る場合も見られるようになっている。

　いずれにしても飲酒運転をしないのが第一であり、全体の奉仕者として高い遵法意識と倫理観が求められる自治体職員にはそれが強く求められていることを肝に銘じる必要があろう。

第2章

ハラスメント

1 ハラスメントとは

ハラスメント（Harassment）とは、様々な場面における嫌がらせ、いじめ、迷惑行為などを指す。相手を不快にし、尊厳を傷つけ、脅威を与え、または不利益を被らせるなどの言動がこれに当たり、加害者本人が自覚的に行っているかどうかはまったく関係ない。

ハラスメントには様々な種類が存在するが、主なものとしては、パワー・ハラスメント、セクシュアル・ハラスメント、マタニティ・ハラスメント、モラル・ハラスメント、アルコール・ハラスメントなどが挙げられる。

ハラスメントは職員や職場に大きな影響を及ぼす。職員の名誉、プライバシーなど個人の尊厳を害し、職務の能率を低下させるだけでなく、精神や身体の健康を害し、退職にまで至ることもある。また、職場の人間関係を悪化させ、士気を低下させ、秩序を乱し、公務の信頼性の失墜にもつながる。このように、ハラスメントは人権の侵害だけでなく、能力発揮の障害となって職員個人と公務職場の両方に大きな被害を与えることになる行為であり、決して許されるべきものではない。

ハラスメントに関する正しい知識を持ち、無意識であっても決して加害者となることのないよう日頃の言動に十分な注意を払う必要がある。

なお、自治体職員のハラスメントに関する統一的な規定は存在しないため、ここでは多くの自治体が参考にしている国家公務員のハラスメン

トに関する規定（人事院規則）をもとに解説するが、その定義は民間に比べて広く厳しいものとなっていることに留意されたい。

2　パワー・ハラスメント

　パワー・ハラスメント（パワハラ）とは、職務に関する優越的な関係を背景として行われる、業務上必要かつ相当な範囲を超える言動であって、職員に精神的もしくは身体的な苦痛を与え、職員の人格もしくは尊厳を害し、または職員の勤務環境を害することとなるようなものをいう。

図表5－2－1　パワハラになり得る言動の例

暴力・傷害	書類で頭を叩く。 殴ったり蹴ったりする。 物を投げつける。
暴言・名誉毀損・侮辱	人格を否定するような罵詈雑言を浴びせる。 他の職員の前で無能なやつだと言ったり、土下座をさせたりする。 相手を罵倒・侮辱するような内容の電子メール等を複数の職員宛てに送信する。
執拗な非難	改善点を具体的に指示することなく、何日間にもわたって繰り返し文書の書き直しを命じる。 長時間厳しく叱責し続ける。
威圧的な行為	書類を何度も激しく机に叩き付ける。 自分の意に沿った発言をするまで怒鳴り続ける。 自分のミスを有無を言わさず部下に責任転嫁する。
実現不可能・無駄な業務の強要	これまで分担してきた大量の業務を未経験の部下に全部押しつけ、期限内に全て処理するよう厳命する。 緊急性がないにもかかわらず、毎週のように土曜日や日曜日に出勤することを命じる。 部下に業務とは関係のない私的な雑用の処理を強制的に行わせる。
仕事を与えない・隔離・仲間外し・無視	気に入らない部下に仕事をさせない。 気に入らない部下を無視し、会議にも参加させない。 課員全員に送付する業務連絡のメールを特定の職員にだけ送付しない。 意に沿わない職員を他の職員から隔離する。
個の侵害	個人に委ねられるべき私生活に関する事柄について、仕事上の不利益を示唆して干渉する。 他人に知られたくない職員本人や家族の個人情報を言いふらす。

出所：人事院ホームページ（https://www.jinji.go.jp/sekuhara/10-16home.html）をもとに筆者作成

例えば、職場の上司や先輩のような優越的な立場にある者が、部下や後輩など抵抗・拒絶することが難しい立場にある者に対し、明らかに業務上必要性がないか、その態様が相当でない言動を行うような場合は、パワハラになり得る。その言動がなされる時間や場所は問わない。具体的には、図表5−2−1のような言動がパワハラに該当し得る。

新たに採用されたばかりの読者の皆さんは、被害者になることはあっても加害者になることはないと思うかもしれないが、部下から上司へのパワハラもあり得る。例えば、部下がパソコンに疎い上司に「そんなこともできないんですか。子どもでもできますよ」と言い放ったらパワハラに該当し得る。業務上必要な知識や経験を持ち、その協力を得なければ業務を遂行することができない場合は、部下や同僚であっても職務に関する優越的な関係とみなされるので、注意が必要である。

3　セクシュアル・ハラスメント

　セクシャル・ハラスメント（セクハラ）とは、他の者（職員以外も含む）を不快にさせる職場における性的な言動や、職員が他の職員を不快にさせる職場外における性的な言動をいう。職場のみならず職場外の言動も対象となり、また、職場の場合は職員以外の者に対する言動も対象となるなど、民間よりもセクハラの範囲が広いことに注意が必要である。

　性的な言動とは、性的な関心や欲求に基づくものをいい、性別により役割を分担すべきとする意識に基づく言動（ジェンダー・ハラスメント）、性的指向や性自認に関する偏見に基づく言動（SOGIハラスメント）も含まれる。また、セクハラは男性から女性に行われるものに限らず、女性から女性、女性から男性、男性から男性に対して行われるものも対象となる。セクハラに該当するか否かは、基本的に受け手が不快に感じるか否かによって判断し、受け手の感じ方が不明な場合は通常人が不快と感じるか否かで判断することになる。セクハラに該当し得る言動

の例としては、図表５－２－２のような言動が挙げられる。

図表５－２－２　セクハラになり得る言動の例

性的な関心、欲求に基づくもの	スリーサイズを聞くなど身体的特徴を話題にすること。 聞くに耐えない卑猥な冗談を交わすこと。 体調が悪そうな女性に「今日は生理日か」、「もう更年期か」などと言うこと。 性的な経験や性生活について質問すること。 性的な噂を立てたり、性的なからかいの対象とすること。 ヌードポスター等を職場に貼ること。 雑誌等の卑猥な写真・記事等をわざと見せたり、読んだりすること。 身体を執拗に眺め回すこと。 食事やデートにしつこく誘うこと。 性的な内容の電話をかけたり、性的な内容の手紙・Ｅメールを送ること。 身体に不必要に接触すること。 浴室や更衣室等をのぞき見すること。 性的な関係を強要すること。
性別により差別しようとする意識等に基づくもの	「男のくせに根性がない」、「女には仕事を任せられない」、「女性は職場の花でありさえすればいい」などと発言すること。 「男の子、女の子」、「僕、坊や、お嬢さん」、「おじさん、おばさん」などと人格を認めないような呼び方をすること。 性的指向や性自認をからかいやいじめの対象としたり、性的指向や性自認を本人の承諾なしに第三者に漏らしたりすること。 女性であるというだけで職場でお茶くみ、掃除、私用等を強要すること。 カラオケでのデュエットを強要すること。 酒席で、上司の側に座席を指定したり、お酌やチークダンス等を強要すること。

出所：人事院ホームページ（https://www.jinji.go.jp/sekuhara/1homu.html）をもとに筆者作成

4　マタニティ・ハラスメント

　マタニティ・ハラスメント（マタハラ）とは、職場における職員に対する妊娠、出産、育児等の制度等の利用に関する言動により当該職員の勤務環境が害されることをいう。

　妊娠、出産、育児等により職場を不在にすることで、他の職員に負担が掛かることがある。このため、これらに係る休暇・休業等を取得しようとすることに対し、不満を抱く場合があるかもしれないが、マタハラ

は職員の権利の行使を阻害するものであり、決して許されないものと理解すべきである。

　典型例としては、不利益取扱いの示唆、業務上の必要性に基づかない制度の利用等の阻害、繰り返し嫌がらせをすることなどが挙げられる（図表5-2-3）。なお、勤務体制を見直すために育児休業の期間を確認するなど、業務上の必要性に基づく言動によるものは、マタハラには該当しない。また、職場における言動のみが対象となり、職場外における言動によるものは該当しない。

図表5-2-3　マタハラの具体例

不利益取扱いの示唆	育児休業の取得を上司に相談したところ「次の昇格はないと思う」と言われた。
業務上の必要性に基づかない制度の利用等の阻害	育児休業の利用を周囲に伝えたところ、同僚から「自分なら利用しない。あなたもそうするべき」と言われた。「でも、自分は利用したい」と再度伝えたが、再度同じ発言をされ、利用をあきらめざるを得ない状況になった。
繰り返し嫌がらせをすること	「自分だけ短時間勤務をするのは周りを考えていない。迷惑だ」と繰り返しまたは継続的に言われ、勤務する上で看過できない程度の支障が生じた。

出所：人事院ホームページ（https://www.jinji.go.jp/sekuhara/10-15home.html）をもとに筆者作成

5　その他のハラスメント

　このほか職場におけるハラスメントとしては、モラル・ハラスメント（モラハラ）、アルコール・ハラスメント（アルハラ）なども挙げられる。

　モラハラとは、言葉や態度などによって人の心を傷つける、精神的な暴力や嫌がらせを指す。アルハラとは、飲酒に関連した嫌がらせや迷惑行為、人権侵害を指し、飲酒の強要、イッキ飲みの強要、意図的な酔いつぶし、酔ったうえでの迷惑な言動、飲めない人への配慮を欠くことなどが該当する。

このように、職場には様々なハラスメントが存在することを理解し、加害者になることのないよう自身の言動に日頃から十分に留意することが求められる。

6 ハラスメントに遭遇したら

ハラスメントを受けた時は、一人で抱え込まないようにすることが大切である。各自治体にはハラスメントに関する相談窓口が設けられているはずなので、まずはそこに相談してみると良い。

また、同僚がハラスメントを受けた時は進んで声を掛け、相談しやすい環境づくりに努めるとともに、加害者に注意したり、上司に相談したりすることも重要である。

7 ハラスメントQ＆A──身近な事例から

> Q. 遅刻を繰り返していたら、とうとう上司に大声で叱責されてしまった。これはパワハラになるか？

遅刻に対する強い叱責自体は禁じられていない。それが継続的に行われるとパワハラになる可能性があるが、初めての叱責であればパワハラには該当しない。ただし、人格を否定するような言葉で叱責した場合はパワハラに該当する可能性がある。

> Q. 部下を叱咤激励するつもりで、「やる気がないなら辞めろ。今のようなお荷物のままでは給料泥棒と言わざるを得ない」というメールを本人だけでなく課員全員に一斉送信した。これはパワハラになるか？

業務指導の一環と解するには、その表現や方法が侮蔑的・屈辱的であ

り、パワハラと判断される可能性がある。

> **Q．上司を困らせるため、部下全員で無視してもよいか？**

　部下全員が協力してくれなければ仕事は進まない。たとえ部下からでも無視する行為はパワハラになる可能性が高い。

> **Q．職場の忘年会で、女性職員の席を課長（男性）の隣に指定して座らせることはセクハラになるか？**

　性別を意識した扱いであるので、強要すればセクハラになる。本人は嫌でもはっきり断れないことが多いため、このようなことは最初から行わない方が良い。

> **Q．来客へのお茶出しは女性の仕事と定めた場合、セクハラになるか？**

　女性という理由だけで役割を決めることは、性別による差別としてセクハラになり得る。

> **Q．「子どもが熱を出すたびに休むようでは昇進させられない」と言われた。これはマタハラになるか？**

　不利益取扱いの示唆に該当し、マタハラになる。子育てと仕事の両立が困難な職場は女性から忌避される。マタハラのない、働きやすい環境をつくることが、女性自身の活躍につながるのはもちろん、優秀な女性の獲得をはじめ職場としての利益にもつながるのである。

Q. 男性職員が育休を申請したら、「なぜ男が育休を取る
　　必要があるのか」と言われた。これはマタハラになる
　　か？

　業務上の必要性に基づかない制度の利用等の阻害に該当し、マタハラ
になる。なお、男性に対するマタハラのことをパタニティー・ハラスメ
ント（パタハラ）ということもある。

第6編

自治体をめぐる
最近の動向

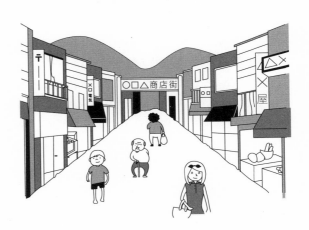

地方分権改革

1 第一次地方分権改革

　今般の地方分権改革につながる第一歩は、1993（平成5）年6月、衆参両院で採択された「地方分権の推進に関する決議」である。この決議は、国と地方の役割を見直し、21世紀にふさわしい地方自治の確立を目指すため、地方分権を積極的に推進するための法制定をはじめ、抜本的な施策を総力をあげて断行することを求めたものである。

　その2か月後、政権交代に伴い、初の知事出身首相による細川内閣が成立し、同じく知事出身である武村官房長官とともに地方分権の推進に着手した。同年10月には、第3次行革審が規制緩和と地方分権の推進を2本柱とする内容の答申を行い、それを受けた形で1994（平成6）年12月に村山内閣が「地方分権の推進に関する大綱方針」を閣議決定した。このなかに、次期国会に法律案を提出することが明記され、翌1995（平成7）年には「地方分権推進法」が成立・施行された。施行後速やかに同法に基づく「地方分権推進委員会」が設置され、具体的な検討が開始された。

　地方分権推進委員会の数次にわたる勧告を踏まえ、1999（平成11）年に地方分権一括法が成立、原則として2000（平成12）年4月から施行された。主な柱は、①機関委任事務の廃止、②国の関与のルール化、③国地方係争処理委員会の設置、④特例市制度の制定、⑤国から都道府県、

都道府県から市町村への権限移譲の推進、⑥市町村合併の推進、⑦必置規制の見直しなどである。

　ここまでの地方分権改革を一般に「第一次地方分権改革」といい、財政面での自由度が高まらなかったこと、国による規制（義務付け・枠付け）の緩和や国から地方への権限移譲が不十分であったことなどから、未完の改革に終わったとの評価も見られる。

2　三位一体の改革

　2002（平成14）年6月、小泉内閣は「骨太の方針2002」において、国庫補助負担金の廃止・縮減、国から地方への税源移譲、地方交付税の見直しの3点を一体的に進める「三位一体の改革」を行う方針を明らかにした。これは、国の補助金による地方コントロールを排除するとともに、地方が必要な財源を担保するためのものである一方、地方への財政支出を押さえ、国の財政再建を図るためのものでもあった。

　三位一体の改革の結果、国庫補助負担金は4.7兆円分が廃止・縮減され、うち3兆円分は所得税から住民税への税源移譲により地方に財源が移転され、7,900億円分は交付金化された。また、地方交付税の見直しは最終的に5.1兆円の減となったため、結果的に地方財政をより圧迫する結果となってしまった。

3　第二次地方分権改革

　地方分権改革を未完のまま終わらせてはならないとして地方六団体等が、その後も積極的な働きかけを続けてきた。それを受け、2006（平成18）年12月に「地方分権改革推進法」が制定され、翌2007（平成19）年4月の施行に伴い「地方分権改革推進委員会」が設置された。

　この改革においては、①国と地方の役割分担の見直しと権限移譲、②国の過剰な義務付け・関与の廃止・縮小、③国庫補助負担金の見直し、④国と地方の二重行政の解消、⑤地方税財源の充実強化、などが掲げら

れている。

　地方分権改革推進委員会は2009（平成21）年11月までに４次にわたって勧告を行った後、2010（平成22）年３月に廃止された。この間、地域主権を唱える民主党への政権交代があり、2009（平成19）年11月に設置された地域主権戦略会議が勧告の実施に向けた対応を担うことになった。12月には、地方分権改革推進法に基づく地方分権改革推進計画が閣議決定され、2011（平成23）年４月の「地域の自主性及び自立性を高めるための改革の推進を図るための関係法律の整備に関する法律」（いわゆる第１次地方分権一括法）、同年８月の第２次一括法、そして自民党への政権交代を挟んだ2013（平成25）年６月の第３次一括法、2014（平成26）年５月の第４次一括法の成立により、義務付け・枠付けの見直しと条例制定権の拡大、国から地方への事務・権限の移譲等が推進された。

　また、2011（平成23）年４月には「国と地方の協議の場に関する法律」が成立し、地方自治に影響を及ぼす国の政策の企画・立案、実施について国と地方が協議を行う「国と地方の協議の場」が設置された。

　地方分権改革推進委員会の勧告事項については、第４次一括法までで一通りの検討が行われたため、2014（平成26）年からは個々の自治体から全国的な制度改正の提案を広く募る「募集提案方式」が導入された。

　それ以降、年に１度のペースで地方分権一括法が成立し、2020（令和２）年６月には第10次一括法が成立した。このように、現在に至るまでさらなる権限移譲や義務付け・格付けの見直しが続けられている。地域が自らの手で地域の課題を解決していくためには、その基盤となる地方分権改革の推進が不可欠であり、今後もさらなる改革が行われる見込みである。

第2章

平成の合併と
自治体間連携

 1 平成の合併に至る経緯

　バブル景気の崩壊とともに長らく続いた右肩上がりの経済成長も終焉（しゅうえん）を迎え、税収の大幅な下落や景気対策を目的とする公共事業の増加等により、国、地方とも巨額の債務を抱えるなど財政状況が急激に悪化の一途をたどった。同時に、人口減少や少子高齢化の進展、都市への一極集中や農村部における過疎化の進行、交通インフラが整備されたことによる日常生活圏の拡大など、わが国の社会構造も大きく変化していった。

　これらの課題への対応にあたり、住民に最も身近な市町村への期待や負担が高まり、市町村が地方分権により多様化・複雑化する公共サービスの担い手となるにふさわしい行財政基盤の確立を目的に、市町村合併を推進する声が高まった。

　これを受け、1999（平成11）年、いわゆる地方分権一括法によって「市町村の合併の特例に関する法律」（合併特例法）が大幅に改正され、市となる人口要件の特例、合併特例債の創設や普通交付税の算定の特例（合併算定替）期間の延長など財政措置の拡充、住民発議制度の充実、都道府県知事による合併協議会設置の勧告制度の導入など、合併推進に向けた諸制度が整備された。また、当時の与党である自民党・公明党・保守党の与党行財政改革推進協議会においては、基礎的自治体の強化の視点で「市町村合併後の自治体数を1000を目標とする」との方針も示された。

さらに、2005（平成17）年の合併特例法の失効に合わせ、新たに「市町村の合併の特例等に関する法律」（合併新法）が制定された。

2 平成の合併の結果

1 合併の進捗状況

　平成の合併も開始から10年が経過し、合併が相当程度進捗したことを踏まえ、全国的な合併推進は2010（平成22）年３月をもって一つの区切りを迎えた。市町村の合併の特例等に関する法律（平成16年法律第59号）（合併新法）は「市町村の合併の特例に関する法律」に改定され、国や都道府県の積極的関与が廃止されるとともに、自主的に合併を選択する市町村については円滑化のための特例措置を講じることとされた。法の期限も10年間延長したが、2020（令和２）年３月31日限りとされている。

　1999（平成11）年３月31日現在で3,232あった市町村数は、2018（平成30）年10月１日現在、1,718に減少した（図表６−２−１）。合併の進捗率は地域ごとに大きな差異があり、特に大都市部や面積の広大な北海道などでは低調である。また、住民の意見集約の失敗や合併相手との調整失敗などの理由により、合併に至らなかった自治体も少なくない。

2 合併の効果
（1） 組織・機構の拡充および専門化

　合併市町村の企画部門を統合することにより、人員および機能を拡充することが可能となった[1]。同時に、組織の専門性を高め、きめ細かい施策を推進することも可能となり、住民サービスの高度化や利便性の向上が図られた[2]。旧市町村では確保・配置できなかった助産師、保健師、司書、学芸員等の専門職員を合併により配置できるようになったところもある。

---

[1]　例として、企画政策課（黒部市）、行財政改革推進室（あさぎり町）、危機管理室（おいらせ町）の新設など。

図表６−２−１　平成11年３月31日以降の市町村数の変遷

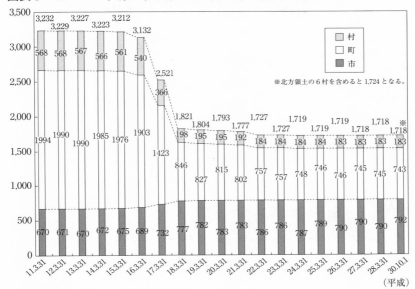

出所：総務省ホームページより（一部修正）

　さらに、地方自治法第252条の17の２が、都道府県の権限に属する事務の一部を条例の定めるところにより市町村に移譲できるものとしていることから、基礎自治体としての基盤が強化されるにつれ、都道府県からの権限移譲の受け皿としての役割も増大し、権限移譲が進展すれば住民の利便性も向上するものと期待されている。

（２）　広域的な視点によるまちづくりの強化

　市町村合併により、まちの枠組みが広域化に伴い、観光行政や広報活動など、広域的な視点による地域資源のネットワークの活用を担うことができるようになったとされる[3]。

　また、合併により無医村地区に診療所が開設されるようになるなど、福祉・医療サービスにおいても、その効果をうかがうことができる。

2　例として、三重県亀山市の子ども総合支援室、鳥取県湯梨浜町の子育て支援課、和歌山県みなべ町のうめ課、静岡県島田市のお茶がんばる課、香川県小豆島町のオリーブ課など。（組織名は合併当時のもの）

（3）　財政基盤の強化や行政運営の効率化

　行財政の基盤を強化することにより、一定の歳入を確保する一方、職員配置の適正化や出先機関の見直しなどで人件費の削減を行うとともに、事務の効率化等により事務経費の削減も行った。

　また、旧庁舎や空き保育所の有効活用、図書館や体育施設などの公共施設の整理統合により財政支出の縮減も行われた。

　総務省による平成の合併の総括では、1998（平成10）年末から2008（平成20）年末の間で、議会議員数は20,803人減少するなど、概ね合併後10年経過以降においては、人件費等の削減等により、年間1.8兆円の効率化が図られると考えている。

3　自治体間連携

■1　市町村合併の総括と課題

　平成の市町村合併は、住民が自らの地域をどのように運営していくのか、そのオープンな議論により、住民の関心を高め、旧市町村の区域ごとに異なる水道料金、重複する公共施設の統廃合等、身近な行政サービスのあり方について考える契機になった。

　一方、合併の弊害として、「役場が遠くなり不便になる」、「中心部と周辺部の格差が増大する」、「住民の声が届きにくくなる」といった意見も指摘されてきた。しかし、合併を契機に、コミュニティ活動がより活発化し、住民が地域活動を主体的に行うようになった地域も増えている。このことから、市町村合併が、行政依存型コミュニティから本来あるべき住民自立的コミュニティへの変化を促す契機となったともいえる。

3　例えば、和歌山県みなべ町は、合併により梅の生産量が日本一になったことから、「日本一の梅の町」としてＰＲを行っている。また、栃木県日光市は、合併により鬼怒川温泉、湯西川温泉など全国的に著名な観光地と一つになったことから、広域的な観光ルートの作成や一体化した観光イベントを展開できるようになり、観光施策の多様化やイメージの向上に努めることができたとされる。

2 これからの基礎自治体

　市町村合併は、一定の成果を見せたものの、意見集約の不調のために未合併になった市町村は３割強に達するほか、組合せの相手との関係や地理的要因が合併の阻害要因なった。また、地方財政状況の悪化や人口減少時代の到来など、地方を取り巻く環境は厳しい。

　このため、今後も簡素で効率的な行政体制を目指す必要はあるが、各市町村の多様性を踏まえ、市町村合併のほか、共同処理方式による広域連携、都道府県による補完など、多様な選択肢から、各市町村が最も適した仕組みを自ら選択することが今後のあるべき姿である。

3 広域行政の推進

　総務省は、人口減少、少子高齢化が進行する中、地方圏において安心して暮らせる地域を形成し、地方圏から三大都市圏への人口流出を食いとめるとともに、三大都市圏の住民にも居住の選択肢を提供し、地方圏への人の流れを創出するため、「定住自立圏構想」を推進している。

　「定住自立圏」とは、人口が５万人程度以上、昼夜間人口比率が１以上など、一定の要件を満たす「中心市」と、中心市に近接し、住民生活等において密接な関係を有する「近隣市町村」が、１対１の協定を締結して形成される圏域のことを指す。定住自立圏は、集約とネットワークの考え方に基づき、中心市において圏域全体の暮らしに必要な都市機能を集約的に整備するとともに、近隣市町村において必要な生活機能を確保し、互いに役割を分担しながら連携・協力することによって、圏域全体の活性化を図ることを目的としている。

　さらに、一定の圏域人口を有し活力ある社会経済を維持するための拠点を形成するため、「連携中枢都市圏」が提唱され、2014（平成26）年に地方自治法が改正され、地方公共団体間の柔軟な連携を可能とする「連携協約」という新たな仕組みを導入した。これにより、圏域全体を見据えたまちづくりの方針や役割分担等について自由に締結することが可能となり、圏域内における高次の都市機能を集積し、圏域全体の経済をけん引し、新たな圏域ブランドを育成するなど、一層の広域連携の促進が

図れることとなった。2015（平成27）年度からは、地方交付税措置を講じて全国展開し、2019（平成31）年4月1日現在で34市（32圏域）が連携中枢都市圏を形成し、延べ304の市町村がコンパクト化とネットワーク化により持続可能な社会の実現に向け、取り組んでいる。

　茨城県水戸市では、近隣の9市町村それぞれの議会の議決を得て、2016（平成28）年7月5日に茨城県央地域定住自立圏形成協定を締結した。定住自立圏形成協定の締結にあたっては、人口定住のために必要な生活機能の確保に向けて、中心市と近隣の市町村が1対1で、「生活機能の強化」「結びつきやネットワークの強化」「圏域マネジメント能力の強化」の3つの観点から、連携する取組を定めており、協定締結後は、圏域の将来像や関係市町村が連携して推進していく具体的取組の内容等を定めた『定住自立圏共生ビジョン』を策定している。

　また、2014年（平成26）年には、地方公共団体の事務の一部を、当該地方公共団体の名において、執行権限の譲渡を伴わずに他の地方公共団体に行わせる「事務の代替執行」という制度も導入された。この制度は、過疎化や人口減少が進み、技術系職員層が薄い小規模自治体において、近隣に事務の共同処理を行うべき市町村がない場合において、市町村優先の原則や行政の簡素化・効率化という事務の共同処理制度の立法趣旨を踏まえつつ、都道府県が事務の一部を当該市町村に代わって処理することができるようにすることを念頭に制度化されたものである。

　このように、社会経済情勢が変化していく中、基礎自治体である市町村は、自らの創意工夫により、地域の魅力を高め、永続的なまちづくりに努めている。

　一方で、住民ニーズが多様化・複雑化している今日、一つの市町村が全ての行政課題に対応し解決を図っていくことが困難になってきている。

　このことから、同じ行政課題を抱える市町村が、人口減少等により地域にもたらす様々な課題に一丸となって取り組むため、これまで培ってきた連携をより一層強化し、補完し合うことなどが、今後のまちづくりには必要不可欠であるといえる。

第3章

財政健全化

1 「夕張ショック」の衝撃

2006（平成18）年6月、北海道夕張市は自力での財政再建は困難として、地方財政再建促進特別措置法（以下、「地方財政再建法」という）の準用による再建を表明した。再建団体の出現は2001（平成13）年に福岡県赤池町が財政再建を果たして以来のことであり、地方財政の危機的状況を象徴するニュースとして、「夕張ショック」は連日報じられることとなった。

当時、関係者だけではなく世間をも驚かせたのは、一般会計と特別会計等との間での資金融通により巧妙な赤字隠しが行われた結果、公社等まで含めた夕張市全体の債務残高は2005（平成17）年度末時点で632億円にものぼり、市の標準財政規模[4]の約14倍と巨額の債務を負っていたことが、市が表明するまでまったくわからなかったことである。

1955（昭和30）年に制定された地方財政再建法は、自治体からの申し出により再建団体となるものであるが、「夕張ショック」をめぐる議論のなかで、同法では①財政情報の開示等が不十分、②再建団体の基準だけで早期是正措置がない、③普通会計[5]を中心とした収支の指標のみで、

4 　地方税や地方交付税などの経常的な一般財源の規模。

5 　一般会計と特別会計の一部で、地方団体間で比較ができるよう、標準となる会計。

負債等のストック指標がないなどの課題が浮き彫りとなり、新たな法整備の機運が高まった結果、地方公共団体の財政の健全化に関する法律（以下、「地方財政健全化法」という）が新たに制定された。

2 地方財政健全化法の仕組み

　地方財政健全化法では、「夕張ショック」をめぐる議論から、四つの健全化判断比率（①実質赤字比率、②連結実質赤字比率、③実質公債費比率、④将来負担比率）により、その自治体の財政の健全性を判断し、突然破たんとなる前にあらかじめ早期是正を図れるよう、毎年度、情報を開示することとした。

　健全化判断比率のうち①実質赤字比率は、普通会計の資金不足の大きさを示すものであり、②連結実質赤字比率は全会計を純計した資金不足の大きさを示すもので、いずれも当該団体の資金繰りの厳しさを表す指標となっている。

　③実質公債費比率は、一般財源に対する公債費や準公債費[6]から交付税措置や特定財源を控除したものの割合を示すものである。一般財源に対する公債費等の割合を示すことにより、当該団体の財政の硬直性を判断できるものとなっている。

　①実質赤字比率、②連結実質赤字比率、③実質公債費比率はいずれもフロー指標であるが、④将来負担比率は地方自治体の債務を表すストック指標となっている。③実質公債費比率は地方債の負担の重さをフローである公債費（毎年の元利償還金）で判断しているが、④将来負担比率は残高等のストックで判断するものとなっている。近年、地方債の償還ルールの多様化が進むなか、フローを示す実質公債費比率だけでは財政の硬直性を判断できなくなってきたために、ストック指標として新たに④将来負担比率が定められることとなった。

6　公営企業債に充てる繰出金、一部事務組合等の公債費に充てられる負担金・補助金、公債費に準じる債務負担行為。

④将来負担比率は、一般財源に対してどれだけ将来負担すべき実質的債務（将来負担額から充当可能な財源を控除したもの）があるかどうかを示すもので、ストック面に着目した当該団体の実質的負債と償還能力を比較するものとなっている。

将来負担額は、地方債現在高だけではなく、債務負担行為による支出予定額、公営企業・一部事務組合等での公債費に対する一般会計負担見込額、退職手当支給予定額（全職員に対する期末要支給額）のうち一般会計負担見込額、設立法人等の負債のうち一般会計負担見込額など、将来支出が見込まれるものをストックとして評価することとしている。

各自治体は、毎年度、四つの健全化判断比率を算定し、監査委員の監査に付した上で、議会に報告、公表することとされている。その際に、①～④の比率のうちいずれか一つでも早期健全化基準を超えると、早期健全化団体[7]として財政健全化計画を作成することとなる。

また、①～③の比率のうちいずれか一つでも早期健全化基準を超え、財政再生基準を超えると、財政再生団体[8]として財政再生計画を作成し、総務大臣の同意を得られなければ、起債制限の解除や再生振替特例債の発行ができないこととなる。なお、④将来負担比率はストック指標であり、ストックの多寡による財政再生基準は設けられていない。

財政健全化計画は自主的な改善による財政の健全化を図るものであり財政再生計画は国等の関与による確実な再生を図るものとなっている。

3 地方公営企業等をめぐる動き

上下水道などの地方公営企業についても、地方財政健全化法が適用され、各々の公営企業会計ごとに、一般会計等における実質赤字比率に相当する資金不足比率を算定し、経営健全化基準を超える場合には、経営健全化計画を作成することとなっている。

2009（平成21）年からの公営企業・第三セクター等の抜本的改革によ

7　自主的な改善努力による財政健全化を図る団体。

8　国等の関与による確実な再生を図る団体。

り、経営健全化基準以上の公営企業会計が大幅に減少（平成20：61会計→平成30：7会計）するとともに、第三セクター等改革推進債の活用などにより地方公共団体が行う損失補償・債務保証額も縮減が進んだ（平成20：7.5兆円→平成29：3.7兆円）。

　従前から課題とされてきた公営企業や第三セクター等の負債が地方財政健全化法により顕在化されたことにより、抜本的な改革が進んだものと考えられるが、今後も新会計基準による予算・決算の実施など公営企業の全面的な見える化が進められており、引き続き経営健全化が求められている。

4　財政健全化に向けた今後の取組

　地方財政健全化法による健全化判断比率だけではなく、自治体も民間と同様の財務諸表を予算編成等に積極的に活用し、限られた財源を「賢く使う」取組が必要であることから、貸借対照表、行政コスト計算書、資金収支計算書、純資産変動計算書の財務4表を、関連団体も含む連結ベースで策定するよう「統一的な基準によるマニュアル」が示され、全ての地方公共団体において作成するよう、要請されている。資産・債務の状況はこれまで非常にわかりにくかったが、財務4表を整備することで整理が進み、住民にもわかりやすくなることが期待されている。

　また、公共施設等の老朽化対策が大きな課題となっており、今後の人口減少等を踏まえた施設の統廃合・長寿命化などの最適化が求められている。2014（平成26）年には、公共施設等の総合的かつ計画的な管理を推進するための計画である、公共施設等総合管理計画の策定に取り組むよう国から要請されたことを受け、ほとんどの団体で策定された。

　地方財政をめぐる動向は近年、多くの制度改正等が行われている。それらはいずれも情報開示を徹底し、自ら財政規律に努めることを求めているが、地方自治の主役である住民と、その信託を受けて公共サービスを担う自治体との関係性を踏まえれば、これらは自然と達成されよう。

第4章

超高齢社会

 ## もはや高齢化社会ではない

　日本が高齢化社会といわれ、高齢者に焦点を当てた政策が求められはじめて久しいが、現在の日本はもはや高齢化しつつある社会とはいえないほど高齢化が進行している。2019（平成31）年には総人口約1億2,632万人のうち65歳以上の人口が約3,562万人、総人口に占める割合は約28.2％となっており、WHO（世界保健機構）や国連が定める指標によれば超高齢社会と定義される割合である。すでに日本は高齢化社会と呼称する時期を越え、「超高齢社会」と呼ぶに適した人口構造となっている。

　あわせて日本の総人口は減少に向かっている。2015（平成27）年の国勢調査では初めて前回調査の総人口を下回り、人口減少の局面に入ったとされた。日本の将来を支える年少人口も減少傾向にある（第5章参照）。

　これら超高齢社会と少子化が相まって日本は本格的な少子超高齢社会に突入したといえる。2019（平成31）年で、すでに3.5人に1人が高齢者であるが、2065（令和47）年には2.6人に1人が高齢者になると推計され、今後の日本の社会保障や経済活動に大きな影響を与えると予測されている。例えば、社会保障においては医療や介護に必要な費用が増大しているところであるが、2025（令和7）年には介護に要する費用が現在の1.5倍の15.3兆円まで増大すると試算されている。

　こういった人口構造の変化を受け、国では介護保険料の負担対象を拡

大するなど社会保障制度等についての制度そのものの改定を含めた見直しなど検討が進められている。

 ## 2　人口構造変化の推移と超高齢社会

　日本が超高齢社会となった要因と考えられるものには少子化と高齢者の長寿命化がある。少子化と高齢化は必ずしも同時に進行するものではないが、高齢化によって社会資源を高齢化対策に投じたため並行的に少子化が進行したのが現在の日本であると考えられ、結果として世界に例のない速度で少子高齢化が進行したと考えられることは念頭におく必要がある。

　まず少子化については低迷する合計特殊出生率にみられるように、年少人口の減少がひとつの理由となっている。近年は微増傾向であるが、欧米諸国に比べ依然低い水準であることに変わりはない。

　一方の高齢者の平均寿命であるが、こちらはさらなる長寿命化が予想されている。2010（平成22）年現在、男性79.6歳、女性86.4歳であるが、2065（令和47）年では男性84.9歳、女性91.3歳になるとされ、高齢期がさらに長くなると考えられている。また、2065年にこれらの年齢を迎える世代は第2次ベビーブーム（1971〜74年）に誕生した団塊ジュニア世代と呼ばれ、人口構成比も大きい。少子化が進むとともに高齢者の平均寿命が延びたことで、高齢者人口が相対的に増加して急速な少子高齢化が生じ、現在の日本の超高齢社会を招いている。

　これらのことにより高齢者人口の総人口に対する割合は増大を続け、1950（昭和25）年では4.9％であったものが1989（平成元）年には12.1％、2019（平成31）年には28.7％と右肩上がりで増加した。今後この速度で高齢者人口割合が増加すると、2065（令和47）年には38.4％まで到達すると推計されている。

　この超高齢社会への推移を踏まえたうえで、行政には、課題を解決する取組が求められている。高齢化の進展となると介護や医療のニーズが増加する、労働力が減少するといったマイナスのイメージで捉えがちで

あるが、実際は高齢者のうち8割以上が介護を必要としない、いわゆる「元気な高齢者」である。

　介護や医療を必要とする高齢者も、また元気な高齢者も、住み慣れた地域で生きがいを持ちながら安心・安全に生活し続けることが可能な社会を実現する必要がある。

3 超高齢社会における行政の取組 〜介護予防とシニア活躍の推進〜

　超高齢社会において社会保障費の増大や経済規模の縮小を防ぐためには、高齢者がその年齢でありながら介護や医療を必要としない「元気な高齢者」として、いきいきと活躍できる場が必要である。

　そのためにまず、国は介護や医療が必要とならない高齢者を増加させるよう、介護や医療を予防する啓発を行った。介護に関しては、2015（平成27）年に介護予防・日常生活支援総合事業のガイドラインを策定したところである。介護の必要性の低い高齢者の増加、介護の重度化の予防を推進することにより、結果として費用の効率化を図る目的で、支援が必要な高齢者に対し市町村が中心となって地域の支え合い体制づくりを目指す総合事業を開始している。

　医療に関しては2002（平成14）年に制定された健康増進法に基づき、21世紀における第二次国民健康づくり運動（いわゆる健康日本21であり、現在は第二次）を策定し、生活習慣病の発症予防と重症化予防の徹底、飲酒・喫煙をはじめとした生活習慣および社会環境の改善などにより、健康寿命の延伸と地域間の健康格差の縮小を目指している。

　そのうえで、生産年齢人口の減少に伴うわが国の労働力縮小への対策として、元気な高齢者が年齢にかかわりなく意欲と能力に応じて活躍できる「生涯現役社会」の実現に向けた取組を行っている。改正高年齢者雇用安定法（平成25年施行）に基づき、シルバー人材センター事業の推進や定年後の雇用の希望者全員が継続雇用制度の対象とするなどの措置を総合的に講じ、高年齢者等の職業の安定を図っている。

一方で高齢者の活躍を行政施策として取り上げる自治体も増加している。例えば埼玉県においては、シニア活躍の推進として県は県内企業への訪問を行っており、定年・継続雇用の延長やシニア層が働きやすくなる取組を行っている企業をシニア活躍推進宣言企業として県が認定することで、その企業に対して様々なメリットを設けるなど、積極的なシニア雇用を促進している。

　このように、超高齢社会においても持続可能な社会を維持するため、国と地方自治体がそれぞれの役割を担い、具体的な対策を始めているところである。

 ## 4　今後の超高齢社会のあり方

　これまで高齢者とは「支えが必要な人」との考え方が主流であった。これからの社会において国は、年齢や性別に関係なく、すべての人が社会保障の支え手であり、また受益者であるとの考え方から、意欲と能力のある65歳以上の高齢者には支える側に回ってもらうよう意識を変える必要があるとしている（平成28年版高齢社会白書より）。

　高齢者の意欲や能力を最大限活かし、社会の担う者として活躍してもらうためには、それぞれの自治体をはじめとした地域が主体となっていく必要がある。地域とのつながりが希薄化している中で地域のコミュニティの再構築を図り、高齢者が支えを必要としたときに人間らしく生活できる尊厳のある超高齢社会の実現が求められている。

　世界のどの国もこれまで経験したことのない超高齢社会を迎えた中で、高齢者が安心・安全な生活をする環境を実現するためには、全員参加型社会の推進を図り、国と地方が連携して制度・基盤の整備を行っていくことが必要なのである。

第5章

少子化社会

 1 少子化の現状とその要因

1 少子化の現状と影響

　わが国では、近年、少子化が大きな問題として取り沙汰されている。人口学において「少子化」とは、合計特殊出生率（一人の女性が一生の間に生む子どもの数）が、人口置換水準（長期的に人口が安定的に維持される合計特殊出生率の水準）である2.07前後を、相当期間下回っている状況を指す。

　わが国の合計特殊出生率は、第1次ベビーブーム期（1947～1949年）には4.3を超えていたが、1950（昭和25）年以降急激に低下し、その後、ほぼ2.1台で推移していた。しかし、1975（昭和50）年に2.0を下回ってからは再び低下傾向となり、2003（平成15）年には1.3を下回り、2005（平成17）年には過去最低である1.26まで落ち込んだ。2006（平成18）年以降は3年連続で上昇していたが、その後は微増傾向となり、2018（平成30）年は1.42と、依然として極めて低い水準にあるといえる。

　また、年間出生数[9]については、第1次ベビーブーム期には約270万人、第2次ベビーブーム期（1971～1974年）には約210万人であったが、1975（昭

---

[9]　合計特殊出生率および年間出生数は、2019（令和元）年11月28日に公表された2018（平成30）年人口動態統計（確定数）による。

和50）年に200万人を割り込み、1991（平成3）年以降は増加と減少を繰り返しながら、緩やかな減少傾向となり、2016（平成28）年にはついに100万人を割り込み、2018（平成30）年は91万8,400人となっている。

　少子化の進行に伴う人口構造の変化は、社会保障制度に支障を来たすほか、労働人口の減少、経済規模の縮小、税収の減等の影響を及ぼす。

② 少子化の要因

　わが国では近年未婚化・晩婚化が進行し、出生数の減少に大きな影響を及ぼしている。そこで、国がまとめた結婚や出産行動に影響を及ぼしていると示唆される要素を見てみると、結婚については、経済的基盤や雇用・キャリアの将来の見通し等、出産については、就業継続の見通し、夫婦間の育児の分担、育児不安、教育費の負担感等が挙げられている。

　これらの要素が、結婚や出産に対する国民の希望の実現を困難にし、少子化を進めている要因のひとつと考えられている。

2　少子化対策から子ども・子育て支援へ

① 少子化対策に関する法律・計画

　国では、これまで、少子化対策の基本的方向と重点施策を定めた1994（平成6）年の「エンゼルプラン」、1999（平成11）年の「新エンゼルプラン」、2004（平成16）年の「子ども・子育て応援プラン」の策定のほか、少子化社会において講ぜられる施策の基本理念を明らかにした「少子化社会対策基本法」および同法に基づく「少子化社会対策大綱」や自治体・企業における10年間の集中的・計画的な取組を促進するための「次世代育成支援対策推進法」（以下、「次世代法」という）の制定等を行ってきた。しかし、上記のようなこれまでの少子化対策では、目に見える成果として生活の中で実感できない現状にあることから、国は、2010（平成22）年1月に子ども・子育て当事者の目線に立った、子どもと子育てを応援する社会づくりを柱とした「子ども・子育てビジョン」（2010年度からの5カ年計画。以下「新ビジョン」という）を策定した。そして、2012

（平成24）年には、すべての子ども・子育て家庭への支援、幼保一体化を柱とした子ども・子育て関連３法案が国会で成立し、2015（平成27）年４月１日から、同法に基づく「子ども・子育て新システム」（以下「新システム」という）が実施されている。また、併せて同年３月には、新たな「少子化社会対策大綱～結婚、妊娠、子供・子育てに温かい社会の実現をめざして～」が閣議決定されている。

2016（平成28）年４月には、「企業主導型保育事業」の創設等を内容とする改正「こども・子育て支援法」が施行されたほか、同年６月には、「ニッポン１億総活躍プラン」において、「希望出生率1.8」の実現に向けて若者の雇用安定・待遇改善、多様な保育サービスの充実、働き方改革の推進、希望する教育を受けることを阻む制約の克服等の対応策を掲げ、今後10年間のロードマップが示された。

これを受けて、2017（平成29）年３月には「働き方改革実行計画」の策定、同年６月には「子育て安心プラン」が公表され、女性就業率80％にも対応できる32万人分の保育の受け皿を整備することとした。さらに、同年12月には、「新しい経済政策パッケージ」の１つとして、「人づくり革命」を打ち出し、幼児教育・高等教育の無償化、待機児童の解消等を実施することとした。

2018（平成30）年６月には、長時間労働の是正、多様で柔軟な働き方改革の実現、雇用形態にかかわらない公正な待遇の確保等の措置を講じることを定めた「働き方改革を推進するための関係法律の整備に関する法律」が成立した。

一方、地方では、次世代法に基づく行動計画や子ども・子育て支援法に基づく子ども・子育て支援事業支援計画のほか、北海道や高知県などでは、子どもの権利擁護に関する条例や子育て支援に関する条例等を制定するなど独自の取組を行っている自治体もある。

② 国・地方における主な子ども・子育て支援策
（1） 安心して子どもが育ち、子育てができる環境の整備

新システムでは、「保護者が子育てについての第一義的責任を有する」

という基本的な認識のもとに、幼児期の学校教育・保育、地域の子育て支援を総合的に推進することとしている。具体的には、①認定こども園、幼稚園、保育所を通じた共通給付（「施設型給付」）や小規模保育等への給付（「地域型保育給付」）の創設、②認定こども園制度の改善、③地域の実情に応じた子育て支援の充実を図ることとしている。実施主体は市町村であり、地域の実情に応じて必要な給付・事業を計画的に実施していくこととしている。

　また、政府は、待機児童問題を最優先課題と位置付け、2013（平成25）年4月に「待機児童解消加速化プラン」を策定し、2013（平成25）年度から2017（平成29）年度末までの5年間で新たに50万人分の保育の受け皿整備を行う目標を掲げた。この結果、合計約53.5万人分の保育の受け皿を拡大し、待機児童数は、2018（平成30）年4月時点において1万9,895人（対前年比6,186人減）と、10年ぶりに2万人を下回った。今後、前述の「子育て安心プラン」において、2017（平成29）年度から2020（令和2）年度末までの間に32万人の受け皿を整備するほか、保育人材の確保のため、処遇改善や新規資格取得支援、就業継続支援、離職者の再就職支援など総合的な対策を講じることとしている。

　さらに、共働き家庭等のいわゆる「小1の壁」を打破するため、全ての就学児童が放課後などを安全・安心に過ごし、多様な体験・活動を行うことができるよう、文部科学省と厚生労働省が共同で、2014（平成26）年7月に「放課後子ども総合プラン」を策定し、学校施設を徹底活用して、放課後児童クラブ及び放課後子ども教室の一体型を中心とした取組を推進することとしている。このプランでは、2018（平成30）年度末までに、放課後児童クラブについて、約30万人分を新たに整備し、合計で約122万人分の受け皿を確保することとしている。

（2）　結婚・出産の希望が実現できる環境の整備

　若者が、結婚・出産の希望が実現できる環境を整備するため、キャリア教育の支援、就職支援、非正規雇用対策等を通じた雇用の安定化を図っている。また、2013（平成25）年度補正予算で創設された「地域少子化

対策強化交付金」（2015（平成27）年度補正予算より「地域少子化対策重点推進交付金」に変更）を活用した地方公共団体における結婚支援の取組の支援等を行っている。

国等の調査によると、未婚の最大の理由は、適当な相手にめぐり会えないことであるという結果が出ていることから、地方自治体を中心に独身男女の出会いの場の創出事業等を実施しているところが増えている。一例として、茨城県では、2006（平成18）年6月に、（社）茨城県労働者福祉協議会と共同で「いばらき出会いサポートセンター」を設立し、会員制のパートナー紹介のお手伝いやふれあいパーティー等を実施しており、2020（令和2）年2月末までに、2,212組の成婚実績をあげている。

（3）　3人以上の子どもが持てる環境の整備

多子世帯の経済的負担を軽減するための措置については、一定の要件の下で児童手当や幼児教育・保育などにおいて行われている。その他、保育所等の優先利用、公営住宅への優先入居、多子世帯向け子育て支援パスポート事業の拡充などを行っている。

（4）　男女の働き方改革の推進

「仕事と生活の調和（ワーク・ライフ・バランス）憲章」及び「仕事と生活の調和推進のための行動指針」を踏まえ、長時間労働の抑制、年次有給休暇の取得促進など企業における取組の促進を図っている。また、企業経営者の意識改革、「イクボス」や「子育て」に関する企業文化の醸成、配偶者の出産直後からの男性の休暇取得の促進等を図っている。

（5）　地域の強みを活かした取組への支援

国では、前述の「地域少子化対策重点推進交付金」を活用し、結婚支援、男性の家事・育児への参画促進、子育て支援パスポート事業など地方公共団体が行う結婚、妊娠・出産、乳児期を中心とする子育てに温かい社会づくり・機運醸成の取組を支援している。

子育て支援パスポート事業については、各地方自治体が、地元企業の

協賛を得て、子育て家庭に対する料金割引やプレゼント等のサービスを行うものであり、2017（平成29）年4月からは全都道府県で相互利用が可能となった。

また、国の「まち・ひと・しごと創生総合戦略」（2014（平成26）年12月閣議決定、2018（平成30）年12月改訂）では、若い世代の結婚・出産・子育ての希望をかなえることを基本目標に掲げ、①少子化対策における「地域アプローチ」の推進、②若い世代の経済的安定、③出産・子育て支援、④地域の実情に即した「働き方改革」の推進に取り組むための具体的な施策を記載するとともに、「少子化社会対策大綱」と連携した総合的な少子化対策を国と地方が連携して推進する旨を盛り込んでいる。

（6）　様々な家庭環境にある子どもへの支援

様々な家庭環境にある子どもへの支援を実施するため、子どもの貧困対策の推進に関する法律（2014（平成26）年1月施行）に基づく取組や、児童相談体制の強化（児童相談所の体制強化）、ひとり親家庭への就業支援等の取組が行われている。

3　さらなる取組に向けて

現在の少子化の状況は、個人・地域・企業・国家に至るまで多大な影響を及ぼすものであり、我が国の社会経済の根幹を揺るがしかねない危機的状況にあることから、少子化対策は「待ったなし」で取り組む必要がある。

これまで述べてきたとおり、国や地方自治体では、少子化に歯止めをかけるための様々な取組が進められているが、少子化対策の効果があらわれるためには長い時間を要することから、長期的展望に立ち、粘り強く実施することが肝要である。

第6章

住民協働

1 協働とは何か

　「協働」は自治体行政に欠かせない用語となった。今や、自治体が策定する行政計画に「協働」の二文字が登場しないことの方が少ないだろう。しかし「協働とは何か」と問われたら、言葉に詰まる人は多いのではないだろうか。

　協働とは、一般に、公共サービスの提供者と受給者とされる行政と住民が連携・協力することにより、公共サービスの生産性を向上させることとされる。

　ここには様々な前提が埋め込まれているが、その前提は正しく認識されていない場合が多い。日本で初めて「協働」の語を用いたとされる荒木昭次郎氏によれば、協働とは本来、「地域住民と自治体職員が共に自治体政府の役割を果たす」という考えが起点になっている。しかし実際には「協働」という文字が示す「住民と行政が協力して働く」という、ある意味都合の良いイメージが、それぞれの立場・文脈において用いられた結果、本来の意味があいまいになり、協働が形式的なものに帰着してしまうことが少なくない。

　もともと住民と行政は対立構造に陥りやすい。行政には「協働によって住民のいうことを聞かなければならない」という思い込みがあり、住民側は行政の公正・公平な立場への理解を示さずに批判や要望に走りや

すい傾向がある。また、協働は最終的に公共サービスの生産性向上を目指しているために、行政活動の補完であるという誤解を生じさせ、安価なアウトソーシングではないかという批判を招きやすい。一緒にまちづくりを進めようとするコンセプトでは合致しているものの、「協働」そのものが正しく理解されていないために生じてしまう非効率は多く、それがまた協働を敬遠する原因となっている。

　本章では、協働の前提を整理し、その本質が「住民が自分たちの住むまちを自分たちでつくる」ことにあることを説明していく。それにより、行政の果たす役割も見えてくるはずである。

2　なぜ協働が必要か〜時代・社会の変化

　高度経済成長時代、豊かな財源をもとに様々な福祉政策が打ち出され、サービスの提供主体を市区町村とする機関委任事務制度によって、公共サービスが全国一律にまんべんなく提供されることとなった。

　しかし、社会や環境の変化はライフスタイルや価値観の変化をもたらし、地域を取り巻く課題を多様化・複雑化させた。精神的な充足を求める住民がいる一方で、最低限の生活を保障する公共サービスの必要性は減る気配がない。しかも現代の課題は、少子化、高齢化、核家族化、ひとり親家庭の増加、収入格差、情報格差など、様々な要因が複合的に合わさることによって発生しており、原因の特定はもちろんのこと、問題が起こっている箇所を把握することすら難しくなっている。

　2000（平成12）年に地方分権一括法が施行されて以降、地方自治体は地域の実情に応じた地方行政を行うために、行財政を絶えず見直しながら、限られた財源を真に必要な施策に投入することを求められている。

　それでは地域の実情を把握するにはどうしたらよいか。地域で起こっている課題を最もよく知るのは、実は行政ではなく住民である。1960年代後半から70年代にかけて噴出した市民運動は日常生活の課題を解決することから始まった。1995（平成7）年の阪神・淡路大震災では多くのボランティアが活躍した。それを契機として、1998（平成10）年には特

定非営利活動促進法（NPO法）が整備され、住民が地域の課題に自発的に取り組む市民活動は広く社会に認知されるようになった。2011（平成23）年の東日本大震災、2016（平成28）年の熊本地震、2018（平成30）年の広島豪雨などの大規模災害において、市民活動団体や企業、ボランティアなどが被災者の生活を支えたことは記憶に新しい。もはやこのような協力・連携なしに、住民の生活を支えることが難しいのは明らかである。

　ところが、こうした市民活動は継続性という点で課題を抱えている。個人の気づきと自発性が活動の源泉であることからボランタリズムに頼ることとなり、団体として組織されてはいても、人的・財政的に活動基盤が弱く、時間と共に活動が後退するという経過をたどりやすい。

　一方、行政は組織力に優れ、活動の継続性には問題がない。しかし公正・公平なサービスの原則による制約や、手続に時間が取られるといった弱点がある。例えば、被災地の避難所に全国から救援物資が届いているにも関わらず、公平性が担保されないという理由で被災者に物資が配布されなかったという報道を聞いたことがあるだろう。こうした批判を生む機動力や柔軟性の欠如は、行政に内在する制約によるものである。

　地域課題を地域で発見し、解決に結びつける。そのために住民と行政が協力・連携していく。このことに異論はないだろう。しかし住民、行政、市民活動団体それぞれに特有の考え方・特徴、そして制約がある。こうした違いや特徴、強みを生かし、弱みを補ってお互いに補完し合いながら、多様化・複雑化した地域課題に対してより効率的に対応していこうというのが「協働」の基本的な考え方である。

3　協働の課題〜パートナーシップと情報共有

　「新しい公共」や「協働」という用語が使われ始めた2010年頃、協働を実現するための手段として「協働事業提案制度」が多くの自治体で創設された。これは市民活動団体が地域課題を住民目線で捉え、その課題を解決するための事業を立案して行政に提案し、第三者の選考を経て事

業化するというものである。この制度に込められたのは、住民による課題の発見と対応という地域の潜在的能力、および協働を通じた団体の成長に対する期待である。

　しかし運用から数年を経て、提案数・提案団体数の減少や財政難などの理由から縮小に転じている自治体も少なくない。表向きは当初の目的を達成したという理由によるが、制度に期待した住民の自発的で自由な活動の広がりにまで結びつかなかったという事実があることも否めない。

　協働が地域の課題解決に向け「協力して働く」ことだとして、そのために必要なことは何か。協力し合うためには、まずお互いが対等であること、そしてその課題に関する情報が互いに共有されていなければならない。住民の持つ地域の細かな情報と、行政の持つ全体的な状況把握や課題を解決に結びつけるための知識を持ち寄って、両者が対等な立場で協力して行動を起こす。そしてそれをほかの住民に広げることができれば、それはすなわち地域の課題解決に向けた持続可能な活動に結びつく。つまり協力して働くことは「目的」でなく、「手段」なのである。

　しかし協働の現場では手段と目的の混乱が生じがちである。しかも協働事業を行うことによって、行政に課せられた計画的な業務の遂行や民主的手続という制約が、団体の強みである機動力や柔軟性を損なってしまうことが少なくない。さらに団体の基盤強化のための金銭的支援、公金の投入がこうした傾向を助長してしまう場合もある。

 4　協働の前提としての市民参加

　それでは住民と行政の間の対等なパートナーシップを成立させるために必要となることは何か。それは住民が自治を伴って地域に参加することである。行政主導型の市民参加では、参加の範囲は決められているものの、住民はその責任を取る必要はなかった。しかし自治を伴う市民参加には責任が伴う。

　例えば、避難所での物資配布で実際の配布を住民が担うとする。これ

は最も単純なかたちの参加である。しかし300人の被災者に対して物資が200人分しかない場合、行政は300に揃うまで配れない。そのときどうするか、協働ではこの対応が問われる。行政の対応を批判するに留まるか、あるいは配分をどうするか自分たちでルールを決め、みんなが合意または納得した上で配布するか。それを決めるのが自治である。もしその物資が嗜好品ならば不要だという人がいて200で足りる場合もあるだろう。でもそれが毛布や水などの生活必需品ならば300人全員が必要になる。自分たちで決めるのなら、物資が300になるまで待つことも、優先順位を決めて配ることもできる。

「自分たちで決める」。行政にできないことができるのは、実は住民なのである。その時に行政が果たす役割は、合意形成の支援にすぎない。こうした前提があってはじめて真の協働は成立する。

現在、協働は新たな局面を迎えている。地方分権改革と行財政の見直しを背景として登場した協働は、これまで主に地域の課題解決に焦点があてられていた。そのため現行の法制度では整理しきれない、住民の自己実現的な要素を含む価値創造型の事業は、その対象から遠ざけられていた。しかし行政計画で描かれるまちの未来像は「こんなまちに住みたい。こんなまちにしたい」という住民の思いと活動があってこそ実現可能なものである。そしてそのための手段として「協働」があることが、行政計画には明記されているはずである。

住民が自治を伴って地域に関わり、責任を持って行動するのであれば、少なくとも行政には主体的にまちづくりに関与しようとする住民の意思を尊重する責務がある。行政職員は時とともに変化する公共性への敏感さを保ちながら、時間と場所を用意して、こうした住民の声に向き合う覚悟が求められる。協働には自治をめぐって住民と職員が共に育っていくことが欠かせないのである。

第7章

防災・危機管理

 1 危機管理とは何か

　近年、台風や集中豪雨などの風水害は毎年のように全国各地で大きな被害をもたらしている。また、近い将来に発生が危惧されている南海トラフ地震、首都直下地震などのほか、大規模な地震はいつどこで発生してもおかしくないと言われている。

　また、自然災害のほかにも大規模事故（大規模な火災、爆発、危険物質の流出、列車や航空機・船舶の事故など）や原子力災害、国民保護事案（武力攻撃やテロ）、世界的に流行する新型の感染症、家畜伝染病、サイバーテロ、そして、地域社会の環境、衛生、経済面などへの脅威など、住民の平穏な生活を脅かす事象には様々なものがある。これらは総称して「危機」や「危機事象」[10]などと呼ばれ、それらの事象への対処が「危機管理」である。

　危機管理とは、通常の組織や体制だけでは対処が困難な事象に対して、影響や被害を未然に防いだり、できる限り抑制するための平時の備えや緊急時の対処であるといえる。具体的には、平時においては非常時

10　鳥取県における危機管理の基本方針を定めた「鳥取県危機管理対応指針」では、「危機」とは、「県民の生命、身体、財産に重大な被害を及ぼす事態及びそのおそれがある事態」と位置づけており、「自然災害・大規模事故」「武力攻撃事態・武力攻撃予測事態・緊急対処事態」「新型インフルエンザ等新感染症対策」「その他の危機」の４つに分類している。

を想定して計画・マニュアル等を整備したり、これらの計画等が機能するように訓練などを行い点検・改善しておくこと、また、事象の発生を素早く覚知するための情報収集を行うことなどが挙げられる。また、緊急時においては、組織の日常活動を休止するなどして人的・物的資源の集中化を図ったり、外部からの支援を求めることなどが挙げられる。

　住民の生命・身体・財産を保護し、安心・安全な生活を維持するため、行政はこれらの危機事象に対して平時から備えるとともに、事象の発生時には臨機応変かつ適切な対応をすることが求められる。

　なお、危機事象への対応は種別により根拠法令が異なるなど、一律に述べることはできないため、本章では、よりイメージしやすい自然災害への対応を中心に述べる。

② 災害対策基本法と防災行政

　戦後における日本の防災体制は、1959（昭和34）年の伊勢湾台風で大被害を受けた教訓をもとに、1961（昭和36）年に、日本の災害対策に関する基本となる法律として災害対策基本法が制定されたことに始まる。

　災害対策基本法では、「災害」とは「異常な自然現象（地震、風水害等）、大規模な火事や爆発、大規模な事故（放射性物質の大量の放出、多数の者の遭難を伴う船舶の沈没等）により『生ずる被害』」と定義（第2条第1号：筆者による要約）している。

　さらに、「防災」を「災害を未然に防止し、災害が発生した場合における被害の拡大を防ぎ、及び災害の復旧を図ること」（同2⑵）と定義し、「災害予防」（災害の発生又は拡大を未然に防止するために行うもの）、「災害応急対策」（災害が発生し、又は発生するおそれがある場合に災害の発生を防御し、又は応急的救助を行うなど災害の拡大を防止するために行うもの）、「災害復旧」（平常時への早期、円滑な移行を行うもの）の3つのフェーズに分けて、様々な主体（国、都道府県、市町村、公共的な役割を果たす機関、住民等）が果たすべき役割や権限を規定している。

また、都道府県及び市町村は、それぞれの地域に係る「地域防災計画」を作成し、防災上の役割分担や、フェーズに応じた防災対策を定めることとされている（同4、5）。

　災害対策基本法は、既往災害の教訓等を踏まえて改正されており、近年では2011（平成23）年に発生した東日本大震災を契機として、阪神・淡路大震災（1995（平成7）年）以来となる全面的な改正を行った。

　なお、近年の防災行政は、「減災」の理念に基づき、戦略的、重点的に防災対策の取組が行われるようになっている。減災とは、あらゆる防災対策を行っても被害を完全になくすことは不可能であり、被害を事前に想定した上で、重点的な対策等を計画的に実施し、被害をできるだけ少なくするという考え方で、防災基本計画では「減災の考え方を防災の基本理念」としている。また、近年では減災だけでなく、共助力や時間を組み合わせて被災からの回復を早くするという意味を持つ「縮災」の考え方も提唱されている。

 ## 3　自治体の役割

　前述のとおり、都道府県や市町村の防災上の役割は災害対策基本法で定められている。

　市町村は、基礎的な地方公共団体として、市町村区域内の防災に関する対策を実施する責務を有し、災害応急対策及び応急措置（消防、水防、救助など）を実施する義務を負っている。また、これらの責務や義務を果たすため、市町村長には避難情報の発出や警戒区域の設定など、様々な権限が与えられている。

　一方、都道府県は、広域的な地方公共団体として、自ら防災に関する対策を実施するのみならず、市町村の事務又は業務の実施を助け、かつその総合調整を行う責務を有している。また、これらの責務や義務を果たすため、都道府県知事には、市町村長の応急措置の実施及び応援について指示する権限等が与えられている。

4　自治体の防災体制

　大規模な災害の発生時など、自治体では、首長をトップとした「災害対策本部」を設置する場合がある。災害対策本部は、災害対策を迅速かつ的確に実施することを目的に設置され、災害情報の収集や、対策の方針決定及び実施、関係機関との連絡調整などを行う。

　災害対策本部が設置されるような状況とは、住民の生命・身体・財産に大きな影響が生じるような事態が発生していたり、発生のおそれが高まっている状態であるといえる。このような中では、自治体は全庁的な対応が求められることが多いため、首長の指揮の下、平時よりも迅速かつ円滑な意思決定を行うためにも災害対策本部の設置は有効であるといえる。一般に、災害対策本部の設置基準や、首長が不在の場合の代行順位は地域防災計画で定められている。災害対策本部の設置には至らないが、警戒を要する場合に備えて、別の本部（災害警戒本部など）を設置する例もある。

　また、大規模な被災をした自治体では、幅広い分野にわたる災害対応業務が長期間かつ大量に発生するため大きな負担が生じる上、対応するための資源が十分に確保できないなど、単独では対応が困難となる場合がある。このような場合、国や他の自治体に対して応援を要請することとなり、例えば都道府県の場合は、全国知事会やブロック知事会などを通じて相互応援協定に基づく応援要請が行われる。また、要請を待たず応援を開始する「プッシュ型支援」をする場合があり、その発動基準をあらかじめ応援協定等で定めておく場合もある。

　さらに現在では、総務省による「対口支援」方式による被災市区町村への支援制度も導入されている。これは、2018（平成30）年に総務省が構築した「被災市区町村応援職員確保システム」による応援制度で被災市区町村ごとに支援する団体（都道府県又は指定都市）を原則として一対一で割り当て、短期的な支援を行うものである。

　また、災害時に得られる応援は国や地方自治体だけでなく、企業や団体

などの様々な主体がある。これらは必ずしも応援協定などに基づく応援に限らず、相手方からの自発的な申し出により応援を受ける場合もある。

　これらの応援を最大限に活用するためには、被災自治体において応援を受けるための受援体制を構築し、応援団体との密接なコミュニケーションを確保[11]することが必要となる。また、外部からの応援はあくまで一時的なものに過ぎないことを応援側、受援側の双方が念頭に置いて、応援が撤収した後の体制を早期に構築しておくことも重要である。

 ## 5　常に変化する課題と対応

　様々な事例や課題、教訓を踏まえ、防災・危機管理の分野で行政に求められる役割は大きく変化している。本章執筆時点では、未だ新型コロナウイルス感染症が世界的に猛威を振るっている中で、避難所でもいわゆる「３つの密」（密閉空間、密集場所、密接場面）を避けた感染予防策を講じなければならず、行政による避難先の確保が課題となっている。

　各自治体においては、過去の課題や教訓はもちろん、最新の知見も加味しながら、今後発生し得るリスクと、それに対する備えを点検・評価し、関係機関や住民の理解や協力を得ながら、より対策が充実するよう見直しに取り組む必要がある。

　行政組織内の「危機管理の備え」とは、防災・危機管理部門の部署が専属で行う業務で、彼らに任せておけばよいと考えるかもしれないが、それは誤りである。あらゆる業務には、平時の対応に加えて「非常時の対応」（当該業務を中止することも含む）があることを理解し、どのような事案が「非常時」に当たるのか、何が起こると住民にとって悪影響を生じ得るのかを平時のうちに考えておくことが、危機管理の第一歩といえる。

11　一例として、「平成30年北海道胆振東部地震」では、国、支援自治体と北海道による「全国自治体支援自治体情報交換会議」が定期的に開催され、支援に関する情報が組織を超えて共有されていた。

第8章

シティプロモーション

1 シティプロモーションとは何か

　シティプロモーションという言葉を直訳すると、シティは「都市」、プロモーションは「助長、推進、奨励」と訳される。だが実は、シティプロモーションという語句自体に明確な定義づけはされていない。そこには地域再生や観光振興など様々な概念が含まれており、それらを目的として地域のイメージを向上させ、知名度を高める取り組みを称して、「シティ・プロモーション」という語句が使用されている。

　シティプロモーションの捉え方・目的は多々あり、自治体によって異なる。自治体の認知度向上を目的とするところもあれば、地域住民の増加（定住人口の増加）を掲げる自治体や観光客（交流人口）の増加を目的とする自治体、さらにはそこに住む住民が、その地域に愛着や誇りを持つことを目的として取り組む自治体もある。

　一口にシティプロモーションといっても、その自治体が地域をどのようにしたいのか、その目的によって、取り組みの内容は様々である。

2 シティプロモーションのあゆみ

　自治体において「シティプロモーション」を専門に行う課が設けられたのは意外と古く1990年代のことであり、和歌山市にて設置された。同

課は、市の歴史や文化をPRして観光客や企業誘致を進めることで、地域を発展させることを目的としていた。1990年代といえば今から30年ほど前のことであるがその間、「シティプロモーション」という言葉はほとんど話題に上らなかった。ましてや自治体で専門的な課を設けるところもほとんどなかった。なぜ近年、シティプロモーションを専門に取り組む課を設置する自治体が増えてきたのか。

3 なぜ今シティプロモーションなのか

その背景として、少子高齢化や地域コミュニティへの参加意識の低下など、近年の自治体を取り巻く環境が相当に厳しくなってきたことが挙げられる。特に少子高齢化の問題は深刻で、出生率の低下も毎年話題とされる。だが、その厳しさが現実のものとして突き付けられたのが、2014（平成26）年の「日本創成会議」による「消滅可能性都市」の発表である。

この調査結果については疑問の声はあるものの、多くの自治体が抱える課題が改めて浮き彫りにされた。「消滅可能性都市」と発表された自治体はもちろんであるが、そうでない自治体においても他人ごとではなく、何らかの対応を取る必要性が論議されることとなった。そこで注目を集めたのが、「シティプロモーション」である。

「シティプロモーション」を実践することで、若年層の人口増を実現した自治体の筆頭事例ともいえるのが千葉県流山市である。「父になるなら流山、母になるなら流山」をキャッチコピーとして、子育て世代をターゲットに様々な取り組みを実施した結果、30代を中心に急速に人口が増加。出生率も全国平均を大きく上回っている。このような成功事例が、「シティプロモーション」＝「人口減少・少子高齢化の解決の切り札」として捉えられるようになった。

4 シティプロモーションをどう進めるか

では、「シティプロモーション」は本当に「人口減少・少子高齢化と

いった課題解決の切り札」となり得るのか。

　流山市のシティプロモーションの事例で特徴的なのが、「何を」「誰に向けて」「どのように」取り組むのかが極めて明確なことだ。流山市がいかに子育て世代にとって住みやすいまちであるかが、子育て世代のみに徹底的にPRされ、PR場所は都内や横浜に絞っている。この考えは民間企業のマーケティングと同様であり、「何を」「誰に向けて」「どのように」取り組むのかを明確に絞ることで、コストも抑えることができる。「絞る」ことでより効果的なプロモーションが可能になるといえる。

　しかし、多くの自治体にとって絞ることは困難である。なぜならば自治体の目的は、その地域に住む「全ての」住民の公共の福祉の増進であるからである。よって、シティプロモーションに取り組んでいる多くの自治体では、「何を」や「誰に」を絞り込めず、「地域の特産品や観光名所を全部」「全ての年代の人」といったふうにぼやかしてしまい、結果として思うような成果を上げられずにいる。

　もう一つ、多くの自治体にいえるのが、プロモーションが自治体の独りよがりなもの、「住民不在」のものになっていることである。自治体がPRしたいものをPRするのは間違っていることではないが、それは本当に住民が望んでいるものなのか、共感を得るものなのかは極めて重要である。一時期もてはやされたB級グルメは良い例で、郷土食といえるものがなかった地域は、流行りにのっかってこぞってB級グルメの開発にいそしんだ。しかし、もともとが地域に馴染みのないものだったが故に、地域に根付かず、一過性のものと化してしまっている。住民不在の、自治体の独りよがりのプロモーションは、得てして住民の支持を得ず、結果として地域に根付かない。

　これらを踏まえると、自治体がシティプロモーションを進める上で重要なことは、そもそも何のために取り組むのかをしっかりと設定した上で、達成するにはどの層にアプローチをすべきかを見極めることだといえる。そして、自治体の独りよがりのプロモーションにならないように、住民のニーズを把握することが大前提となってくる。そこでペルソナの作成をオススメする。ペルソナとはマーケティング用語で、サービ

スや商品の具体的なユーザー像を指す。ペルソナ自体は架空の人物像だが、作成には実在の人物をモデルにするので、身近な人物をモデルにすれば、ニーズを把握しやすく、取組やアプローチ方法が極めて明確になる。ペルソナの作成により、プロモーションがより明確となるのである。

　そしてもう一つオススメするのが、自治体の強み（魅力）をしっかりと把握することである。「うちのまちには魅力なんてない」とよく聞くが、そんなことはない。どのまちにもそのまちにしかない独特の魅力は存在する。それは景勝地や産品に限らず、気候風土も十分に魅力になり得る（例えば岡山県は、降水量1ミリ未満の日が日本一であることから、「晴れの国おかやま」をキャッチコピーとしている）。中でも近年、注目されているのが「人」の魅力を前面に出したプロモーションである。

　地域には様々な人がいる。まちに無関心な人もいれば、まちをもっと盛り上げたいと考えている人もいる。そうした多種多様な人々について、特に熱量の高い人たちの活躍の場を整えることで、住民主体で地域の魅力を発信することにつなげていこうというものである。

　住民が、自分たちの住むまちに愛着を抱き、まちの魅力を住民自ら発信することは、当事者であるが故に真実味が溢れており、行政が発信するよりも大きな効果を生む。また、そうした住民が地域活動を積極的に行うことで、その熱量が周囲へ伝播し、結果として様々な取組みが広げられていく。いわば住民が主体となって地域を作っていくのである。定期的に担当者が変わる行政と異なり、継続性もある。

　このように、住民が主体的に活動し、発信していくまち。その土台をプロデュースすることが新たなプロモーションとして注目されている。

　そのプロモーションのカギとなるのが、いかに地域の魅力的な人＝キーマンを見つけることができるかである。それには職員自身が積極的にまちへ飛び出していく他ない。地道に地域の情報を集め、時には発信しながら地域に溶け込んでいく。この過程で必ずやキーマンは見つかる。

　まちを動かすのは行政ではない、そこに住む「人」である。地域へ飛び込み、まちの人たちとの関係性を深め、時には連携しながら活躍の場を整えることが新たなシティプロモーションの形なのである。

第9章

ファシリティマネジメント

 ## 1 いま、なぜ自治体で 公共施設マネジメントが必要なのか

　自治体では、戦後の経済成長と人口増加に伴い増え続けるニーズにこたえるべく、行政サービスの適正な提供を目的に公共施設を計画的に整備し続けてきた。その結果、全国の自治体の公共施設は、約5.6億㎡という膨大なストックを形成している（東洋大学PPP研究センター「全国自治体公共施設延床面積データ」（2011年10月））。

　一方で、今後の人口減少と人口構造の変化は、来たるべき公共施設の利用需要の減少と変化をもたらしている。さらに、前述の膨大なストックの大部分は築後30年を超えて老朽化しており、多大な経費を要する大規模な修繕や更新の時期を一斉に迎えることが想定される。これは、高齢化等に起因する社会保障費の増加が確実に見込まれる自治体財政にとってより厳しい状況に拍車をかける要因となっている。また、公会計改革による固定資産台帳の整備と行政コストの見える化によって、公共施設のあり方そのものが、問われる状況になっている。

　そこで自治体には、限られた財源を有効に活用し、真に必要な公共サービスを将来にわたり住民に提供し続けるために、長期的かつ経営的な視点をもって資産である公共施設（ファシリティ）を総合的かつ計画的に管理していく「公共施設マネジメント」が求められているのである。

なお、公共施設マネジメントは、これまでも国や自治体で問題意識を持ちつつ、それぞれ個別の問題として取り扱われてきた。現在では、2012(平成24) 年に発生した笹子トンネル天井落下事故を契機に、国における公共施設の老朽化対策として「インフラ長寿命化基本計画」の策定にはじまり、総務省による自治体にむけた「公共施設等総合管理計画」の策定要請へとつながっており、ようやく公共施設マネジメントの推進は国全体で取り組むべき課題となっている。

2 公共施設マネジメントとは

　公益社団法人 日本ファシリティマネジメント協会 (JFMA) によると、ファシリティマネジメント (以下、FM という) とは、アメリカで生まれた新しい経営管理方式であり、その定義を「企業、団体等が組織活動のために施設とその環境を総合的に企画、管理、活用する経営活動である」としている。しかしながら、自治体における FM については、公共施設の老朽化の実態を受けて、自治体における喫緊に取り組むべき課題としての機運の高まりがあるものの、未だ過渡期の状態にあり、その定義が確立できていない部分がある。

　そこで、本章では、公共における FM に様々な名称がある中で、これを「公共施設マネジメント」とし、総務省による公共施設等総合管理計画の策定要請を参考に、その定義を、「各地方自治体が、公共施設等の全体を把握し、長期的な視点をもって、更新・統廃合・長寿命化などを計画的に行うことにより、財政負担を軽減・平準化するとともに、公共施設等の最適な配置を実現するために、公共施設等を総合的かつ計画的に管理すること」とする。

3　公共施設マネジメントの現状と課題

■1　公共施設の利用需要の変化

　人口減少や社会構造の変化等により、公共施設における、稼働率の低下や設置目的と利用実態のかい離などが発生している。行政の継続性の観点から、時代の変化に応じた施設のあり方等を早急に検討し、非効率な施設運営を改善する必要がある。

■2　公共施設の老朽化

　時代の課題に応じて計画的に整備を進めてきた公共施設は、現在、約5.6億㎡という膨大なストックとして形成するともに、一斉に老朽化が進んでいる。このことが、笹子トンネルの事故をはじめ、各地で公共施設等にまつわる事故の原因を生み出し、住民の安心安全を脅かしている。これらの課題について、長期的な視点をもって、効率的な施設保全に取り組む必要がある。

■3　逼迫する財政と公共施設に係る経費

　今後、扶助費をはじめとする増え続ける行政需要に対応する必要があることに加え、老朽化に伴う施設更新や大規模修繕に係る多大な経費が自治体における財政状況を圧迫していくことが想定される。このような状況では、老朽化した施設の建替えはおろか、修繕さえおぼつかない状況になりかねない。したがって、維持管理経費の削減や新たな財源確保の手法を検討する必要がある。

■4　公会計改革の推進

　2019(平成31)年3月31日現在、作成中も含めて、すべての自治体で「統一的な基準」による財務諸表が作成されており、今後さらに、行政コストと自治体間比較の見える化が進み、公共施設の整備や運営に関して、住民の厳しい眼が注がれることとなる。そこで、これまで以上に公

共施設運営の効率化と受益者負担の適正化に努めていく必要がある。

 **4 自治体における
公共施設マネジメントの狙い**

1　施設総量の圧縮

　今後の人口減少や人口構造の変化等に対応するため、施設の稼働率や施設の劣化等を評価したうえで、施設の集約や機能転換、複合化・多機能化への転換、民間施設やサービスの活用等により施設総量の圧縮に取り組むことが重要である。

2　公共施設の長寿命化による財政負担の削減と平準化

　施設総量の圧縮の結果、将来残すべき施設については、計画的な予防保全を施すことで、良好な状態で建物を保持しながら使用年数をできる限り延伸する長寿命化を図り、修繕費の削減や自治体の財政負担の平準化に取り組むことが不可欠である。

3　公共施設にかかる維持管理コストの縮減

　建物の設備の保守や清掃などの維持管理業務の包括化、省エネルギー対策の推進、施設運営の民営化などを推進し、公共施設に係る経費の縮減に努め、公共施設の継続性について財政的な視点もって取り組むことが重要である。

4　財源の確保と多様化

　施設稼働率の低下とともに、公共施設利用者の固定化が進む中で、受益者による負担を明確にすることが重要である。そこで、受益と負担の公平性の観点から定期的に施設使用料等の見直しを図っていかなければならない。あわせて、公共施設の統廃合や集約によって生まれた未利用地については、売却や貸付等の有効活用を進め、財源確保の多様化に努めていくことが重要である。

5 公共施設マネジメント推進体制の充実

　公共施設マネジメントを推進していくためには、明確な目標を定めるとともに、それを実現するための体制が必要である。まず、所管ごとの縦割りを廃し、行政経営の資産として公共施設の統括的な管理に取り組む組織を整える必要がある。また、公会計改革に伴う固定資産台帳の活用も、財務面からの妥当性を共有するために重要である。さらに、公共施設マネジメントを継続的に推進していくためには、長期的かつ経営的な視点を持った職員の育成も重要である。

 # 5 自治体の具体的な取組

　以上のような公共施設を取り巻く背景のもと、それぞれ異なる課題を解決すべく全国の自治体が公共施設マネジメントに取り組んでいる。

　まず、公共施設マネジメントのパイオニアとして、三重県が挙げられる。同県は FM の視点で職員によるオフィス改革等に取り組み、当時の情報不足の中で成果を上げた。

　総合的な公共施設マネジメントの先行事例の一つとしては、青森県の取組が挙げられる。青森県は庁内ベンチャーから取組をはじめ、戦略的に全庁的な取組にまで発展させている。これまで青森県有施設利活用方針を定め、200以上の公共施設において売却等の成果を上げている。

　東京都武蔵野市は、施設保全の面からマネジメントを推進している。残存不具合率（直近に実施すべき修繕・改修工事の額（残存不具合額）の建物復成価格に対する割合）を導入し、施設保全に係る経費の妥当性を全庁でオーソライズすることで、適正な施設維持費を継続的に確保するとともに、施設保全を統括的に推進する体制を整えた。

　静岡県浜松市は、平成の大合併で全国第二位の市域面積を持ったことに伴い、余剰施設の整理、施設の再編に迫られた。そこで施設数で20%（総面積で3%）の削減を目指し、施設再編に取り組んでいる。

　岩手県紫波町や佐賀県武雄市は、積極的な公民連携の推進を図り、今後の公共施設のあり方の新しい方向性を示した。

以上のように、全国の多くの自治体による挑戦が続いている。しかしながら、このような自治体は一部であり、1700以上ある自治体のほとんどが、公共施設マネジメント推進において、まだまだ道半ばの状態である。

　そういった中で、自治体間におけるFMに関する情報交換を目的に自治体のFM関係者が、一般財団法人建築保全センターの支援を受けながら「自治体等FM連絡会議」を発足させ、自らの発意で公共施設マネジメント推進にむけて、取り組んでいる。

　また、こうした自治体における努力とともに、2014（平成26）年には総務省から全国の自治体へ「公共施設等総合管理計画」の策定が要請され、公共施設マネジメントが一定の基準のもと全国的な取組として動きはじめている。2020（令和2）年3月31日現在、都道府県および指定都市については、全団体、市区町村については、99.9％で策定済である。（未策定団体：福島県大熊町、双葉町）

6　今後の公共施設のあり方が変わる

　人口減少や人口構造の変化に伴い、公共施設のあり方そのものが問われる中で、武雄市は「図書館」に民間運営の手法を大胆に導入し、新しい公共施設のあり方を示した。さらに、民間スポーツ施設を活用することで学校プールのあり方にまで切りこむ自治体も現れている。

　このように老朽化対策から始まる公共施設マネジメントは、今後の自治体経営における公共施設整備にとって、「新しく造る」ことから「賢く使うこと」への転換を促すものであり、引いては、将来の社会構造の変化に備えた自治体のあり方や役割を見直す契機になると考える。

第10章

マイナンバー

1 マイナンバー制度の目的と概要

　マイナンバー制度は、行政機関等が保有している氏名、住所、生年月日、所得、税金、年金といった個人情報を「個人番号（マイナンバー）」[12]（国民一人ひとりが持つ12桁の番号）を用いてネットワーク上で紐付けることにより、同一人の情報であることの確認を行うための社会基盤である。

　これまで、行政機関では、様々な行政手続において、他の機関が保有する個人情報を把握するのに時間や手間を要していたが、マイナンバー制度の導入により、年金・雇用保険・医療保険の手続、生活保護・児童手当・その他福祉の給付、確定申告等の税の手続をはじめとする社会保障、税、災害対策の分野の手続において、個人の所得や行政サービスの受給状況等を正確かつ効率的に把握できるようになる。これにより、負担を不当に免れることや給付を不正に受給することを防止できたり、行政手続時の添付書類の削減等、行政手続が簡素化されたり、行政機関等で様々な情報の照合、転記、入力等に要している時間や労力が削減され

12　「個人番号」と「マイナンバー」、「個人番号カード」と「マイナンバーカード」は、いずれも同一のものを示す。法律上の正式名称は、「個人番号」および「個人番号カード」であり、「マイナンバー」および「マイナンバーカード」は通称である。いわゆる「マイナンバー」は12桁の番号を示しており、「マイナンバー制度」は社会基盤そのものを示すものである。この違いに留意されたい。

たり、複数の業務間での連携により作業の重複が削減されたりといった効果がある。

2015（平成27）年10月から、住民票を有するすべての人（中長期在留者や特別永住者等の外国人を含む）に個人番号が通知され、2016（平成28）年1月以降、顔写真付きの「個人番号カード（マイナンバーカード）」の交付が開始された。個人番号カードは本人確認や番号確認のために利用されるとともに、コンビニエンスストアでの住民票の写しや印鑑登録証明書等の交付、図書館カードとしての利用等、地方公共団体が定めるサービスに利用できる。

国民は、社会保障、税、災害対策の分野の手続において、申請書等に個人番号の記載を求められることとなり、事業主や証券会社、保険会社等が個人に代わって税や社会保険の手続を行う場合、それらの機関に個人番号の提出を求められる場合がある。外部の有識者等に講演や原稿の執筆を依頼して報酬を支払う場合の税金の源泉徴収の際にも、個人番号の提供を受ける必要がある。

2017（平成29）年11月からは、各機関間の情報連携の本格運用が順次開始されている。

 ## 2 マイナンバー制度導入に伴う個人情報保護対策

マイナンバー制度において懸念されるのが、個人番号を含む個人情報の漏洩である。これについては、制度面とシステム面の両面から対策が講じられている。

制度面では、法律に規定があるものを除く個人番号を含む個人情報の収集・保管の禁止、第三者機関（特定個人情報保護委員会）による個人番号の管理状況の監視・監督、法律に違反した場合の罰則の強化等の対策が講じられている。

システム面では、個人情報を一元管理せず、年金の情報は年金事務所、税の情報は税務署といったように分散管理することをはじめ、行政機関間の情報のやりとりに個人番号を直接使わない、通信を暗号化する

等の対策が講じられている。

　また、各自治体において、個人番号を利用するネットワークのインターネットからの分離、個人番号を取り扱う端末へのログイン認証の強化、端末からの個人情報持ち出しの禁止設定、クラウド（情報システムを庁舎内で保有・管理することに代えて、外部のデータセンターで保有・管理し、通信回線を経由して利用できるようにするサービス）を活用したセキュリティ対策等が実施されている。

3 住民基本台帳ネットワークとの関係性

　マイナンバー制度を理解するうえでは、「住民基本台帳ネットワーク」（通称：住基ネット）との関係を整理する必要がある。

　住基ネットは、住民の利便性の向上と国および地方公共団体の行政の合理化に資するため、居住関係を公証する住民基本台帳をネットワーク化し、基本4情報（氏名、生年月日、性別、住所）と住民票コード等により全国共通の本人確認ができるシステムであり、2002（平成14）年からサービスが開始された。住基ネットの導入により、行政機関への申請・届出の一部における住民票の写しの添付省略、全国どの市区町村でも住民票の写しを取得できる広域交付、転入転出手続の簡素化等が実施された。

　住基ネットとマイナンバー制度は、ともに国民の利便性向上や業務の効率化といった類似した目的のもとで導入されており、その意味において、マイナンバー制度は住基ネットの後継という見方もできる。実際、個人番号は、住基ネットの住民票コードを元に生成されている。

　また、2003（平成15）年から発行が開始された「住民基本台帳カード」（通称：住基カード）は、本人確認書類としての利用、インターネットを利用した電子申請での本人確認への利用、証明書等の自動交付への利用等に活用されてきたが、マイナンバー制度の導入に伴い2016（平成28）年1月以降は新規発行されなくなり、個人番号カードに一本化され、重複して所持することはできない。

これまで、公的個人認証サービス（インターネットで行政手続等を行う際に他人によるなりすましやデータ改ざんを防ぐために用いられる本人確認手段）で利用される電子証明書は住基カードに記録されてきたが、2016（平成28）年1月以降は個人番号カードに記録されている。

　ただ、住基ネットは完全にマイナンバー制度に取って代わられるわけではない。住基ネットは、引き続き、基本4情報の確認や行政機関等への提供といった役割を担うとともに、公的個人認証の電子証明書の発行や失効管理に使用されるなど、マイナンバー制度を支える基盤として運用されていくこととなる。

　両制度の大きな相違点としては、住基ネットを利用できる範囲は一部の行政機関に限定されていたが、マイナンバー制度では民間における利用も行われる予定であるということがある。

4　マイナンバーの利活用の動向

　マイナンバー制度については、民間を含む利用範囲の拡大によりさらなる効果が期待できることから、順次、その利活用が進められている。

　2018（平成30）年1月には、金融機関破綻時に円滑な払戻しをするための預貯金把握や社会保障制度の資力調査、国税・地方税の税務調査等に活用するため、預貯金口座への個人番号の付番が開始された。2019（令和元）年7月からは、順次、年金関係事務との情報連携の本格運用が開始されている。今後は戸籍事務や証券分野、罹災証明書事務でのマイナンバーの利活用が進められていく予定であり、現在のところ社会保障、税、災害対策の分野に限定されている個人番号の利用範囲についても、他の分野への拡大が検討されることとなっている。

　個人番号カードの活用の動きも進展している。すでに一部の自治体で、個人番号カードを利用して住民票の写しや印鑑登録証明書等をコンビニエンスストアのキオスク端末から取得できる「コンビニ交付」や図書館カードとしての活用等が行われているが、2020（令和2）年9月からは、消費の活性化や官民キャッシュレス決済基盤の構築を目的とした「マイ

ナポイント事業」が行われ、決済サービスの利用額に応じて付与される「マイナポイント」を買い物等に利用できるようになる。2021（令和3）年3月からは、順次、個人番号カードの健康保険証としての利用が開始され、医療機関や薬局での医療保険資格の確認、医療保険の請求誤りや未収金の減少、事務処理コストの削減等が実現する予定である。また、今後、個人番号カードをオンラインバンキング等の各種民間オンライン取引にも活用できるようになる見込みである。

　行政手続のワンストップ化や行政機関からのお知らせの確認が可能なオンラインサービスである「マイナポータル」のサービスも拡充されている。2017（平成29）年以降、マイナポータル上から社会保険料や税金等の納付が可能な「公金決済サービス」や、子育て関連の申請が可能な「子育てワンストップサービス」等が利用できるようになっている。2020（令和2）年1月からは、法人設立関連手続をまとめて行うことができる「法人設立ワンストップサービス」の運用が開始されている。

　このように、マイナンバー制度については様々なサービスの提供や業務の効率化が進められているところであり、各自治体においては、セキュリティに細心の注意を払いつつ、今後の利活用の動向を注視し、適切な対応を図っていく必要がある。

第11章

地方創生とふるさと納税

 1 「地方消滅」の衝撃

　2014（平成26）年5月、民間研究機関「日本創成会議」が発表したデータが日本中に衝撃を与えた。それは、将来推計人口データをもとにした試算の結果、2040年には出産適齢期の若年女性が半分以下に減少し、消滅の危機に瀕する市区町村が896にも上るというものであった。同時に具体的な市区町村名も示されたが、その大半が地方部に存在していたため、このままでは地域崩壊や自治体運営が行き詰まる懸念があるとして、東京一極集中の是正や魅力ある地方の拠点都市づくりなどの必要性が主張されるようになった。

　このような気運の高まりを受け、同年9月に発足した第二次安倍改造内閣は、最大の課題の一つに「元気で豊かな地方の創生」を掲げ、地方創生担当大臣のポストを創設した。また、人口急減・超高齢化という大きな課題に対し、政府一体となって取り組み、各地域がそれぞれの特徴を活かした自律的で持続的な社会を創生できるよう、内閣官房にまち・ひと・しごと創生本部を設置した。

 2 まち・ひと・しごと創生

　急速な少子高齢化の進展に的確に対応し、日本全体、特に地方の人口

の減少に歯止めをかけるとともに、東京圏への人口の過度の集中を是正し、それぞれの地域で住みよい環境を確保して、将来にわたって活力ある日本社会を維持していくことを目的に、2014（平成26）年11月、「まち・ひと・しごと創生法」が制定・施行された。また、翌12月には、日本の人口の現状と将来の姿を示し、今後目指すべき将来の方向を提示する「まち・ひと・しごと創生長期ビジョン（長期ビジョン）」と、2015（平成27）年度からの5か年の政府の施策の方向を提示する「まち・ひと・しごと創生総合戦略（総合戦略）」が閣議決定された。

　長期ビジョンや総合戦略によれば、2008（平成20）年に始まった人口減少が今後加速度的に進み、経済社会に対する大きな重荷となって、地域経済社会の維持が困難になるという。人口減少はまず地方から始まる。若い世代の東京圏への流出と出生率の低下がその原因である。地方の人口が減少し、地方から大都市への人材供給が枯渇すると、いずれ大都市も衰退する。

図表6－10－1　まち・ひと・しごとの関係

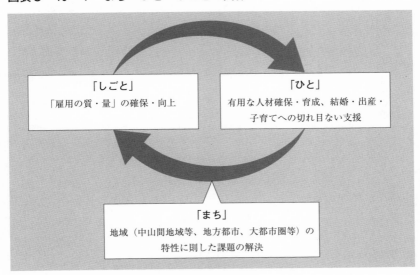

出所：内閣官房まち・ひと・しごと創生本部パンフレット

このような人口減少を克服し、地方の創生を果たすには、「東京一極集中の是正」「若い世代の就労・結婚・子育ての希望の実現」「地域の特性に即した地域課題の解決」の３つの基本的視点から取り組むことが重要であるとされる。これらを踏まえ、「地方における安定した雇用を創出する」「地方への新しいひとの流れをつくる」「若い世代の結婚・出産・子育ての希望をかなえる」「時代に合った地域をつくり、安心な暮らしを守るとともに、地域と地域を連携する」の４つが政策の基本目標とされた。

このように、「まち・ひと・しごと創生」においては、人口減少克服と地方創生をあわせて行うことにより、将来にわたって活力ある日本社会を維持することを目指すこととされている。

❸ 地方版総合戦略の策定

まち・ひと・しごと創生は、国と地方が一体となり、中長期的視点に立って取り組む必要がある。2014（平成26）年12月、国は、各都道府県・市区町村に対し、国の長期ビジョンおよび国の総合戦略を勘案しつつ、各自治体における人口の現状と将来の展望を提示する「地方人口ビジョン」と、2015（平成27）年度からの５か年の目標や施策の基本的方向、具体的な施策をまとめた「地方版総合戦略」を遅くとも2015年度中に策定するよう求めた。

地方版総合戦略は、いわば「地域ごとの処方箋」であり、各自治体が自主性・主体性を発揮し、地域の実情に沿った地域性のあるものとすることが重要である。その策定にあたっては、住民代表や産業界・行政機関・大学・金融機関・労働団体・報道機関（「産官学金労言」）など、広く関係者の意見を反映し、実効性が担保されるよう留意することが必要とされた。

また、地方版総合戦略の策定に際しては、地域課題に対する適切な短期・中期の政策目標を設定し、実施した施策・事業の効果を検証し、改善を図る PDCA サイクルが確立されるべきとされた。そのため、実現

すべき成果（アウトカム）に係る数値目標（基本目標に係る数値目標および各施策に係る重要業績評価指標（KPI））の設定が求められた。

　各自治体が短期間のうちに一斉に地方版総合戦略の策定を進めたのは、まち・ひと・しごと創生法に、国の総合戦略を踏まえて同戦略を策定することが自治体の努力義務として規定されていることもある。しかし、より現実的な側面から見れば、新たに創設された交付金（地域住民生活等緊急支援のための交付金（地方創生先行型））によってその策定費用が支援され（都道府県2千万円、市区町村1千万円）、また、地方版総合戦略に位置づけられた事業が以後の様々な交付金の対象となることが見込まれるなどの影響も大きかった。

 4　様々な地方創生事業の展開と国の財政支援

　各自治体の地方版総合戦略には、移住、定住者の増加やU・Iターン促進などを目指す様々な人口減少対策が並んでいる。

　例えば、茨城県では、県内への移住や二地域居住を希望する人を対象に「ふるさと県民登録制度」をスタートさせ、登録者には宿泊施設やレンタカーの割引などの各種特典や、移住に係る住宅ローンの負担軽減策などを用意した。北海道赤平市では、従業員不足に悩む地元企業で多くの若者を雇用すべく、官民一体での企業PRの実施や、市内企業に一定期間勤務すれば返済免除となる奨学金の創設等に取り組んでいる。鹿児島県長島町では、町外に進学後、町に戻った若者に対して返還を免除する奨学金制度を創設した。埼玉県越谷市では、公立保育所の定員枠拡大、親同士の交流や講座の開催を行う「子育てサロン事業」を進めるなど子育て支援を強化するとともに、市内に立地する大規模ショッピングモールを活かしたインバウンド観光を推進し、交流人口の増加にも注力している。大分県津久見市では、子育て世代向けの新築住宅の整備件数を増やすとともに、市内の空き家情報の紹介なども実施するという。

　2015（平成27）年、地方版総合戦略が出揃い始めた頃に、国は2015年度補正予算に「地方創生加速化交付金」1,000億円を計上した。これは、

地方版総合戦略に基づく各自治体の取組の先駆性を高め、レベルアップの加速化を図るものである。地方における安定した雇用創出、地方への新しいひとの流れ、まちの活性化などに関する事業を中心に、KPIとPDCAサイクルを組み込んだ自治体の自主的・主体的な取組を支援することとされ、その充当率は10分の10であった。

　翌2016年（平成28）度の当初予算において、国は、地方版総合戦略の本格的な推進に向け、地方創生の深化のための「地方創生推進交付金」1,000億円を新たに計上した。地方版総合戦略に基づく自治体の自主的・主体的で先導的な事業を支援するとともに、KPIの設定とPDCAサイクルを組み込み、従来の縦割り事業を超えた取組を支援するものである。その対象は、先駆性のある取組、先駆的・優良事例の横展開、既存事業の隘路を発見・打開する取組のうち、しごと創生、地方への人の流れ、働き方改革、まちづくりの各事業分野に該当する事業である。

　当該交付金の充当率は2分の1であるが、残りの2分の1の地方負担にも地方財政措置が講じられることとされている。

　地方創生推進交付金は2020（令和2）年度まで当初予算で1,000億円が毎年計上されているのに加え、補正予算で毎年数百億円が上積みされている。各自治体による地方創生事業が「絵に描いた餅」に終わらず、PDCAサイクルを用いて効果的に実施されることが期待される。

5 ふるさと納税

　地方に生まれた人の多くが、進学や就職を機に故郷を離れ、都会で暮らし、そこで納税している。故郷の自治体は、教育や医療など様々な公共サービスを提供して育て上げたのに、彼・彼女たちからの税金は一銭も入ってこないのである。そこで、「今は都会に住んでいても、自分を育んでくれた『ふるさと』に、自分の意思で、いくらかでも納税できる制度があっても良いのではないか」との考えにより2008（平成20）年から始まったのがふるさと納税の制度である。

　そもそも地方税とは、公共サービスを賄うために住民が納める会費の

ようなものである。様々な公共サービスを享受しようとするのなら、受益者である住民がそのコストを負担しなければ自治体経営は成り立たない。地方税とは、本来、自分が居住する地域の自治体に納めるべきものであって、納めたい自治体に納めるものではないのである。

そこで活用されたのが、自治体に寄附をした場合に寄附金額の一部が所得税および住民税から控除される、寄附金控除の制度である。ふるさと納税の場合、自己負担額の2千円を除いた全額が控除の対象となるので、自分の望む自治体に税金を納めるのとほぼ同じ効果を生じることになる。

ふるさと納税は、故郷の自治体だけではなく、自分が応援したい自治体など、どの自治体に対しても行うことが可能だ。東日本大震災や熊本地震の被災自治体には、ふるさと納税制度を使った寄附金がたくさん寄せられた。また、新たな政策の財源を確保するため、ふるさと納税制度をクラウドファンディングのように活用する自治体も見られる。

他方、ふるさと納税をしてもらおうと豪華なお礼の品を用意する自治体も現れ、高価な牛肉やカニ、ブランド米から、パソコン、地元温泉の宿泊券に至るまで、多くの自治体が激しい返礼品競争を繰り広げるようになった。

加熱する返礼品競争に対し、総務省は数度にわたり自粛要請の通知を発出したが、強制力がないため従わない自治体も少なからず存在した。そこで同省は、①寄附金の募集を適正に実施、②返礼品の返礼割合は3割以下、かつ、地場産品、の両方の条件を満たす自治体だけをふるさと納税の対象として指定する制度を創設し、2019（令和元）年6月から適用を開始した。これにより、過度の返礼品競争は見られなくなったが、この制度の適用をめぐって総務省と泉佐野市の間に法廷闘争が繰り広げられた。

ふるさと納税は、本来、故郷の自治体や応援したい自治体を財政的に支援しようとするものである。しかし、現実には謝礼品目当ての寄附が増加し、本来の趣旨が歪んでしまっているため、制度そのものの見直しを求める声もある。

第12章

自治体業務と AI・RPA

 1 **2040年の自治体運営**

　総務省が設置した「自治体戦略2040構想研究会」の第2次報告（2018年7月）は、2040年における自治体の目指すべき姿を示して、関係者に大きな衝撃を与えた。その頃には我が国の労働力が半減し、自治体の職

図表6－12－1　2040年に向けて自治体が目指すべき姿

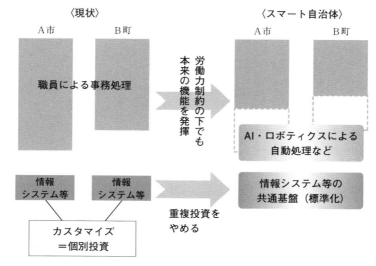

出所：「自治体戦略2040構想研究会第2次報告」31頁

員数も従来の半分になると見込まれることから、AIやRPAの導入による事務作業の自動化・省力化を進め、職員は企画立案業務や住民への直接的なサービス提供など職員でなければできない業務に注力する「スマート自治体」へと転換する必要があるという。

2 AIとは何か

AI（Artificial Intelligence）は一般に「人工知能」と訳され、人間が持つ知性・知能を人工的に実現する技術を指す。近年、ビッグデータと呼ばれる大量のデータを使い、人間が与える特徴の定義に当てはめながらAI自身が知識を獲得する「機械学習」が実用化され、さらにAI自身がデータの特徴を認識して人間の助けなしに自らパターンを認識する「ディープラーニング」が登場したことで、AIは飛躍的な発展を遂げた。AIは休みなく稼働することも、常に学び成長し続けることも、同時に多数の業務を並行して行うことも、そしてAI同士でやりとりすることも可能である。

AIは、ビジネスや社会のあり方を大きく変えつつある。民間企業では、①自然言語理解機能、②画像認識機能、③パターン認識機能の3つの分野においてAIの活用が進んでいる。①の分野では、コールセンター代行、対話型チャットボットによる問合せ対応、自然翻訳、書類の自動生成などに用いられている。②の分野では、監視カメラの解析による防犯強化、来店客の特性把握、自動運転などに導入が進んでいる。③の分野では、ウェブサイトの閲覧履歴等によるレコメンド、利用者の行動パターン分析・予測、株価分析、災害予測、売上げデータ等による需要予測などに用いられている。

3 自治体におけるAIの活用

自治体におけるAIの活用例として最もよく見られるのは、住民からの問合せにチャットボットを用いて回答するものである。川崎市や掛川

市における子育て案内にはじまり、横浜市におけるゴミ分別案内、東京都における納税案内など、現在では様々な分野で活用されている。

さいたま市の保育所利用マッチング業務への導入も有名である。入所申請者の優先順位や兄弟姉妹同時入所希望をはじめとする市の割当てルールを学習したAIが組合せを点数化し、得点の高い組合せを瞬時に導出する。その結果、人手では延べ約1,500時間かかる保育所の入所選考が数秒で完了するという、驚くべき効果を発揮した。

また、入所申請者への決定通知の早期発信により、入所不可だった場合の迅速な対応や、親の育児休業等からのより円滑な復職が可能となるなど、住民へのサービス向上にも大きく寄与している。

なお、検証の結果、AIが行った入所選考結果と職員が行った入所選考結果はほぼ一致している。

自治体職員なら誰しも一度は経験する会議の議事録作成は、たいへん手間の掛かる面倒な作業であるが、徳島県、愛媛県、岡山県、東京都港区などでは議事録作成にAIを導入している。これはAIの音声認識機能を使って文字起こしをするものであり、徳島県ではその要約までAIが行っている。同県の場合、1回の会議録作成にかかる時間が10時間から2時間に短縮され、住民に対し速やかに公表することができるようになったという。

4 RPAとは何か

RPA（Robotic Process Automation）とは、事務作業を担うホワイトワーカーがパソコン上で行う一連の作業をソフトウェア型ロボットにより自動化するものである。少々わかりにくいかもしれないが、人間がキーボードやマウスを使って処理する定型業務を自動化するものとイメージしてもらえれば良い。2010年代半ばから広く使われるようになった概念であるが、働き方改革や生産性向上に大きな効果が期待されることから、最近特に注目を集めている。

すでに民間企業では、財務会計、人事給与などのほか、新規のサービ

ス受付に関する一連の申請受理業務、利用料金収納に関する一連の記録
業務をはじめ、広い分野で導入が進んでいる。

　その効果としては、少ない人手を定型的な業務から解放し、企画立案
業務に多くの時間を掛けられるようになること、省力化によるコストの
削減などがまず挙げられる。また、自動化によるミスの削減、事務処理
の高速化による顧客満足度の向上などの効果も認められる。

5 　自治体における RPA の活用

　つくば市では2017（平成29）年度に、①市民税課の新規事業者登録や
電子申告の印刷作業等の計５業務と、②市民窓口課の異動届受理通知業
務について、RPA 導入の実証実験を行った。

　その結果、①は３か月で約116時間の削減となり、削減率は79.2％に
達した。また、②も３か月で約21時間の削減となり、削減率はなんと
83.3％にまで達した。これにより、年間数百万円もの時間外手当の削減
が見込めるという。その後、順次本格導入に移行し、現在では他の業務
にも導入が進んでいる。

　導入に際しては、まず自動化すべき業務を分析し、どのような内容を
どのようなフローで行っているのかを明確化する必要がある。この過程

図表６−12−２　RPAの適用イメージ

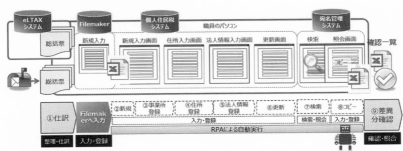

出所：つくば市作成資料（https://www.jiam.jp/case/001800.html）

において無駄な作業がないか見直すことで、業務プロセスの改革にもつながる。

　このほか、他の複数の自治体において、ふるさと納税関連業務、時間外勤務手当計算業務、育児支援ヘルパー派遣業務などへの導入事例も出てきている。自治体での実証実験が始まってからまだ2〜3年ではあるが、少しずつ RPA の導入が広がり始めているようである。

●都道府県別の面積と人口

	面積（単位：㎢）		人口（単位：千人）		人口増減率（前年比）（単位：%）		
都 道 府 県	面積	順位	人口	順位	2016年	2017年	2018年
北 海 道	83,424.39	1	5,286	8	▲ 0.56	▲ 0.60	▲ 0.64
青　　森	9,645.64	8	1,263	31	▲ 1.15	▲ 1.16	▲ 1.17
岩　　手	15,275.01	2	1,241	32	▲ 0.94	▲ 1.03	▲ 1.12
宮　　城	7,282.29	16	2,316	14	▲ 0.17	▲ 0.30	▲ 0.30
秋　　田	11,637.52	6	981	38	▲ 1.27	▲ 1.39	▲ 1.51
山　　形	9,323.15	9	1,090	35	▲ 0.98	▲ 0.99	▲ 1.09
福　　島	13,783.90	3	1,864	21	▲ 0.68	▲ 1.00	▲ 0.96
茨　　城	6,097.39	24	2,877	11	▲ 0.41	▲ 0.45	▲ 0.52
栃　　木	6,408.09	20	1,946	19	▲ 0.41	▲ 0.46	▲ 0.56
群　　馬	6,362.28	21	1,952	18	▲ 0.30	▲ 0.36	▲ 0.41
埼　　玉	3,797.75	39	7,330	5	＋ 0.30	＋ 0.29	＋ 0.27
千　　葉	5,157.60	28	6,255	6	＋ 0.21	＋ 0.16	＋ 0.14
東　　京	2,194.07	45	13,822	1	＋ 0.81	＋ 0.73	＋ 0.71
神 奈 川	2,416.30	43	9,177	2	＋ 0.21	＋ 0.15	＋ 0.20
新　　潟	12,584.24	5	2,246	15	▲ 0.78	▲ 0.83	▲ 0.93
富　　山	4,247.59	33	1,050	37	▲ 0.47	▲ 0.47	▲ 0.57
石　　川	4,186.05	35	1,143	34	▲ 0.26	▲ 0.35	▲ 0.35
福　　井	4,190.52	34	774	43	▲ 0.64	▲ 0.38	▲ 0.64
山　　梨	4,465.27	32	817	42	▲ 0.60	▲ 0.84	▲ 0.73
長　　野	13,561.56	4	2,063	16	▲ 0.52	▲ 0.57	▲ 0.63
岐　　阜	10,621.29	7	1,997	17	▲ 0.49	▲ 0.69	▲ 0.55
静　　岡	7,777.35	13	3,659	10	▲ 0.32	▲ 0.35	▲ 0.44
愛　　知	5,173.06	27	7,537	4	＋ 0.32	＋ 0.24	＋ 0.16
三　　重	5,774.45	25	1,791	22	▲ 0.44	▲ 0.44	▲ 0.50
滋　　賀	4,017.38	38	1,412	26	0.00	0.00	▲ 0.07
京　　都	4,612.20	31	2,591	13	▲ 0.19	▲ 0.23	▲ 0.31
大　　阪	1,905.29	46	8,813	3	▲ 0.07	▲ 0.11	▲ 0.11
兵　　庫	8,400.94	12	5,484	7	▲ 0.27	▲ 0.31	▲ 0.45
奈　　良	3,690.94	40	1,339	30	▲ 0.59	▲ 0.59	▲ 0.67
和 歌 山	4,724.65	30	935	40	▲ 1.04	▲ 0.94	▲ 1.06
鳥　　取	3,507.14	41	560	47	▲ 0.52	▲ 0.88	▲ 0.88
島　　根	6,708.27	19	680	46	▲ 0.58	▲ 0.72	▲ 0.73
岡　　山	7,114.33	17	1,898	20	▲ 0.36	▲ 0.42	▲ 0.47
広　　島	8,479.64	11	2,817	12	▲ 0.25	▲ 0.28	▲ 0.42
山　　口	6,112.53	23	1,370	27	▲ 0.78	▲ 0.79	▲ 0.94
徳　　島	4,146.75	36	736	44	▲ 0.79	▲ 0.93	▲ 0.94
香　　川	1,876.79	47	962	39	▲ 0.41	▲ 0.51	▲ 0.52
愛　　媛	5,676.16	26	1,352	28	▲ 0.72	▲ 0.80	▲ 0.88
高　　知	7,103.64	18	706	45	▲ 0.96	▲ 0.97	▲ 1.12
福　　岡	4,986.51	29	5,107	9	＋ 0.04	＋ 0.06	0.00
佐　　賀	2,440.70	42	819	41	▲ 0.60	▲ 0.48	▲ 0.61
長　　崎	4,131.00	37	1,341	29	▲ 0.73	▲ 0.95	▲ 0.96
熊　　本	7,409.45	15	1,757	23	▲ 0.67	▲ 0.51	▲ 0.45
大　　分	6,340.76	22	1,144	33	▲ 0.51	▲ 0.69	▲ 0.69
宮　　崎	7,735.33	14	1,081	36	▲ 0.72	▲ 0.64	▲ 0.73
鹿 児 島	9,187.08	10	1,614	24	▲ 0.67	▲ 0.67	▲ 0.74
沖　　縄	2,281.00	44	1,448	25	＋ 0.35	＋ 0.28	＋ 0.35
全　　国	377,975.24	－	126,443	－	▲ 0.13	▲ 0.18	▲ 0.21

出所
（面積）国土地理院「令和元年全国都道府県市区町村別面積調（令和元年10月１日時点）」による
（人口）総務省統計局「都道府県、男女別人口及び人口性比－総人口、日本人人口（平成30年10月１日現在）」
　　　　による
（人口増減率）総務省統計局「都道府県、男女別人口及び人口性比―総人口、日本人人口（各年10月１日現在）」
　　　　より算出

●年齢別人口割合

都道府県	1990年				2000年			
	総数	0〜14歳	15〜64歳	65歳以上	総数	0〜14歳	5〜64歳	65歳以上
北　海　道	5,644	1,036	3,932	676	5,683	796	3,851	1,036
青　　　森	1,483	289	1,002	192	1,476	223	965	287
岩　　　手	1,417	270	941	206	1,416	213	900	304
宮　　　城	2,249	441	1,540	268	2,365	354	1,602	409
秋　　　田	1,227	220	816	192	1,189	163	746	280
山　　　形	1,258	234	820	205	1,244	186	772	286
福　　　島	2,104	423	1,380	302	2,127	341	1,354	432
茨　　　城	2,845	560	1,946	339	2,986	459	2,031	496
栃　　　木	1,935	380	1,316	239	2,005	307	1,353	345
群　　　馬	1,966	368	1,341	257	2,025	308	1,349	368
埼　　　玉	6,405	1,200	4,673	532	6,938	1,027	5,021	891
千　　　葉	5,555	1,038	4,007	511	5,926	844	4,244	838
東　　　京	11,856	1,741	8,861	1,253	12,064	1,427	8,720	1,918
神　奈　川	7,980	1,380	5,894	707	8,490	1,186	6,132	1,171
新　　　潟	2,475	463	1,634	378	2,476	366	1,583	527
富　　　山	1,120	196	755	169	1,121	157	731	233
石　　　川	1,165	216	788	161	1,181	176	784	220
福　　　井	824	156	546	122	829	130	529	170
山　　　梨	853	156	570	127	888	138	577	174
長　　　野	2,157	393	1,416	347	2,215	334	1,405	475
岐　　　阜	2,067	388	1,416	263	2,108	323	1,402	383
静　　　岡	3,671	695	2,531	445	3,767	569	2,533	666
愛　　　知	6,691	1,239	4,794	657	7,043	1,086	4,934	1,024
三　　　重	1,793	330	1,219	243	1,857	283	1,223	351
滋　　　賀	1,222	250	825	147	1,343	220	907	216
京　　　都	2,602	451	1,823	329	2,644	363	1,820	462
大　　　阪	8,735	1,511	6,377	847	8,805	1,252	6,235	1,317
兵　　　庫	5,405	995	3,766	645	5,551	831	3,779	941
奈　　　良	1,375	256	960	159	1,443	214	989	240
和　歌　山	1,074	193	717	165	1,070	160	684	226
鳥　　　取	616	118	398	100	613	94	384	135
島　　　根	781	144	495	142	762	112	460	189
岡　　　山	1,926	353	1,287	286	1,951	291	1,266	394
広　　　島	2,850	526	1,941	382	2,879	428	1,919	532
山　　　口	1,573	279	1,044	250	1,528	214	974	340
徳　　　島	832	150	552	129	824	117	526	181
香　　　川	1,023	185	681	157	1,023	148	660	214
愛　　　媛	1,515	281	1,001	233	1,493	219	954	320
高　　　知	825	145	538	142	814	112	510	192
福　　　岡	4,811	913	3,298	600	5,016	744	3,400	872
佐　　　賀	878	178	567	133	877	144	553	179
長　　　崎	1,563	317	1,017	229	1,517	243	957	316
熊　　　本	1,840	356	1,200	284	1,859	289	1,174	396
大　　　分	1,237	232	814	192	1,221	180	775	266
宮　　　崎	1,169	240	762	167	1,170	187	741	242
鹿　児　島	1,798	358	1,141	299	1,786	281	1,102	403
沖　　　縄	1,222	302	799	122	1,318	266	868	184
全　　　国	123,611	22,544	86,140	14,928	126,926	18,505	86,380	22,041

出所
総務省統計局「人口推計／長期時系列データ 我が国の推計人口（大正 9 年〜平成12年）及び（平成12年〜27年）」

2010年				2018年			
総数	0～19歳	20～64歳	65歳以上	総数	0～19歳	20～64歳	65歳以上
5,506	657	3,489	1,360	5,285	577	3,052	1,656
1,373	172	847	354	1,263	137	714	412
1,330	169	799	362	1,240	140	697	403
2,348	308	1,515	524	2,315	276	1,396	643
1,086	124	641	321	981	98	526	357
1,169	150	696	323	1,090	127	605	358
2,029	276	1,245	508	1,864	216	1,072	576
2,970	400	1,902	668	2,878	349	1,696	833
2,008	270	1,294	443	1,946	240	1,160	546
2,008	275	1,259	474	1,952	237	1,141	574
7,195	955	4,769	1,470	7,330	891	4,505	1,934
6,216	806	4,071	1,339	6,254	748	3,785	1,721
13,159	1,486	8,994	2,679	13,823	1,550	9,084	3,189
9,048	1,190	6,028	1,830	9,177	1,111	5,761	2,305
2,374	302	1,449	624	2,246	260	1,270	716
1,093	142	665	286	1,051	122	593	336
1,170	159	733	278	1,144	143	667	334
806	112	491	203	774	99	441	234
863	115	535	213	818	97	473	248
2,152	296	1,286	571	2,064	255	1,158	651
2,081	290	1,289	502	1,996	253	1,148	595
3,765	512	2,356	897	3,659	456	2,122	1,081
7,411	1,066	4,839	1,506	7,536	1,002	4,659	1,875
1,855	253	1,151	450	1,791	222	1,042	527
1,411	211	908	292	1,412	197	852	363
2,636	335	1,684	617	2,592	304	1,539	749
8,865	1,172	5,708	1,985	8,812	1,056	5,336	2,420
5,588	761	3,537	1,290	5,484	683	3,224	1,577
1,401	184	880	336	1,338	160	765	413
1,002	128	600	274	935	109	520	306
589	78	355	155	561	71	313	177
717	92	417	209	681	84	366	231
1,945	265	1,191	489	1,898	240	1,087	571
2,861	387	1,788	686	2,817	364	1,636	817
1,451	184	861	406	1,371	161	745	465
785	97	476	212	736	83	410	243
996	132	606	258	962	119	540	303
1,431	185	865	382	1,352	162	749	441
764	93	451	220	706	79	382	245
5,072	686	3,254	1,132	5,108	674	3,026	1,408
850	123	517	209	820	112	464	244
1,427	194	862	371	1,341	171	741	429
1,817	250	1,101	467	1,757	235	985	537
1,197	156	722	319	1,144	141	632	371
1,135	159	684	293	1,081	145	594	342
1,706	233	1,021	452	1,614	215	893	506
1,393	247	904	243	1,448	247	888	313
128,057	16,839	81,735	29,484	126,444	15,415	75,451	35,578

及び「都道府県、年齢（３区分）、男女別人口－総人口（2018年10月１日現在）」による

●県民所得と産業の状況

（単位：千円）　　　　　（単位：億円）　　　　　　　　　　　　　　　　　　　　　　（単位：億円）

都道府県	1人当たり県民所得 (2016年度)		農業産出額 (2018年度)		農業産出額上位品目 (2018年度)			製造品出荷額 (2018年度)	
		順位		順位	1位	2位	3位		順位
北 海 道	2,617	35	12,593	1	生乳	乳牛	米	61,307	18
青　森	2,558	38	3,222	7	りんご	米	豚	19,121	38
岩　手	2,737	31	2,727	10	米	ブロイラー	肉用牛	25,257	34
宮　城	2,926	21	1,939	18	米	肉用牛	鶏卵	44,696	24
秋　田	2,553	39	1,843	19	米	豚	鶏卵	13,755	43
山　形	2,758	30	2,480	12	米	おうとう	肉用牛	28,987	29
福　島	3,005	16	2,113	17	米	肉用牛	きゅうり	51,204	22
茨　城	3,116	10	4,508	3	米	鶏卵	豚	122,795	7
栃　木	3,318	3	2,871	9	米	生乳	いちご	92,333	12
群　馬	3,098	11	2,454	14	豚	生乳	キャベツ	90,290	13
埼　玉	2,958	18	1,758	20	米	ねぎ	きゅうり	135,075	6
千　葉	3,020	15	4,259	4	米	豚	鶏卵	121,263	8
東　京	5,348	1	240	47	こまつな	ほうれんそう	日本なし	76,283	15
神 奈 川	3,180	7	697	38	だいこん	キャベツ	豚	179,564	2
新　潟	2,826	27	2,462	13	米	鶏卵	豚	48,658	23
富　山	3,295	5	651	40	米	鶏卵	豚	38,635	27
石　川	2,908	23	545	43	米	鶏卵	生乳	30,206	28
福　井	3,157	8	470	44	米	鶏卵	トマト	21,062	35
山　梨	2,873	26	953	34	ぶどう	もも	米	25,327	33
長　野	2,882	25	2,616	11	米	ぶどう	りんご	61,681	17
岐　阜	2,803	28	1,104	31	米	鶏卵	肉用牛	56,271	21
静　岡	3,300	4	2,120	16	みかん	米	茶（生葉）	167,871	4
愛　知	3,633	2	3,115	8	米	豚	キャベツ	469,681	1
三　重	3,155	9	1,113	30	米	鶏卵	肉用牛	105,034	9
滋　賀	3,181	6	641	41	米	肉用牛	生乳	77,936	14
京　都	2,926	22	704	37	米	鶏卵	茶（生葉）	57,358	20
大　阪	3,056	13	332	46	米	ぶどう	ねぎ	169,957	3
兵　庫	2,896	24	1,544	21	米	肉用牛	鶏卵	156,659	5
奈　良	2,522	40	407	45	米	かき	生乳	20,917	36
和 歌 山	2,949	19	1,158	29	みかん	うめ	かき	26,647	31
鳥　取	2,407	45	743	36	米	ブロイラー	生乳	8,040	45
島　根	2,619	34	612	42	米	肉用牛	生乳	11,721	44
岡　山	2,732	32	1,401	23	米	鶏卵	ぶどう	76,032	16
広　島	3,068	12	1,187	27	米	鶏卵	豚	100,404	10
山　口	3,048	14	654	39	米	鶏卵	肉用牛	61,097	19
徳　島	2,973	17	981	33	米	ブロイラー	肉用牛	17,808	41
香　川	2,945	20	817	35	鶏卵	米	ブロイラー	25,763	32
愛　媛	2,656	33	1,233	26	みかん	米	豚	41,785	25
高　知	2,567	37	1,170	28	なす	米	しょうが	5,810	46
福　岡	2,800	29	2,124	15	米	いちご	鶏卵	97,384	11
佐　賀	2,509	43	1,277	24	米	肉用牛	みかん	18,656	39
長　崎	2,519	41	1,499	22	肉用牛	米	みかん	18,295	40
熊　本	2,517	42	3,406	6	トマト	肉用牛	米	28,392	30
大　分	2,605	36	1,259	25	米	肉用牛	豚	40,950	26
宮　崎	2,407	46	3,429	5	肉用牛	ブロイラー	豚	16,917	42
鹿 児 島	2,414	44	4,863	2	肉用牛	豚	ブロイラー	20,676	37
沖　縄	2,273	47	988	32	肉用牛	さとうきび	豚	4,799	47
全　国	3,217	－	91,283	－	－	－	－	3,190,358	－

出所
（1人当たり県民所得）内閣府「県民経済計算　1人当たり県民所得」による
（農業産出額・農業産出額上位品目）農林水産省「平成30年農業産出額及び生産農業所得（都道府県別）」による
（工業生産額）経済産業省「平成30年工業統計調査の調査結果　地域別統計表」による

●都道府県にみる県職員数と財政状況

(単位：人)　　　　　　　　　　　　　　　　　　　　　　　　　　　　　　　　　　　　(単位：千円)

都道府県	職員総数	順位	うち一般行政部門	順位	歳入 (A)	歳出 (B)	翌年度に繰り越すべき財源 (C)	実質収支 (A−B−C)	順位
北海道	64,148	3	12,804	2	2,437,925,058	2,427,419,344	4,500,964	6,004,750	17
青　森	19,001	28	3,783	30	692,129,270	670,924,221	18,869,202	2,335,847	35
岩　手	23,823	20	4,396	19	1,074,872,987	986,984,123	63,573,568	24,315,296	2
宮　城	22,356	23	4,982	15	1,301,708,423	1,184,973,408	101,864,557	14,870,458	6
秋　田	14,307	40	3,340	36	600,781,473	590,985,233	4,945,624	4,850,616	24
山　形	17,825	32	4,053	24	578,426,667	569,506,636	4,464,635	4,455,396	28
福　島	26,167	14	5,692	10	1,563,862,818	1,495,793,305	60,840,276	7,229,237	11
茨　城	34,294	10	4,874	16	1,055,682,801	1,029,034,715	19,627,730	7,020,356	12
栃　木	23,595	21	4,453	17	755,740,379	741,534,409	7,622,561	6,583,409	14
群　馬	24,205	19	3,907	27	736,480,225	727,342,685	5,065,481	4,072,059	29
埼　玉	59,710	5	6,866	8	1,753,196,941	1,743,622,960	4,705,702	4,868,279	23
千　葉	58,249	6	7,223	7	1,698,938,900	1,673,096,766	10,016,271	15,825,863	5
東　京	174,209	1	19,892	1	7,304,356,500	6,827,470,963	149,072,664	327,812,873	1
神奈川	53,680	7	7,483	6	1,988,742,343	1,960,355,329	21,988,465	6,398,549	15
新　潟	29,150	12	5,684	11	1,032,500,350	995,621,169	31,226,537	5,652,644	19
富　山	15,220	36	3,177	39	495,552,779	476,865,631	17,086,006	1,601,142	42
石　川	15,947	35	3,293	37	537,052,547	527,264,987	8,997,493	790,067	46
福　井	13,423	43	2,792	46	461,396,606	451,217,611	6,413,670	3,765,325	30
山　梨	12,863	46	3,020	43	462,932,018	446,066,984	12,055,000	4,810,034	25
長　野	26,283	13	5,060	13	819,490,230	808,439,310	5,969,568	5,081,352	22
岐　阜	24,329	18	4,311	21	764,531,070	750,933,372	8,076,509	5,521,189	20
静　岡	32,540	11	5,671	12	1,171,478,994	1,155,598,609	9,796,808	6,083,577	16
愛　知	62,422	4	8,506	3	2,282,711,847	2,254,887,477	7,261,117	20,563,253	3
三　重	22,067	24	4,415	18	688,792,950	676,040,385	10,870,545	1,882,020	39
滋　賀	18,650	29	3,099	41	512,305,768	508,238,077	3,036,901	1,030,790	44
京　都	22,672	22	4,119	23	878,651,559	874,877,256	3,016,381	757,922	47
大　阪	68,921	2	7,515	5	2,670,045,873	2,647,594,211	14,367,627	8,084,035	9
兵　庫	53,668	8	5,853	9	1,941,805,730	1,931,111,121	9,524,718	1,169,891	43
奈　良	15,098	37	3,119	40	498,846,800	492,304,509	4,725,591	1,816,700	40
和歌山	14,929	38	3,521	34	532,338,463	518,621,711	7,843,024	5,873,728	18
鳥　取	11,457	47	2,953	45	365,535,049	359,247,009	3,381,631	2,906,409	34
島　根	13,857	41	3,288	38	493,233,363	473,608,648	11,138,732	8,485,983	8
岡　山	20,063	27	3,827	28	676,305,039	669,030,178	5,622,405	1,652,456	41
広　島	25,571	15	4,385	20	899,318,331	887,433,102	9,931,978	1,953,251	38
山　口	18,624	31	3,526	33	625,762,201	615,865,340	5,207,089	4,689,772	27
徳　島	13,021	45	3,082	42	481,819,916	459,630,411	13,528,092	8,661,413	7
香　川	14,405	39	2,792	46	460,728,318	451,403,627	4,232,954	5,091,737	21
愛　媛	20,391	25	3,744	32	629,499,168	614,958,119	12,442,769	2,098,280	36
高　知	13,488	42	3,436	35	472,385,325	460,710,254	9,658,734	2,016,337	37
福　岡	41,073	9	7,579	4	1,659,599,934	1,613,717,067	38,278,025	7,604,842	10
佐　賀	13,140	44	3,001	44	443,259,819	433,789,513	4,724,505	4,745,801	26
長　崎	20,192	26	4,052	25	712,952,443	690,746,272	21,298,351	907,820	45
熊　本	18,642	30	4,265	22	977,425,799	942,850,999	15,096,308	19,478,492	4
大　分	16,812	34	3,785	29	583,695,133	561,387,622	19,157,934	3,149,577	33
宮　崎	17,295	33	3,753	31	573,922,251	559,444,108	7,816,339	6,661,804	13
鹿児島	24,694	16	5,026	14	805,010,053	786,055,448	15,484,922	3,469,683	32
沖　縄	24,511	17	3,922	26	735,773,478	723,855,924	8,364,512	3,553,042	31
全　国	1,390,987	−	233,319	−	50,889,503,989	49,448,460,158	842,790,475	598,253,356	−

出所
　（職員数）総務省「平成31年地方公共団体定員管理調査結果」による
　（財政状況）総務省「平成29年度都道府県決算状況調」による

●行政投資額

都道府県	総投資額 （百万円）	順位	1人当たり 投資額（円）	順位	主な分野別の投資額（百万円）					
					道路	治山治水	農林水産	厚生福祉	文教施設	下水道
北 海 道	1,660,015	2	310,177	9	465,473	180,683	291,183	40,249	122,046	52,542
青　　森	327,194	25	252,958	17	81,086	29,061	41,340	5,989	39,661	15,770
岩　　手	823,771	8	649,665	1	290,052	40,397	54,919	19,094	25,729	16,334
宮　　城	1,258,024	3	539,897	2	177,966	45,297	111,621	35,422	37,875	70,671
秋　　田	284,351	30	281,590	10	79,447	38,421	45,222	5,654	18,721	13,268
山　　形	304,609	27	273,656	12	95,555	33,279	30,403	8,801	27,169	15,828
福　　島	901,832	7	474,459	3	176,892	47,063	60,823	42,971	48,642	22,228
茨　　城	546,764	14	188,241	32	129,251	42,309	20,646	12,070	71,988	39,658
栃　　木	281,559	31	143,212	39	65,084	30,885	18,047	11,895	28,334	17,884
群　　馬	326,385	26	165,906	33	87,528	35,853	18,650	16,272	40,295	21,109
埼　　玉	712,927	11	97,803	47	110,191	56,343	11,342	44,157	71,780	76,496
千　　葉	644,834	12	103,410	45	127,244	33,341	26,865	29,971	74,247	67,903
東　　京	2,655,750	1	194,933	28	281,156	76,755	15,502	156,396	296,558	240,408
神 奈 川	932,564	5	101,981	46	116,721	35,001	12,897	48,895	88,209	93,377
新　　潟	580,660	13	254,014	16	175,088	73,837	61,014	18,043	43,269	45,834
富　　山	241,792	39	227,832	22	53,502	30,509	22,624	10,714	26,192	19,138
石　　川	273,932	33	238,020	20	67,769	19,664	21,393	8,367	26,401	14,316
福　　井	252,225	38	322,369	7	61,080	24,925	21,850	5,239	23,699	12,777
山　　梨	222,110	41	267,697	13	91,272	21,219	18,615	5,285	18,867	8,961
長　　野	418,784	18	200,561	26	116,928	55,491	26,598	19,684	51,461	18,714
岐　　阜	392,067	20	193,913	29	128,592	47,660	28,184	11,768	33,226	22,184
静　　岡	507,012	15	137,489	42	141,250	63,364	33,736	21,057	44,756	37,081
愛　　知	954,513	4	127,151	43	200,112	74,306	42,092	32,765	80,941	103,542
三　　重	347,265	23	192,046	30	99,789	39,291	17,457	18,155	35,605	33,699
滋　　賀	208,071	44	147,272	37	48,183	18,195	12,829	7,745	29,466	16,299
京　　都	364,909	22	140,062	41	67,163	47,138	10,871	11,491	38,802	42,269
大　　阪	923,032	6	104,504	44	105,530	68,526	8,238	40,440	93,276	117,859
兵　　庫	795,486	10	144,111	38	138,025	69,564	52,289	33,312	88,678	59,358
奈　　良	213,373	42	157,318	35	57,632	25,977	11,033	8,510	20,677	12,388
和 歌 山	267,220	35	280,101	11	106,622	30,126	17,163	6,938	14,298	11,864
鳥　　取	178,063	47	312,635	8	73,261	19,421	10,407	5,110	15,556	7,738
島　　根	253,001	37	366,734	5	84,935	32,971	23,577	4,631	23,323	8,286
岡　　山	297,379	29	155,321	36	71,023	21,549	25,157	10,933	33,978	27,113
広　　島	397,972	19	140,262	40	96,312	41,020	18,611	12,856	36,019	36,506
山　　口	299,882	28	215,062	25	57,302	28,419	19,597	8,605	32,178	24,721
徳　　島	195,098	45	260,070	14	50,604	39,347	21,275	6,309	10,358	5,366
香　　川	183,735	46	189,006	31	35,208	14,932	13,164	12,944	28,422	17,114
愛　　媛	273,149	34	198,666	27	68,816	32,225	22,941	10,275	23,393	14,274
高　　知	277,475	32	384,863	4	75,364	36,263	21,426	8,282	28,977	6,973
福　　岡	813,107	9	159,294	34	143,505	95,270	39,414	20,104	109,443	76,342
佐　　賀	213,342	43	257,545	15	46,170	25,029	25,845	13,795	21,174	12,932
長　　崎	338,952	24	247,991	18	75,380	23,417	35,438	6,259	26,415	12,552
熊　　本	435,269	17	245,336	19	80,345	54,994	38,119	22,654	23,718	17,467
大　　分	254,780	36	219,687	24	73,272	43,167	28,512	5,929	24,458	8,821
宮　　崎	240,883	40	219,749	23	82,754	27,467	33,489	6,102	12,279	8,889
鹿 児 島	383,182	21	234,040	21	97,087	44,942	54,787	10,212	26,298	6,189
沖　　縄	479,326	16	333,019	6	84,391	12,461	48,490	15,799	50,682	20,058
全　　国	24,137,629	－	190,161	－	5,237,915	2,027,406	1,645,697	918,148	2,187,625	1,651,100

出所
総務省「平成28年度行政投資実績報告書」による

●医療の現状

都道府県	1人当たり医療費（円）	順位	人口10万人当たり病床数（病院）	順位	人口10万人当たり病床数（診療所）	順位	人口10万人当たり医師数（人）	順位
北 海 道	387,993	5	1,775.8	8	116.1	14	254.0	26
青 森	336,502	23	1,366.2	24	160.6	10	214.7	42
岩 手	317,695	31	1,376.4	23	108.2	17	215.4	41
宮 城	300,479	39	1,099.4	37	68.5	27	250.1	27
秋 田	361,045	14	1,516.2	17	77.0	23	246.0	30
山 形	334,165	25	1,315.8	28	59.4	30	239.8	32
福 島	320,002	29	1,347.7	26	72.5	26	214.2	43
茨 城	296,513	41	1,072.5	39	57.3	33	197.5	46
栃 木	296,902	40	1,077.3	38	84.3	20	236.0	35
群 馬	304,648	36	1,232.4	32	57.6	32	238.4	34
埼 玉	283,638	46	856.8	46	37.1	39	176.4	47
千 葉	283,280	47	954.4	43	36.7	40	201.2	45
東 京	292,628	42	927.4	44	27.4	43	328.4	3
神 奈 川	289,147	45	811.4	47	26.0	46	220.7	39
新 潟	301,939	38	1,259.3	31	25.3	47	210.5	44
富 山	328,071	28	1,560.9	13	52.7	35	267.4	22
石 川	334,836	24	1,556.0	14	76.1	24	300.1	12
福 井	329,385	27	1,385.4	22	135.0	13	265.8	23
山 梨	319,014	30	1,326.8	27	57.8	31	246.8	29
長 野	311,647	34	1,150.3	35	42.2	38	244.1	31
岐 阜	316,514	32	1,017.5	41	80.2	22	221.1	38
静 岡	302,264	37	1,049.2	40	56.6	34	217.2	40
愛 知	292,126	43	895.7	45	50.8	36	224.1	37
三 重	313,345	33	1,101.1	36	65.6	29	232.2	36
滋 賀	289,451	44	1,015.4	42	35.3	42	239.8	32
京 都	333,336	26	1,354.7	25	27.2	44	341.5	2
大 阪	346,039	19	1,202.7	33	26.1	45	289.9	15
兵 庫	344,101	20	1,189.1	34	48.3	37	263.7	24
奈 良	339,424	22	1,262.1	30	36.3	41	267.5	21
和 歌 山	358,876	15	1,433.8	20	100.1	19	311.8	9
鳥 取	343,690	21	1,516.3	16	81.3	21	326.4	5
島 根	365,309	11	1,536.8	15	73.5	25	301.5	11
岡 山	347,314	18	1,475.3	19	113.9	15	320.8	6
広 島	348,415	17	1,398.8	21	100.7	18	270.1	19
山 口	387,129	6	1,915.0	6	110.7	16	268.2	20
徳 島	387,093	7	1,951.0	4	240.2	6	346.7	1
香 川	366,680	10	1,503.0	18	156.5	11	296.5	13
愛 媛	362,328	12	1,612.0	12	183.7	8	279.1	18
高 知	423,505	1	2,551.6	1	178.2	9	326.9	4
福 岡	361,820	13	1,666.8	11	144.0	12	319.4	8
佐 賀	382,550	8	1,800.1	7	276.2	4	291.0	14
長 崎	401,207	3	1,941.6	5	263.9	5	320.7	7
熊 本	379,949	9	1,965.9	3	276.6	3	302.2	10
大 分	389,705	4	1,750.9	10	321.2	1	287.0	16
宮 崎	352,939	16	1,760.3	9	237.2	7	259.9	25
鹿 児 島	402,817	2	2,063.6	2	315.1	2	281.6	17
沖 縄	311,280	35	1,302.6	29	65.7	28	247.9	28
全 国	323,095	－	1,223.1	－	75.0	－	258.8	－

出所
（1人当たり医療費）厚生労働省「平成30年度（2018年度）医療費（電算処理分）の地域差分析」による
（病床数）厚生労働省「平成30年（2018年）医療施設（動態）調査・病院報告の概況」による
（医師数）厚生労働省「平成30年（2018年）医師・歯科医師・薬剤師統計の概況」による

●生活保護の状況

都道府県	被保護実世帯数（世帯）	順位	被保護実人員数（人）	順位	人口千人当たり保護率（人）	順位
北 海 道	49,968	4	67,067	4	24.1	2
青 森	16,273	12	20,271	12	26.2	1
岩 手	6,755	30	8,767	30	9.0	28
宮 城	7,806	23	10,494	23	8.4	32
秋 田	7,389	28	9,655	25	13.9	12
山 形	6,174	34	7,653	35	6.9	37
福 島	7,588	26	9,436	28	7.8	35
茨 城	21,049	8	26,936	8	9.3	26
栃 木	10,031	18	12,818	19	8.9	29
群 馬	6,234	33	7,761	34	6.2	40
埼 玉	51,193	3	68,784	3	12.9	17
千 葉	38,386	6	50,319	6	11.9	19
東 京	224,280	1	282,759	1	21.6	5
神 奈 川	26,185	7	34,968	7	12.5	18
新 潟	7,130	29	9,177	29	6.2	40
富 山	1,504	47	1,756	47	2.7	47
石 川	2,727	46	3,176	46	4.6	45
福 井	3,336	45	4,170	45	5.3	43
山 梨	5,574	38	7,008	39	8.4	32
長 野	6,546	31	8,196	31	4.8	44
岐 阜	4,370	42	5,446	42	3.4	46
静 岡	11,634	15	14,583	16	6.7	39
愛 知	17,754	10	23,542	11	5.9	42
三 重	12,937	13	16,804	13	9.3	26
滋 賀	5,181	39	7,392	38	6.9	37
京 都	10,341	17	15,094	15	13.4	14
大 阪	56,626	2	78,877	2	21.7	4
兵 庫	17,561	11	23,867	10	9.5	24
奈 良	9,579	19	13,065	18	13.1	16
和 歌 山	4,978	40	6,156	40	10.4	21
鳥 取	5,656	37	7,571	37	13.3	15
島 根	4,661	41	6,023	41	8.7	30
岡 山	4,031	43	5,200	43	7.3	36
広 島	5,969	36	8,153	32	8.6	31
山 口	9,058	21	11,479	21	10.2	22
徳 島	10,805	16	14,054	17	18.7	8
香 川	3,469	44	4,503	44	8.2	34
愛 媛	7,633	24	9,497	27	11.0	20
高 知	5,976	35	7,612	36	19.7	7
福 岡	39,162	5	55,140	5	24.1	2
佐 賀	6,461	32	7,987	33	9.6	23
長 崎	8,152	22	10,943	22	15.9	10
熊 本	7,592	25	9,777	24	9.5	24
大 分	9,207	20	11,527	20	16.9	9
宮 崎	7,516	27	9,512	26	13.7	13
鹿 児 島	12,363	14	16,243	14	15.7	11
沖 縄	18,125	9	24,099	9	21.5	6
全 国	1,637,045	－	2,145,438	－	16.9	－

出所
厚生労働省「厚生統計要覧（平成30年度）」による

●下水道普及率

（単位：％）

都道府県	下水道普及率
北 海 道	91.2
青 森	60.5
岩 手	59.8
宮 城	81.6
秋 田	65.5
山 形	77.0
福 島	53.9
茨 城	62.4
栃 木	67.1
群 馬	54.2
埼 玉	81.2
千 葉	74.8
東 京	99.6
神 奈 川	96.8
新 潟	66.7
富 山	83.8
石 川	75.7
福 井	85.3
山 梨	84.0
長 野	76.4
岐 阜	63.5
静 岡	78.7
愛 知	54.9
三 重	80.3
滋 賀	90.2
京 都	94.7
大 阪	96.0
兵 庫	93.2
奈 良	80.7
和 歌 山	27.9
鳥 取	71.5
島 根	49.1
岡 山	68.1
広 島	75.3
山 口	66.2
徳 島	18.1
香 川	45.3
愛 媛	54.6
高 知	39.5
福 岡	82.1
佐 賀	61.1
長 崎	62.7
熊 本	68.5
大 分	51.1
宮 崎	59.8
鹿 児 島	42.3
沖 縄	72.0
全 国	79.3

注） 福島県は、東日本大震災の影響で調査ができな
い市町村があったため、一部を調査の対象から外
している。
出所
公益社団法人日本下水道協会「都道府県別下水道処
理人口普及率」（平成31年3月31日現在）をもとに作
成

●建築着工の状況

都道府県	建築物の数 （棟）	床面積の合計 （㎡）
北 海 道	21,406	4,978,305
青 森	6,708	1,159,306
岩 手	7,734	1,286,767
宮 城	12,407	2,501,397
秋 田	5,171	800,821
山 形	6,449	1,066,692
福 島	10,886	1,957,403
茨 城	17,246	3,380,321
栃 木	11,244	2,083,479
群 馬	12,201	2,232,301
埼 玉	36,537	7,282,662
千 葉	30,865	6,585,281
東 京	47,341	14,431,146
神 奈 川	39,652	8,163,743
新 潟	14,266	2,055,584
富 山	8,029	1,148,766
石 川	6,562	1,322,635
福 井	4,617	912,139
山 梨	4,942	937,078
長 野	12,364	2,133,425
岐 阜	11,057	2,184,610
静 岡	20,515	3,760,343
愛 知	43,619	9,291,894
三 重	9,047	1,603,340
滋 賀	7,543	1,685,817
京 都	10,357	2,428,783
大 阪	29,996	8,199,174
兵 庫	20,729	4,652,924
奈 良	5,275	965,392
和 歌 山	4,793	926,239
鳥 取	2,787	497,539
島 根	3,263	595,828
岡 山	10,092	1,994,642
広 島	11,616	2,505,207
山 口	6,437	1,196,137
徳 島	3,388	670,259
香 川	5,093	933,499
愛 媛	6,513	1,252,291
高 知	2,788	521,842
福 岡	21,758	5,512,494
佐 賀	4,487	913,850
長 崎	4,927	1,050,451
熊 本	11,022	2,315,027
大 分	5,318	1,001,734
宮 崎	5,836	1,097,597
鹿 児 島	8,472	1,530,152
沖 縄	5,998	1,848,717
全 国	599,353	127,555,033

出所
国土交通省「建築着工統計調査報告（令和元年分）」
による

●法令上の慣用語句

| 「及び」と
「並びに」 | 「及び」も「並びに」も、併合的接続詞であるが、次のような使用上の区別がある。
①同じ段階での並列
「AとB」のように、2つの語句を、同じ段階で並列する場合には「及び」のみを使う。
　例）A及びB
「AとBとC」のように、3つ以上の語句を同じ段階で並列する場合には、はじめのつなぎを「読点」で、最後の語句を「及び」でつなぐ。
　例）A、B及びC
なお、動詞の並列の場合には、「Aし、Bし、及びC」のようにつなぐ。
　例）財産を取得し、管理し、及び処分すること。
②2段階になる語句での並列

　　　┌ AとB
　　　┤
　　　└ C
AとBとが一群になり、これとCとを並列する場合には、小さな並列（AとB）を「及び」でつなぎ、大きな並列（AとB、C）を「並びに」でつなぐ。
　例）A及びB並びにC
　　　┌ AとB
　　　┤
　　　└ CとD
AとBとが一群になり、これとCとDの一群を並列する場合には、小さな並列（AとB、CとD）をそれぞれ「及び」でつなぎ、大きな並列（AとB、CとD）を「並びに」でつなぐ。
　例）A及びB並びにC及びD
③3段階以上になる語句での並列
　　　┌─┬ AとB
　　　│ └ CとD
　　　│
　　　└ E
AとBとが一群になり、これとCとDの一群を並列し、さらにこれをまとめて一群とし、Eと並列させる場合には、小さな並列だけ（AとB、CとD）を「及び」でつなぎ、大きな並列（A |

とB、CとD、E）はすべて「並びに」でつなぐ。

　　例）A及びB並びにC及びD並びにE

「又は」と「若しくは」	「又は」と「若しくは」は、いずれも選択的接続詞であるが、次のような使用上の区別がある。 ①同じ段階での選択的接続 　「AかB」のように、2つの語句を、同じ段階で選択する場合には「又は」のみを使う。 　　例）A又はB 　「AかBかC」のように、3つ以上の語句を同じ段階で選択的に接続する場合には、はじめのつなぎを「読点」で、最後の語句を「又は」でつなぐ。 　　例）A、B又はC 　なお、動詞の選択的接続の場合には、「Aし、Bし、又はC」のようにつなぐ。 　　例）財産を取得し、管理し、又は処分すること。 ②2段階になる語句での選択的接続 　AかBかという一群と、Cとを選択的に接続する場合には、小さな接続（AかB）を「若しくは」でつなぎ、大きな接続（AかB、それかC）を「又は」でつなぐ。 　　例）A若しくはB又はC ③3段階以上になる語句での並列 　　　┌─ AかB 　┌─┤ 　│　└─ C 　│ 　└───── D 　AかBかという一群と、Cとが選択的に接続し、さらにこれをまとめて一群として、Dと選択的に接続させる場合には、もっとも大きな選択的接続だけ（「AかBそれかC」と「D」との選択的接続）を「又は」でつなぎ、小さな選択的接続（AかBそれかC）はすべて「若しくは」でつなぐ。 　　例）A若しくはB若しくはC又はD
「に係る」と「に関する」	「に係る」は、直接的な関係にある場合に用い、「に関する」は、つながりや関連が「に係る」よりもゆるく、包括的な関連性を

	示す場合に用いられる。 　例）「風力発電施設に係る騒音規制のあり方」に関する県民意見提出手続き
「当該」	「当該」とは、既出の語句を受ける用語で「その」という意味で用いられる。 　例）当該土地、当該事件 また、その担当である場合にも用いられる。 　例）当該吏員、当該行政庁
「本文」と「ただし書」	条文等のなかに、「但し（ただし）」で始まる文があるとき、その文のことを「ただし書（ただしがき）」と呼ぶ。それに対する主文のことを「本文」と呼ぶ。ただし書は、主文に対し、制限的若しくは例外的な条件を規定しようとする場合又はその除外例を定める場合に用いられる。 　例）内閣総理大臣は、国務大臣を任命する。〔←**本文**〕　但し、その過半数は、国会議員の中から選ばれなければならない。〔←**ただし書**〕（憲法68①）
「前段」「後段」「各号列記以外の部分」	条文等のなかに２つの文がある場合、先の文を「前段」、後の文を「後段」と呼ぶ。 　例）すべての皇室財産は、国に属する。〔←**前段**〕すべて皇室の費用は、予算に計上して国会の議決を経なければならない。〔←**後段**〕（憲法88） 　条文等のなかに３つの文がある場合は、真ん中の文を「中段」と呼ぶ。４つ以上の文がある場合は、それぞれを第１段、第２段…と呼ぶ。 　条文等のなかに、第１号、第２号というような「号」の列記がある場合に、各号以外の部分を、立法技術上は「各号列記以外の部分」と呼ぶが、一般的には「柱書（はしらがき）」と呼ばれている。 　例）天皇は、内閣の助言と承認により、国民のために、左の国事に関する行為を行ふ。〔←**柱書**〕 　１　憲法改正、法律、政令及び条約を公布すること。〔←**第１号**〕 　２　国会を召集すること。〔←**第２号**〕（憲法７）
「公布」	「公布」は、法令を公表して一般住民が、法令の内容を知りう

「施行」 「適用」	る状態にすることをいう（自治法16②）。地方自治法は、条例の公布に関し必要な事項は条例で定めるべきことを規定しており（自治法16④）、都道府県や市町村は「公告式条例」といった名称の条例で、条例の公布方式を定めている。 　「施行」は、法令の規定の効力を現実に発生させることをいう（自治法16③）。 　例）憲法は1946年11月３日に公布され、1947年５月３日に施行された。 　通常は、施行日を定めれば、当然に施行日から「適用」されることになる。しかしながら、例外的に「遡及適用」の場合には、施行日よりも前の日付で「適用」されることがある。「遡及適用」とは、例えば、平成22年９月１日に施行した法令を平成22年４月１日にさかのぼって「適用」するような場合をいい、税法等によく見られる。
「準用する」 「適用する」 「例による」	「準用する」というのは、ある事柄に対する規定を、別の類似した事柄についても適用し、かつ適用されることを明示するための立法技術をいう。 　例）この節の規定は、売買以外の有償契約について準用する。 　（民法559本文） 　「適用」は、法令の規定を具体的な対象にあてはめる場合及びAに関する規定をそのまま引用してBにあてはめる場合に用いる。 　例）この法律又は政令で特別の定めをするものを除くほか、第２編及び第４編中市に関する規定は、特別区にこれを適用する。（自治法283①） 　「例による」は、「適用」及び「準用」よりも広く、制度や法令の規定等を包括的に他の同種の事項にあてはめる場合に用いられる。 　例）第１項の歳入並びに第２項の手数料及び延滞金の還付並びにこれらの徴収金の徴収又は還付に関する書類の送達及び公示送達については、地方税の例による。（自治法231の３④）
「訓令」と 「通達」	「訓令」とは、知事、教育委員会等の行政機関が、所属の行政機関又は職員に対して権限行使を指揮するために発する命令のことである（自治法154、国家行政組織法14②）。 　訓令は、行政組織内部における規律であって、基本的に公表

	はされない。訓令は、例えば、権限の範囲を確定し、職務の執行方法や手続を定める場合に発する。 国家行政組織法第14条第2項では、「訓令又は通達を発することができる」として、「訓令」と「通達」を区別しているが、実際には区別する実益はなく、訓令が文書によって示達された場合、これを「通達」と呼んでいる。
「公示」 「告示」 「公告」	「公示」とは、公の機関が、一定の事項を一般の市民に周知させるために発表し、住民の誰もがその事項を知りうる状態におくことをいう。「告示」や「公告」の通知公表行為を指す一般的な用語である。 「告示」は、行政機関が一定の事項を広く市民に周知させる行為のうち、法令、条例又は規則に基づいて公示する場合に用いる。例えば、予算の公表、路線認定の公示、事業認定の告示などが告示にあたる（自治法219②、道路法9、土地収用法26①）。法令等が一定の事項を告示すべき旨を定めているのは、その事項が一般市民の利害に関係するため、一般に周知させることで、公正な行政を担保するためである。 「公告」は、行政機関が一定の事項を広く市民に周知させる行為のうち、法令、条例又は規則に基づかないで、単に一定の事実を公表する場合に用いる。
「署名」と 「記名」	「署名」とは、文書等に手書きで自らの氏名を書くことをいう。 「記名」とは、署名以外の方法で文書等に氏名を書くことをいい、ワープロ書きのものやゴム印を押すなどの方法で作成したものは、この記名にあたる。
「原本」 「謄本」 「抄本」 「正本」 「副本」	「原本」は、作成者が一定の事項を内容とする文書として作成した書類そのものをいう。 「謄本」は、原本と同一の文字、符号を用いて原本の内容を完全に写し取った書面をいう（戸籍法10）。 「抄本」とは、原本と同一の文字、符号を用いて、原本の一部を抜粋した書面をいう。 「正本」は、謄本のうち法令の規定に基づき、権限のある者によって作成されるものをいう。正本は何通も作成することができる。例えば判決正本は何通もできる。 「副本」は、「写し」のことで、「正本」のほかに同一内容の文書が作成される場合に、これを「副本」という。

「閲覧」と「縦覧」	「閲覧」は、通常申し出を待って、利害関係者による請求を受けて見せる場合に用いられる。 　「縦覧」は、書類等を広く一般に見せる場合に用いられる。 　例えば、納税義務者が自らの固定資産課税課税台帳の登載事項を確認するための制度は「閲覧」といい、自己の固定資産の評価額が適正であるかどうかを他の固定資産の評価と比較し確認するための制度は「縦覧」という。
「代行」「代理」「補助執行」	「代行」とは、本来の職にある者に故障があったり、又は欠けたときに、本人に代わって、自分自身で行う場合に用いる。代行自身が本人と同等の権限を持ち、結果も自身に帰属する。 　「代理」は、本人に代わって本人のために行う場合に用いる。代理された範囲の権限を行使できるが、結果は本人に帰属する。 　「補助執行」は、内部的に執行機関の権限を補助し執行させることをいい、対外的には、執行機関の名で執行され、補助執行者の名は表示されない。市長が、議会の所掌する予算の執行を、議会事務局長に執行させる場合などに用いる。
「委託」と「委任」	「委託」とは、他人又は他の機関に一定の行為を依頼することをいう。委託は、委託者と受託者との間に信任関係を生じさせ、一定の法律関係の基礎をなすものといえるが、民法上、直接的に定まった内容をもつ概念ではない（条文はない）。その内容により、委任、寄託、請負、問屋、運送、信託などの法律関係を生じさせる。委託を受けた者は、委託の趣旨に従って自己の裁量で事務を処理する。 　公法関係において「委託」とは、ある機関が、その権限に属する事務や業務を他の機関又は一般人に依頼して行わせる場合に用いる（252の14①）。 　「委任」とは、当事者の一方（委任者）が相手方（受注者）に法律行為の処理を委託し、相手がこれを承諾することによって成立する契約をいう（民法643）。 　公法関係において「委任」とは、ある機関の権限に属する事務又は業務の一部を、これと特別の権力関係にある機関（主として下級庁）等に行わせる場合又はこの委任によって特別の権力関係に立たせつつ事務等を行わせる場合などに用いる（自治法153）。

【主な参考文献】

全編を通じて

○阿部 齊ほか『地方自治の現代用語 第2次改訂版』学陽書房、2005年

○妹尾克敏『地方自治法の解説 9訂版』一橋出版、2006年

○竹之内一幸・橋本基弘『地方公務員法の解説 3訂版』一橋出版、2006年

○松本英昭『新版 逐条地方自治法 第9次改訂版』学陽書房、2017年

○橋本 勇『新版 逐条地方公務員法 第5次改訂版』学陽書房、2020年

　※このほか、中央省庁、各自治体、関係団体等のホームページを適宜参照した。

第1編

○北川正恭『生活者起点の「行政革命」』ぎょうせい、2004年

○グロービス・マネジメント・インスティテュート編『MBA 人材マネジメント』ダイヤモンド社、2002年

○真渕 勝『行政学案内 第2版』慈学社、2014年

○村松岐夫『テキストブック地方自治 第2版』東洋経済新報社、2010年

○公益財団法人実務技能検定協会編『秘書検定クイックマスター2級 改訂新版』早稲田教育出版、2012年

第2編

○天川 晃・稲継裕昭『自治体と政策―その実態と分析』放送大学教育振興会、2009年

○宇賀克也『地方自治法概説 第6版』有斐閣、2015年

○宇賀克也『行政法概説Ⅲ 行政組織法／公務員法／公物法 第5版』有斐閣、2019年

○吉田 勉『講義・地方自治法―基礎から実務まで 改訂版』八千代出版、2013年

第3編

○山口道昭『明快！地方自治のすがた―自治制度から公務員・財政制度まで』学陽書房、2015年

第4編

○芦部信喜・高橋和之『憲法 第7版』岩波書店、2019年

○宇賀克也『行政法概説Ⅰ 行政法総論 第7版』有斐閣、2020年

○宇賀克也『地方自治法概説 第8版』有斐閣、2019年

○大谷基道・河合晃一編『現代日本の公務員人事―政治・行政改革は人事システムをどう変えたか』第一法規、2019年

○坂 弘二『地方公務員制度 第7次改訂版』学陽書房、2004年

○佐藤 功『日本国憲法概説 全訂第5版』学陽書房、1996年

○昇任試験研究会編著『受験コンメンタール憲法』立花書房、1987年

○高橋和之ほか『法律学小辞典 第5版』有斐閣、2016年

○田中二郎『新版行政法　中巻　全訂第2版』弘文堂、1976年
○西尾　勝『地方分権改革』東京大学出版会、2007年
○橋本　勇『地方自治のあゆみ—分権の時代にむけて』良書普及会、1995年
○原田尚彦『新版 地方自治の法としくみ』学陽書房、2005年
○圓生和之・大谷基道『はじめて学ぶ地方公務員法』学陽書房、2017年
○吉田　勉『講義・地方自治法—基礎から実務まで　改訂版』八千代出版、2013年
○米川謹一郎『地方公務員法の要点 第10次改訂版』学陽書房、2018年

第5編
○伊原正俊「自治体をリスク・危機の発生から守るために　リーダーの危機管理」『季刊 地方公務員研究』100号、2010年
○地方公共団体における内部統制のあり方に関する研究会「内部統制による地方公共団体の組織マネジメント改革」、2009年
○人事院研修指導課『公務員倫理読本　信頼される公務員となるために　平成24年改訂版』公務人材開発協会、2012年
○中村葉志生『自治体コンプライアンス入門—あなたが主役！Q＆Aで実践』第一法規、2004年
○国家公務員倫理審査会『公務員倫理　指導の手引き』
○高嶋直人『公務員のためのハラスメント"ゼロ"の教科書』ぎょうせい、2020年
○布施直春『Q＆A「職場のハラスメント」アウト・セーフと防止策』中央経済社、2020年
○向井蘭『管理職のためのハラスメント予防＆対応ブック』ダイヤモンド社、2020年

第6編
○総務省「『平成の合併』について」2010年
○小西左千夫『自治体財政健全化法—制度と財政再建のポイント』学陽書房、2008年
○白川一郎『自治体破産—再生の鍵は何か 増補改訂版』ＮＨＫブックス、2007年
○月刊「地方財務」編集局編『スラスラわかる！ 自治体財政健全化法のしくみ 増補版』ぎょうせい、2008年
○地方財政調査研究会編『平成28年度 地方公共団体財政健全化法のあらまし』地方財務協会、2016年
○小西左千夫『公会計改革と自治体財政健全化法を読み解く』日本加除出版、2014年
○地方財政調査研究会編『統一的な基準による地方公会計マニュアル（平成28年5月改訂）』地方財務協会、2016年
○厚生労働省「介護予防・日常生活支援総合事業ガイドライン」2015年
○厚生労働省「国民の健康の増進の総合的な推進を図るための基本的な方針（健康日本21）」2012年
○厚生労働省「高齢者の活躍促進について」2013年
○内閣府「高齢社会白書（平成30年版）」2018年

○内閣府「少子化社会対策白書（令和元年版）」2019年

○国立社会保障・人口問題研究所「日本の将来推計人口（平成24年1月推計）」2012年

○内閣府「子ども・子育てビジョン」2010年1月

○厚生労働省「平成30年人口動態統計（確定数）の概況」2019年

○厚生労働省「2040年を見据えた社会保障の将来見通し」2018年5月

○荒木昭次郎『参加と協働　新しい市民＝行政関係の創造』ぎょうせい、1990年

○國領二郎＋プラットフォームデザイン・ラボ編著『創発経営のプラットフォーム—協働の情報
基盤づくり』日本経済新聞出版社、2011年

○佐藤徹「自治体の協働事業提案制度」『地域政策研究』15巻4号、2013年

○関谷昇「市民自治を起点とする行政運営」『月刊地方自治職員研修』2016年9月号、2016年

○関谷昇「協働事業提案制度の実際と課題」『月刊地方自治職員研修』2011年11月号、2011年

○関谷昇「自治体における市民参加の動向と行方—「共有」としての作為へ向けて」『千葉大学
法学論集』26号1・2号、2011年

○羽貝正美編著『自治と参加・協働—ローカル・ガバナンスの再構築』学芸出版社、2007年

○松下啓一『協働が変える役所の仕事・自治の未来—市民が存分に力を発揮する社会』萌書房、
2013年

○松下啓一『市民協働の考え方・つくり方』萌書房、2009年

○鳥取県危機管理局「鳥取県危機管理対応指針」（最終改訂：2019年7月）

○中央防災会議「防災基本計画」（2020年5月29日修正）

○河田惠昭「減災・縮災および災害の被害を決める災害文明と災害文化の葛藤」『調査研究情報
誌ＥＣＰＲ』2018. No 2、えひめ地域政策研究センター、2019年3月

○内閣府政策統括官（防災担当）付参事官（総括担当）付「災害法体系について」気象防災アド
バイザー育成研修（防災基礎コース）講義資料、気象庁ホームページ掲載

○内閣府「防災白書（令和元年版）」2019年

○阪神・淡路大震災記念　人と防災未来センター「平成30年大阪府北部地震・7月豪雨・北海道
胆振東部地震における災害対応の現地支援に関する報告書—災害の全体像の見誤りを防ぐ災害
対応ガバナンスの比較」『DRI調査研究レポート』vol.40、2019年2月

○FM推進連絡協議会『総解説 ファシリティマネジメント』日本経済新聞社、2003年

○公益社団法人日本ファシリティマネジメント協会編　松成和夫『公共ファシリティマネジメン
ト戦略』公益社団法人日本ファシリティマネジメント協会、2016年

○国土交通省「インフラ長寿命化基本計画」2013年11月

○国土交通省「インフラ長寿命化計画（行動計画）」2014年5月

○総務省「公共施設等の総合的かつ計画的な管理の推進について」2014年4月

○総務省「公共施設マネジメントの一層の推進について」2016年11月

○東洋大学PPP研究センター「全国自治体公共施設延床面積データ」2012年1月

○増田寛也『地方消滅—東京一極集中が招く人口急減』中央公論新社、2014年

○山下祐介・金井利之『地方創生の正体—なぜ地域政策は失敗するのか』筑摩書房、2015年

○内閣府地方創生人材支援制度派遣者編集チーム『未来につなげる地方創生—23の小さな自治体

の戦略づくりから学ぶ』日経 BP 社、2016年

○稲継裕昭『AIで変わる自治体業務─残る仕事、求められる人材』ぎょうせい、2018年

○井熊均・井上岳一・木通秀樹『AI自治体─公務員の仕事と行政サービスはこう変わる！』学陽書房、2018年

○小島卓弥『働き方改革時代の行政の業務改革戦略』学陽書房、2019年

基礎用語集

○茨城県総務部総務課法制研究会『文書事務の手引 第6次改訂版』ぎょうせい、2014年

【執筆者一覧】

〈新規採用研修研究会〉

大谷　基道 （編者）	獨協大学 （元茨城県庁）	第1編第1～2章、第2編、第3編第1章、 第2章1～3・7・9、第4編第3章、第5編、 第6編第1・11・12章、コラム
倉澤　興平	長野県庁	第1編第3章、第4編第1章、基礎データ集、 基礎用語集、コラム
阿部　将昭	茨城県庁	第3編第2章4・6
中村　直樹	山梨県庁	第3編第2章5
岡野　洋一	茨城県庁	第3編第2章8
西　和一	群馬県庁	第4編第2章
田神　文明	五霞町役場 （元茨城県庁）	第4編第4章
海老澤　佳之	水戸市役所	第6編第2章
宮本　善光	茨城県庁	第6編第3章
関根　祐貴	元埼玉県庁	第6編第4章
新原　勝人	茨城県庁	第6編第5章
泉澤　佐江子	（一財）自治研修協会 リサーチパートナー （元浦安市役所）	第6編第6章
木山　正一	鳥取県庁 （人と防災未来センター リサーチフェロー）	第6編第7章
金澤　剛史	久喜市役所	第6編第8章
戸梶　大	墨田区役所	第6編第9章
森田　修康	荒川区役所	第6編第10章
椎名　弘文	牛久市役所	コラム

※執筆順

※本書の記述は、新規採用研修研究会および各執筆者個人の責任において執筆したものであり、所属団体とは無関係である。

自治体職員スタートブック（第3次改訂版）

初版発行	2010 年 9 月 24 日
第 1 次改訂版発行	2013 年 11 月 7 日
第 2 次改訂版発行	2017 年 2 月 15 日
第 3 次改訂版発行	2020 年 11 月 18 日
4 刷発行	2024 年 2 月 21 日

編著者　新規採用研修研究会
しん き さいようけんしゅうけんきゅうかい

発行者　佐久間重嘉

発行所　学 陽 書 房

〒102-0072　東京都千代田区飯田橋 1 - 9 - 3
営業 ● TEL.03-3261-1111㈹　FAX.03-5211-3300
編集 ● TEL.03-3261-1112㈹
http://www.gakuyo.co.jp/
装幀／佐藤 博　扉イラスト／長田真由子
印刷／東光整版印刷　製本／東京美術紙工

疑問をほどいて失敗をなくす
公務員の仕事の授業

塩浜克也・米津孝成［共著］
定価＝本体1,700円＋税

役所に入って右も左もわからない新人から、そろそろ右も左もわからなければならない中堅まで、役所仕事の「迷子」に贈る、公務員必修基礎知識がわかる本！仕事の戸惑いを、自信に変える！　法律・財政からもしもの時まで初歩的な疑問をカバーした1冊。

マンガでわかる！
自治体予算のリアル

定野司［著］・伊藤隆志　［画］
定価＝本体1,900円＋税

自治体予算はどう作られてどう使われるのかをマンガで描いた初めての本。市民課職員を主人公にして、予算の機能や人・組織の動きを各章マンガと解説の二本立てで詳解！　財政課長経験者の現職教育長とマンガの描ける自治体職員が予算の現場をリアルに描く！

地方公務員の
人事がわかる本

圓生和之［著］定価＝本体2,200円＋税

どんな人が昇任するのか？　どんな選抜システムがあるのか？　地方公務員なら誰もが知りたい、公務員人生を左右する人事の実情や昇任のしくみがわかる！公務員の実態が気になる新規採用職員の方々にオススメの本！